Eva Baronsky

DIE STIMME MEINER MUTTER

Roman

Ecco

eccoverlag.de

1. Auflage 2021
Originalausgabe
© Ecco Verlag in der
Verlagsgruppe HarperCollins Deutschland GmbH, Hamburg
Einbandgestaltung von Anzinger und Rasp, München
Einbandillustration von Mathilde Crétier
Autorinnenfoto von Milena Stubbe
Gesetzt aus der Stempel Garamond
von Pinkuin Satz und Datentechnik, Berlin
Druck und Bindung von CPI books GmbH, Leck
Printed in Germany
ISBN 978-3-7530-0005-3

Für Michael. Mit großem Dank.

I.

Der Moment, in dem das Leben meiner Mutter sich radikal änderte und mein Leben denkbar wurde, war der, als sie von ihrem Teller aufsah und in eine Fratze blickte. Nicht dass Meneghinis Visage an diesem Abend anders ausgesehen hätte als sonst – außer dass er vielleicht noch dümmlicher dreinschaute –, dennoch schien ihr der Anblick so unfassbar, dass sie glaubte, eine Halluzination zu erleben, eine groteske Offenbarung von etwas Unsichtbarem. Die Geräusche um sie herum wurden leiser, schienen sich zu entfernen, und für einen Augenblick war sie überzeugt, dass die Welt verstummt war und die Zeit zum Stillstand gekommen, nur für sie, damit ihr diese Vision zuteilwurde. Es war, als sei sein Gesicht um Jahre, sogar um Jahrzehnte gealtert, und als wären all seine Plumpheit, seine Selbstgerechtigkeit und seine Raffsucht zu einer

Maske geronnen, die nicht einmal von den begabtesten Visagisten hätte geformt werden können. Meine Mutter war unfähig, den Blick abzuwenden, wie man in einem Traum unfähig ist davonzurennen, und vielleicht war es tatsächlich ein Traum; immerhin träumte sie seit Tagen, seit sie sich auf diesem Schiff befand, so intensiv wie selten. Doch ganz allmählich drangen die Stimmen ihrer Tischnachbarn wieder zu ihr durch, und sie begriff, dass sie keineswegs träumte, sondern dies in der Tat das Gesicht ihres Ehemannes war. Sie wusste nicht, was sie mehr entsetzte: sein Anblick oder die plötzliche Abscheu, die sie diesem Gesicht gegenüber empfand. Wie oft hatte sie beteuert, ihr Ehemann sei ihr Ein und Alles und stehe an erster Stelle in ihrem Leben, während die Musik erst an zweiter Stelle komme. Mit diesem Gedanken traf meine Mutter das peinigende Unbehagen, das einen überfällt, wenn man zum ersten Mal den Mangel an eigener Wahrhaftigkeit erkennt. Als ihr die Bedeutung dieses Moments klar wurde, fühlte sie sich an die Vorahnung erinnert, die sie eine gute Woche zuvor gehabt hatte.

Es war zu Hause in Mailand gewesen, unmittelbar vor der Abreise. Meine Mutter und dieser Statist von einem Ehemann hatten sich für zwei Tage dort aufgehalten, um Reisevorbereitungen zu treffen, meine Mutter insbesondere, um eine adäquate Garderobe herstellen zu lassen. Zwar besaß sie bereits eine Unmenge von Kleidung, die Ausstattung für eine dreiwöchige Kreuzfahrt stellte dennoch eine Herausforderung für sie dar. Eine Herausforderung, die nur belächelt, wer sich nicht die Mühe macht zu verstehen, was diese Reise für sie bedeutete.

Sie hatte in den Spiegel gesehen, wie sie es jedes Mal tat, um den korrekten Sitz ihrer Frisur und Kleidung zu überprüfen, bevor sie das Haus verließ. Meine perfekte Mutter, die Meisterin der Selbstbeherrschung. Doch dieses Mal ließ etwas sie innehalten, ein Gefühl, eine plötzliche Ahnung, und auf einmal war der Satz in ihrem Kopf, als hätte eine Stimme in ihr gesprochen: *Wenn du das nächste Mal in diesen Spiegel schaust, wird nichts mehr so sein wie zuvor.* Sie war nicht sicher, ob es ihre eigene Stimme war und ob sie die Worte vielleicht laut ausgesprochen hatte, aber was sie am meisten verwirrte, war die absolute Gewissheit, mit der sie das Gesagte akzeptierte und als Wahrheit hinnahm wie eine Prophezeiung. Einen Augenblick verharrte sie in der Stille, dann hörte sie, dass Meneghini, der eine ganze Weile ungeduldig im Foyer auf und ab gelaufen war, sich näherte. »Ich komme!«, rief sie und verließ rasch das Zimmer, weil es unvorstellbar war, ihm zu dem, was sich gerade ereignet hatte, Zutritt zu gewähren. Ohne ihn anzusehen rauschte sie an ihm vorbei, steuerte mit gespitztem Kussmund auf Toy, ihren schwarzen Zwergpudel zu. Der Hund, offenbar überzeugt, die Reise mit antreten zu dürfen, zappelte auf Brunas Arm. Die Abschiedsszene, die nun folgte, war absurd, wenn man bedenkt, dass meine Mutter, die eine Ewigkeit für ihr Make-up aufgewendet hatte, sich nun von Toy das Gesicht abschlecken ließ und dem Tier dabei in alberner Kleinkindersprache erklärte, dass es dieses Mal zu Hause bleiben müsse. Jeder Beobachter der Szene hätte sofort verstanden, worum es hier tatsächlich ging: Meine Mutter brauchte ein Kind. Dringend. »Oder soll ich doch lieber bei dir bleiben, mein Kleiner, hm? Ach, ich weiß nicht, ob ich wirklich fahren soll.« Sie sagte tatsächlich ich, nicht wir, aber was wie die divenhafte Egozentrik klingt, die man ihr so gern nachsagte, war in der Tat schonungslose Unverstelltheit. Sie war es, die zu dieser Reise eingeladen war, kein Mensch hätte Meneghini um seiner selbst willen auf ein solches Schiff gebeten.

»Maria, bitte! Das Taxi wartet seit einer halben Stunde, wir versäumen das Flugzeug. Selbstverständlich fahren wir.«

»Ach, ich weiß wirklich nicht, was ich dort soll«, wiederholte sie kopfschüttelnd, den Blick noch immer auf Toy gerichtet, doch das war reine Koketterie. Sie wollte fahren, wollte es unbedingt, längst war eine Schwelle überschritten, hinter der es kein Zurück mehr gab. Zwar hatte sie sich anfangs geweigert, später geziert, hatte die Einladungen, mit denen erst mein Vater und schließlich auch Tina sie bedrängt, ja buchstäblich genötigt hatten, mit dem Hinweis auf Arbeitsüberlastung abgelehnt, woraufhin Meneghini sie aus demselben Grund umzustimmen versuchte – du brauchst Erholung, der Arzt hat Seeluft verschrieben –, doch endlich, nach dem maßlosen Abend in Covent Garden, von dem noch zu sprechen sein wird, hatte sie eingewilligt.

»Meine Tasche!«, herrschte sie ihn an, kaum dass die Türen geschlossen wurden und der Wagen anfuhr. Er gab sie ihr. Sein Blick versuchte irgendwo im Taxi zu ankern, fand jedoch keinen Halt, und so wandte er den Kopf zur Seite und sah aus dem Fenster, während meine Mutter ihre Puderdose zur Hand nahm, um die Spuren von Toys Liebesbekundungen zu beseitigen. Meneghini war klar, dass sie bis zur Ankunft am Flughafen kein weiteres Wort an ihn richten würde, und auch während des Fluges würde sie sich in Schweigen hüllen, so wie sie seit Tagen nur das Nötigste mit ihm sprach. Er wagte nicht, sie anzusehen, obwohl er sie gern betrachtet hätte, um sich zu vergewissern, dass es sich tatsächlich um die Frau handelte, mit der er seit zehn Jahren verheiratet war. Stattdessen betrachtete er die noch im Morgenlicht dösende Via Buonarroti. In einer, spätestens zwei Stunden würde sich Hitze über diese Straße legen, die tagtägliche lähmende Sommerhitze, von der er zwar Kenntnis haben, aber nichts spüren würde, weil er sich dann an einem anderen Ort befand, an dem es zwar auch heiß sein würde, aber anders heiß, und obwohl er in den vergangenen Jahren unaufhörlich mit meiner Mutter durch die Welt gereist war, war ihm ein solcher Gedanke nie zuvor gekommen, und er staunte über sich selbst. Dann, mit plötzlicher Wucht, überfiel ihn die Erkenntnis, dass auch alles andere, was hier geschah, weiterhin geschehen würde, ob er nun hier war oder nicht, und die Erkenntnis trieb ihm bizarrerweise Tränen in die Augen. Meneghini atmete tief durch, straffte sich, blinzelte. Sie würde sich wieder beruhigen, es war nur eine Überspanntheit ihrerseits. Zwei, drei Wochen auf See, und alles würde weiterlaufen wie bisher. Sie hatte Urlaub nötig, gewiss, die letzten Jahre waren anstrengend gewesen, das Pensum legendär, die Anfeindungen unsäglich. Kein Wunder, dass sie Erholung brauchte. Aber deswegen gleich solche Anwandlungen? Kürzertreten, wie sie es nannte – was für eine Idee! Und überhaupt, wie sollte das aussehen, ein Leben ohne Marias Gesang? Er hatte nicht die geringste Vorstellung. Dem Gedanken an ein Leben ohne ihre Einkünfte wich er sowieso aus. Nein, solche Flausen durfte er nicht zulassen. Sie würde zur Vernunft kommen, natürlich würde sie das. Dass er sich dafür in die Gesellschaft dieser exaltierten Leute begeben musste, bereitete ihm zwar Unbehagen, doch angesichts der Ersparnis, die die Einladung mit sich brachte, gelang es ihm, irgendwie darüber hinwegzusehen.

Zur Erleichterung meiner Mutter war die Maschine nicht einmal zur Hälfte besetzt. Es gab nur eine Klasse, aber die Stewardess hatte dafür gesorgt, dass die Plätze um sie herum frei blieben. Meneghini hatte in der benachbarten Reihe Platz genommen und war eingeschlafen, kaum dass sie in der Luft waren. Meine Mutter vermied es seit Jahren, im Flugzeug neben ihm zu sitzen. Glücklicherweise hatte sie nie eine Weigerung aussprechen, sondern nur auf einen Platz in der ersten Klasse bestehen müssen. Meneghini nannte es Sparsamkeit, für sich selbst weiterhin in der zweiten Klasse zu buchen, meine Mutter erhob niemals Einwände. Sie sah aus dem Fenster, erahnte unter sich die weißen Gipfel der Seealpen, deren Ausläufer sie gerade überflogen, und eine seltsame, beinahe beklemmende Ahnung von Freiheit überkam sie. Was, wenn sie tatsächlich allein hier säße, ohne Battista? Wenn sie in Zukunft sämtliche Reisen ohne ihn unternähme? Sie brauchte niemanden, der dafür verschrien war, ihre Gagenverhandlungen auf so bornierte Weise zu führen, dass es ihrer Karriere schadete. Sie brauchte niemanden, der in der Pause einer nervenzehrenden Aufführung in ihre Garderobe stürzte und sie mit Dingen belästigte, die er ihr eigentlich vom Hals halten sollte. Nein, eigentlich brauchte sie doch überhaupt niemanden!

Vor ihr lag ein langer Sommer, fast zwei Monate ohne jedes Engagement, erst im September und Oktober standen ein paar Konzerte auf dem Programm, im November vier Aufführungen in Dallas – nichts im Vergleich zu den Parforceritten der vergangenen Jahre, in denen sie oft an die fünfzig Opernaufführungen gehabt hatte. Bis zum Herbst konnte sie sich also ausruhen, sich amüsieren, Kraft schöpfen. Für einen Moment empfand sie ein Gefühl der Unverwundbarkeit, als richte sich etwas in ihr auf, um jedoch gleich wieder in sich zusammenzufallen: nur eine Handvoll Engagements, und für das kommende Jahr noch gar nichts! Würde das reichen, um ihre Zukunft zu sichern? Würde sie die Kraft haben, selbst in die Hand zu nehmen, was bisher Battista organisierte, wo ihr doch schon das Singen immer schwerer fiel? Sie war nie eine starke Frau wie Nedda oder Mimi gewesen, weswegen sie diese Rollen auch nie auf der Bühne gesungen hatte, sondern eine schwache Frau, eine *Tosca* oder *Medea*, in letzter Zeit immer mehr eine entkräftete *Violetta* oder *Norma*. Sie musste sich eingestehen, dass sie durchaus jemanden brauchte, der sie unterstützte, aber nicht diesen Ehemann, der sich um ihre Schwäche nur insoweit scherte, als sie ein Hindernis auf seinem Weg darstellte.

Unter ihr war nun die Küste zu sehen, sie setzte ihre Brille auf und versuchte die Bucht von Monte Carlo auszumachen, doch es gelang ihr nicht, zu sehr glichen sich die Orte, die sich, blass sandsteinfarben bis ziegelrot, ins Meer ergossen. Noch ahnte meine Mutter nicht, dass ihr der monegassische Hafen bald so vertraut sein würde, dass sie ihn bis zu ihrem Lebensende unter allen anderen Häfen dieser Welt aus der Luft erkennen würde. Vorausgesetzt, sie trug ihre Brille, sonst konnte sie die Küste kaum vom Wasser unterscheiden, denn meine Mutter war so kurzsichtig, dass sie, selbst wenn sie ganz vorn auf der Bühne stand, nur knapp den Dirigenten erkennen konnte, niemals das Publikum. Die dicken Brillengläser, derer sie bedurfte, fand sie so entstellend, dass sie es vermied, sie in der Öffentlichkeit zu tragen. Aus Eitelkeit benutzte sie zuweilen Haftschalen, aber aus irgendeinem Grund vertrug sie die Dinger im Flugzeug nicht, weswegen sie, vor allem beim Ein- und Aussteigen, auf Hilfe angewiesen war. Nachdem meine Mutter also die unter ihr liegende Landkarte nicht zu lesen vermochte, lehnte sie sich zurück und schloss für einen Moment die Augen, wie sie es kurz vor dem Ziel einer Flugreise immer tat, um das Zurückliegende mit dem Bevorstehenden in Einklang zu bringen, und unwillkürlich fiel ihr die seltsame Prophezeiung wieder ein, die sie am Morgen, beim Blick in den Spiegel, vernommen hatte. Mit Erstaunen wurde ihr bewusst, dass sie die Worte auf Griechisch gehört hatte. Verwundert öffnete sie die Augen. Es kam selten vor, dass sie griechisch sprach, noch seltener, dass sie griechisch dachte, hin und wieder nur träumte sie ein paar Halbsätze in dieser Sprache, die eigentlich ihre Muttersprache war. Denn meine Mutter war zwar in New York geboren und aufgewachsen, aber ihre Eltern hatten zu Hause natürlich griechisch gesprochen und Kontakt zu anderen griechischen Auswanderern gepflegt. Doch obwohl meine Mutter später für ein ganzes Jahrzehnt, bis zum Ende des Krieges, in Athen gelebt hatte, war das Griechische für sie mittlerweile zu etwas Vernachlässigtem geworden, das nur zuweilen an die Oberfläche drang. Wann immer das jedoch geschah, wurde sie, so wie jetzt, von einer beinahe sakralen Verzückung erfasst und staunte über die Kraft und die Schönheit, die in dieser Sprache lag.

Das Flugzeug drehte von der Küste ab und beschrieb einen Bogen auf das Meer hinaus, das in der Sonne schillerte wie eine glänzende blaue Haut. Jachten und kleine Fischerboote zogen weiße Schaumschneisen hinter sich her. Über allem schien eine Leichtigkeit zu liegen, die meine Mutter mit Erregung und Sehnsucht erfüllte. Sie warf einen Blick auf Meneghini, der, noch immer schlafend, mit halb offenem Mund in seinem Sitz hing, den Kopf gegen das Fenster gelehnt. Meine Mutter setzte die Brille ab.

Natürlich waren sie fotografiert worden, schon in Mailand. Irgendjemand lauerte immer vor ihrer Haustür. Journalisten waren wie Schmeißfliegen, lästig, aber unausweichlich, und manchmal schien es meiner Mutter, als verfügten sie über ein verborgenes Kommunikationssystem, das ohne Telefon und ohne Telegrafen funktionierte und mittels dessen die Nachricht von ihrer bevorstehenden Landung in Nizza schneller flog als das Flugzeug, in dem sie saßen. In Nizza wurden sie bereits von Blitzlichtern ins Taxi begleitet, bei der Ankunft im Hotel in Monte Carlo stand ein Dutzend Reporter mit Aufnahmegeräten parat. Im Gegensatz zu meinem Vater mied meine Mutter den Kontakt mit ihnen, doch was wie kühle Distanziertheit aussah, war in Wirklichkeit Scheu, denn sie verstand sich nicht darauf, mit ihnen umzugehen: Zu taktieren und sie sich zunutze zu machen, für solche Volten war meine Mutter nicht geschaffen. Zu oft hatte sie in Interviews die Wahrheit gesagt und anschließend gemerkt, dass es eine Torheit war. Die Mikrofone, die nun beim Öffnen der Tür ins Taxi gestreckt wurden, verstörten sie umso mehr, als jedes Wort, das sie sprach, zerschnitten, verdreht und gegen sie verwendet werden würde. So hielt sie den Blick stur auf den Hoteleingang gerichtet, machte kleine, abwehrende Gesten und schüttelte auf die Fragen, ob es stimme, dass sie mit der *Christina* reisen werde, wohin die Kreuzfahrt sie führen würde und ob sie Monsieur Churchill (er sagte tatsächlich Monsieur Churchill) bereits begegnet sei, nur den Kopf. Nur Meneghini forderte auf Italienisch, dass man, bitte!, ihre Privatsphäre respektieren möge. Vergeblich. Erst nachdem sich die Tür der Suite, die mein Vater für sie bereitstellte, hinter ihnen geschlossen hatte, fühlte meine Mutter sich sicher.

Sie wartete, bis Meneghini ins Badezimmer gegangen war, zog die Vorhänge zurück, öffnete das Fenster und trat auf den Balkon hinaus. Vor ihr lag im Halbrund der Hafen von Monte Carlo, überschüttet von Licht. Sie hatte das Gefühl, aus einer Loge herab auf eine Bühne zu schauen, auf der die *Christina* konkurrenzlos als Primadonna agierte. Das Schiff, an dessen Bord sie die nächsten drei Wochen verbringen würde, dominierte den Hafen wie ein Wal, der sich in einen Goldfischteich verirrt hatte, Menschen drängten sich am Kai und bestaunten die Sehenswürdigkeit. Der Anblick hatte etwas Überwältigendes, und für einen Moment war meiner Mutter, als habe sie den Kopf zu heben, die Arme auszustrecken und von ihrer Hotelloge herab auf diese Bühne zu schreiten, doch nur wer meine Mutter verkannte, also im Prinzip jeder, hätte das Gefühl, das sie dabei empfand, als Stolz bezeichnet. Tatsächlich war es Erleichterung. Erleichterung darüber, dort unten willkommen zu sein.

Zwei Jahre war es her, dass sie die *Christina* zum ersten Mal betreten hatte, ein zwangloses Frühstück an Bord, damals, in Venedig, als sie meinen Vater und seine Frau kennengelernt hatte und von den beiden spontan eingeladen worden war. Sie legte die Hände auf die steinerne Brüstung des Balkons. Zu gern hätte sie ein Fernglas gehabt, um ausmachen zu können, wer sich an Bord befand. Die Helligkeit war beeindruckend, und meine Mutter fragte sich, ob das Licht an dieser Küste tatsächlich von so spezieller Qualität war, dass es viele Künstler zu Höchstleistungen inspirierte. Sie schloss die Augen, hielt das Gesicht in die Sonne und nahm einen tiefen Atemzug, breitete die Arme aus, stellte sich vor, das Licht einzuatmen. Auch Musik bedurfte des Lichts, und so blieb sie eine Weile dort stehen, spürte und atmete nichts als Helligkeit, stellte sich vor, dass das Licht sie auffüllte, in ihrem Inneren zu Tönen wurde, zu hellen, lichten Tönen, die ihr wieder zur Verfügung stünden, mit jener Leichtigkeit, mit der sie noch vor wenigen Jahren, allein durch ihre Willenskraft, alles hatte meistern können, was sie hatte meistern wollen. Und sie hatte alles gewollt. Abrupt setzte sie die Brille wieder auf und nahm Haltung an. Möglicherweise standen dort unten im Hafen bereits die Fotojournalisten mit ihren Teleskopobjektiven, und bei dem Gedanken, dass sie morgen in dieser entrückten Pose in der Zeitung zu sehen wäre, drehte sie sich um und kehrte in die Hotelsuite zurück.

Auf dem Tisch im Salon stand ein Strauß aus roséfarbenen Rosen und Lilien, so riesig, dass sie ihn mit den Armen nicht hätte umfangen können. Keine Karte. Aber bedurfte es einer? Schließlich besaß er dieses Hotel, wie er vermutlich so ziemlich alles besaß, was in diesem winzigen Staat von Bedeutung war. Sie beugte sich über den Strauß und sog den Duft ein. In diesem Augenblick klopfte es. Battista, der sich inzwischen im Zimmer nebenan aufs Bett gelegt hatte, stand auf und ging zur Tür, sein Blick traf meine Mutter im Vorübergehen, fiel kurz auf die Rosen, dann wieder auf sie. Er verzog keine Miene, dennoch wusste sie, was er dachte, zu offensichtlich war die Verbindung von diesem Bouquet zu denjenigen, die mein Vater ihr Ende des vergangenen Jahres geschickt hatte. Es war am Tag ihres Debüts in Paris gewesen und die Pariser Oper an jenem Abend voller glamouröser Namen: Windsor, Rothschild, Bardot, Chaplin, Gréco, Sagan. Und Onassis. Es war ein Wohltätigkeitskonzert gewesen, und sie hatte keine Oper, sondern nur ihre Paradearien aus *Norma,* dem *Troubadour* und dem *Barbier* sowie den zweiten Akt aus *Tosca* gesungen, und wer eine der exorbitant teuren Eintrittskarten ergattert hatte, freute sich selbstverständlich, meine Mutter singen zu hören. In erster Linie jedoch galt es, dabei zu sein, wenn der Ruhm der berühmtesten Frau der Welt den Abend zu jenem gigantischen Spektakel machte, das am nächsten Tag in der Presse als »Die größte Show der Welt, Ausgabe 1958« bezeichnet wurde. Natürlich machte dieser ganze Zirkus Eindruck auf meinen Vater. Also ließ er ihr am Tag des Auftritts Blumen ins Hotelzimmer bringen, drei identische Sträuße: einen morgens, einen mittags, einen abends, wie ein Medikament verabreicht, mit einem Beipackzettel auf Griechisch. Meneghini hatte diese Therapie wenig amüsant gefunden, sie aber hingenommen, doch spätestens jetzt, beim Anblick der nächsten Dosierung in Rosé, war sein Missfallen deutlich zu sehen. Er nahm von dem Pagen, der geklopft hatte, einen Umschlag entgegen, dankte ihm und schloss die Tür. Er riss den Umschlag auf, las die Karte und warf sie kopfschüttelnd neben den Strauß. »Sie wollen, dass wir schon zum Lunch bei ihnen erscheinen.« Er sah auf seine Armbanduhr. »Meine Güte, wir sind gerade erst angekommen!«

Meine Mutter griff nach der Karte. Es war die formelle Einladung zum Dinner auf der Terrasse des Hôtel de Paris, zu dem Ari und Tina sie schon vor Tagen mündlich eingeladen hatten. Handschriftlich war eine zweite Einladung hinzugefügt, zu einem Lunch im monegassischen Haus meiner Tante Merope.

»Das fängt ja gut an«, schimpfte Meneghini. »Sie laden uns ein, und wir müssen gleich am ersten Tag nach ihrer Pfeife tanzen wie die Zirkuspferde. Wir hätten erst morgen anreisen sollen, wenn das Schiff ablegt.«

Meine Mutter atmete hörbar aus. Sie hätte gern geantwortet, dass es eine Liebenswürdigkeit ihrer Gastgeber war, sie zu einem so familiären Essen einzuladen, doch sie schwieg, überlegte stattdessen, was sie anziehen sollte. Sie war hungrig, hatte das Haus, wie fast immer, ohne Frühstück verlassen, und die Aussicht auf mediterrane, vielleicht sogar griechische Küche gefiel ihr.

»Sie werden Griechisch sprechen, den ganzen Nachmittag«, beschwerte sich Meneghini, und jetzt wurde es meiner Mutter zu viel.

»Ja, das werden sie«, sagte sie und verschränkte die Arme vor der Brust, auf jene Weise, auf die sie es oftmals auf der Bühne tat und bei der man unwillkürlich den Eindruck hatte, sie fröre, und während sie sprach, wurde ihre Stimme mit jedem Wort schärfer. »Vielleicht werden sie aber auch Englisch sprechen oder Französisch, doch selbst wenn sie Chinesisch sprechen, ist es nicht ihr, sondern dein verdammtes Problem. Du bist seit zehn Jahren mit einer Griechin verheiratet, und mehr als *kali spera* und *kali oreksi* bringst du nicht zustande. Was man tolerieren könnte, schließlich, pah, ist es ja nur Griechisch! Aber zufällig bist du auch mit einer Amerikanerin verheiratet, und dein Englisch ist jämmerlich. Von deinem Französisch ganz zu schweigen. Was kannst du eigentlich?«

Der arme Meneghini stand stumm und starrte meine Mutter aus seinen Schweineaugen an. »So redest du nicht mit mir«, gab er schließlich zurück, doch es klang so kläglich, dass es fast zum Witz geriet.

»Doch, Battista, genau so rede ich mit dir.« Da wurde ihm klar, dass es ernst war. Niemals sagte meine Mutter Battista zu ihm, stets nur Titta, was natürlich auch albern und in der letzten Zeit zur Posse geraten war. »Da draußen«, sie machte eine Geste ins Irgendwo, »laufen sehr fähige Männer herum, die nicht nur eine, sondern sofort drei Sprachen lernen würden, wenn sie dafür meine Geschäfte regeln dürften.«

Meneghinis Lippen knäulten sich zu einem Wulst zusammen. Wenn man ihn genau beobachtete – was meine Mutter tat –, konnte man sehen, wie seine Hände zitterten. »Niemand«, brachte er hervor, »niemand in der gesamten Geschichte der Oper hat je fünf Millionen Francs für einen Abend ausgehandelt.«

»Aber ich«, rief meine Mutter und tippte sich mit dem Zeigefinger auf die Brust, »ich habe sie verdient. Ich arbeite für all das Geld, nur meinetwegen werden solche Gagen bezahlt! Es ist mein Geld, und ich werde darüber verfügen, und zwar allein, ob es dir passt oder nicht.« Ohne eine Antwort abzuwarten ließ sie ihn stehen und verschwand im Badezimmer. Sie schloss die Tür hinter sich und setzte sich auf den Rand der Wanne. Ihr war schwindlig. Von klein auf litt sie unter einem extrem schwachen Kreislauf, der ihr in derartigen Situationen besonders zu schaffen machte. Sie bereute, nicht gefrühstückt zu haben. In ihrer Hand hielt sie noch immer die Karte. Es war das erste Mal, dass sie die Handschrift meines Vaters sah, und der Gedanke, dass er erst vor Kurzem, vielleicht erst vor ein paar Minuten, diese Zeilen geschrieben hatte, berührte sie auf seltsame Weise, und während sie sich die Erinnerung an ihre erste Begegnung wachrief, verdichtete sich all der Zorn auf ihren Ehemann zu einer trotzigen Stärke. Sie stand auf, platzierte die Karte auf der Glasablage vor dem Spiegel und begann sich die Haare zu richten.

Kennengelernt hatten meine Eltern sich in Venedig, zwei Jahre zuvor, im September 1957, und wie alles Entscheidende im Leben hätte auch dieses Ereignis einen anderen Ort und einen anderen Zeitpunkt finden können, aber es wäre geschehen, so oder so.

Tatsächlich wäre es mir lieber gewesen, sie wären sich bei anderer Gelegenheit begegnet, dann bliebe mir erspart, die grässliche Elsa Maxwell zu erwähnen, dieses intrigante Weibsstück, die sich als Freundin meiner Mutter bezeichnete, ihr in Wahrheit aber auf gedankenloseste Weise Schaden zugefügt hatte. Das Drama Edinburgh zum Beispiel – eine Zerreißprobe nicht nur für die Nerven, sondern auch für die Stimme meiner Mutter und insgesamt der Anfang des Desasters –, das hat allein diese Person zu verantworten. Was für eine Vorstellung, ich könnte ihr meine Existenz verdanken, dieser plumpen, fetten Motte, die ihr Leben lang nichts anderes tat, als in das Licht anderer Leute zu flattern und sich dann an der Illusion zu weiden, es sei ihr eigenes Strahlen. Tatsächlich konnte kein Mensch sie ausstehen, aber mit ihren Klatschkolumnen, Radiosendungen und vor allem mit ihren Partys war sie zu einer Instanz jener Gesellschaft geworden, an der niemand vorbeikam.

Einen Kostümball während des Filmfestivals hatte sie veranstalten wollen, im Danieli, zu Ehren der großen Callas, und ein Kostümfest war genau das, was meine vollkommen erschöpfte Mutter brauchte. Zuvor jedoch hatte sie über vier Abende die Amina zu singen, ein Gastspiel der Scala in Schottland, von dem ihr Arzt mit großer Dringlichkeit abgeraten hatte. Doch meine pflichtbewusste Mutter bestand darauf, ihren Vertrag zu erfüllen. Reiner Zufall, dass sie während eines Spaziergangs durch Edinburgh an einem Aushang des King's Theatre vorbeikam und ihren Augen nicht traute: Eine fünfte Aufführung wurde angekündigt, von der sie nichts wusste. Ihre erste Reaktion war, Meneghini scharf anzufahren, aber dieses Mal war der arme Kerl unschuldig. Hilflos hob er die Schultern. »Vier Abende, so steht es im Vertrag.«

»Was für eine Frechheit! Er hat mich nicht einmal informiert, geschweige denn gefragt. Das ist unglaublich, so lasse ich nicht mit mir umgehen!«

»Er rechnet sicher damit, dass wir uns fügen. Und vielleicht sollten wir …«

»Mich fügen? Einer solchen Respektlosigkeit? Niemals! Wenn sie an diesem Abend die *Sonnambula* geben wollen, dann müssen sie sich eine andere Amina suchen.«

Als Antonio Ghiringhelli, der Direktor der Scala, merkte, dass sie keineswegs gewillt war, ein fünftes Mal zu singen, entschuldigte er sich halbherzig, bat und bettelte schließlich, doch meine Mutter hatte ihre Entscheidung getroffen. Sie sei nicht nur müde und erschöpft und fühle sich außerstande, eine fünfte Aufführung zu singen, sondern sei zutiefst empört über die Art und Weise, wie mit ihr umgegangen werde. Und reiste ab.

Die menschliche Stimme, insbesondere die meiner Mutter, ist das wunderbarste aller Instrumente. Leider auch das empfindlichste. Keiner anderen Sopranistin dieser Welt wurden Vorwürfe gemacht, wenn sie eine Vorstellung absagen musste – noch dazu eine, die gar nicht vereinbart war. Für meine Mutter jedoch galten andere Regeln, und so schimpfte die Presse sofort lautstark über diese Absage, ohne ein Wort über die Hintergründe zu verlieren, von denen freilich niemand etwas wusste. Denn den Vertrag für dieses Gastspiel hatte meine Mutter mit der Scala abgeschlossen – tatsächlich über vier Vorstellungen. Die Scala jedoch hatte mit dem Edinburgh Festival kurzerhand fünf Aufführungen vereinbart, und dieser Heuchler Ghiringhelli weigerte sich nun, eine Klarstellung zu veröffentlichen und seine Schuld einzugestehen. Ohne jede Skrupel ließ er alles auf meine Mutter zurückfallen, die noch Jahre danach vergeblich um eine Richtigstellung kämpfte. Das alles hätte sie noch durchstehen können, wenn diese narzisstische Elsa Maxwell nicht umgehend in ihrer Kolumne herumposaunt hätte, sie sei – hach – so entzückt, dass die große Callas eine Vorstellung habe sausen lassen, nur um ihre Party in Venedig nicht zu versäumen! Woraufhin alle Welt sich darin bestätigt sah, dass die große Callas wieder einmal ihren Verpflichtungen nicht nachkam, und zwar keineswegs, um ihre fragile Gesundheit zu kurieren, sondern um mit dem Jetset die Nacht zum Tag zu machen.

Ach, Venedig! Das erste Mal in Venedig gewesen war meine Mutter übrigens zehn Jahre zuvor, dreiundzwanzigjährig, und wann immer sie seither dorthin reiste, tauchte die Erinnerung an jenen ersten Abend wieder auf. Nur die Gefühle, die diese Erinnerung begleiteten, veränderten sich im Laufe der Jahre – zunächst unmerklich, dann immer gravierender, bis sie schließlich Mühe hatte, sich an die Glückseligkeit zu erinnern, die sie einmal mit diesem Ort verbunden hatte.

Sehr vereinfacht könnte man sagen, dass meine Mutter, die im Sommer 1947 überhaupt zum allerersten Mal in Italien gewesen war, den erstbesten Italiener geheiratet hatte, der ihr über den Weg lief; aber natürlich war es deutlich komplizierter. Sie war aus New York nach Verona gereist, um die Gioconda zu singen: ihr erstes respektables, wenn auch beschämend schlecht bezahltes Engagement außerhalb ihrer griechischen Heimat. In New York, wohin sie nach dem Ende des Krieges hoffnungsvoll gereist war – nicht nur, um endlich ihren Vater wiederzusehen und ihre amerikanische Staatsbürgerschaft nicht zu verlieren, sondern vor allem, um eine veritable Karriere zu beginnen –, hatte niemand sie engagieren wollen. Zwar hatte sie es geschafft, an der Met vorzusingen, war aber abgewiesen worden, und es war keineswegs Stolz, der sie diese Niederlage verschweigen ließ, sondern pure Selbsterhaltung. Jeder Mensch kann nur ein bestimmtes Maß an Erniedrigung ertragen.

»Ich habe abgelehnt«, erklärte sie meinem Großvater am Abend nach dem Vorsingen, und die leichte Ehrfurcht, die in seinen Augen aufflammte, bestätigte ihr, richtig zu handeln. »Es geht nicht, ich kann doch nicht die *Cio-Cio-San* singen«, sagte sie, den Blick an ihm vorbei zu Boden gerichtet und eine vage Geste andeutend.

»Ach nein, nein, das geht natürlich nicht«, bestätigte mein Großvater leise und verlor kein weiteres Wort darüber.

Meine Mutter wog zu diesem Zeitpunkt fast zweihundert Pfund, und tatsächlich hatte Edward Johnson, der damalige Leiter der Met, seine Ablehnung nicht nur mit Vorbehalten gegenüber ihrer Stimme, sondern auch mit dem Zweifel begründet, ob eine Frau mit einer derartigen Statur die zarte Madame Butterfly darstellen könne.

Sie könne *Tosca* oder *Aida* singen, bot meine Mutter an, aber Johnson hatte die *Cio-Cio-San* zu besetzen, außerdem Beethovens Leonore, die sie drei Jahre zuvor während der deutschen Besatzungszeit in Athen gesungen hatte.

»Stell dir vor, sie wollen die Leonore auf Englisch, so etwas mache ich nicht!«, erklärte sie meinem Großvater so entrüstet, wie sie es später jedem anderen erklärte, bis es irgendwann keine Lüge mehr war und sie selbst beschworen hätte, es sei genau so gewesen.

Mit dreizehn Jahren war meine Mutter aus ihrer Geburtsstadt New York nach Athen gekommen und hatte dort, fast ein Jahrzehnt lang, unerbittlich und durch die Wirren des Kriegs hindurch, ihre gesamte Kraft in die Entwicklung ihrer Stimme investiert, hatte sich unbeirrbar an die Überzeugung geklammert, irgendwann Erfolg und

Anerkennung zu erlangen, aber der Durchbruch, auf den sie verbissen gehofft hatte, war ausgeblieben. Wenn sie log, dann log sie nur, um nicht zu verzweifeln. Und ganz sicher wäre sie verzweifelt, wenn nicht schließlich, auf Vermittlung eines Kollegen, des Tenors Nicola Rossi-Lemeni, der Ruf nach Verona gekommen wäre. Also buchte sie eine billige Passage auf einem Frachtdampfer und fuhr nach Italien. Für die Reise und ihren Unterhalt während der Proben musste sie selbst aufkommen, weswegen sie sich von ihrem Taufpaten Geld geliehen hatte, denn das Engagement – zweihundertvierzig Dollar für vier Auftritte – war alles andere als eine lukrative Angelegenheit. Doch meine Mutter hätte sogar umsonst gesungen, nur um ihr Talent unter Beweis zu stellen, endlich gehört und an einem der großen Häuser engagiert zu werden. Bei ihrer Ankunft in Verona am 29. Juli 1947 war meine Mutter eine bettelarme, verunsicherte und auffallend übergewichtige junge Frau. Eine Primadonna vermochte sie damals ausschließlich auf der Bühne zu sein.

Von der Reise komplett erschöpft saß sie an jenem Abend mit ihren Kollegen der Arena auf der Piazza Bra beim Essen. Das heißt, es waren die anderen, die aßen, sie selbst war zwar hungrig, aber kaum in der Lage, etwas zu sich zu nehmen. Zumindest nicht vor den Augen aller. Sie wünschte, sie wäre in ihrem Zimmer geblieben. Um keinen Preis hätte sie sich etwas anmerken lassen, aber natürlich waren ihr, sogar ohne ihre Brille, die Blicke nicht verborgen geblieben, mit denen sie von den Kollegen bedacht worden war. Mühsam bis schlecht kaschierte Blicke, die über ihren Körper hinab zu ihren Beinen gewandert waren, um dort für einen Augenblick des Entsetzens zu verharren. Blicke, mit denen man Entstellte und Aussätzige betrachtete. Blicke, in denen die Frage zu lesen war: Wie will sie damit auf einer Bühne stehen? Sie war froh gewesen, endlich Platz nehmen und ihre Beine unter dem Tisch verstecken zu können. Ihre Waden, von jeher stämmig, waren von der Reise so geschwollen, dass sie schmerzten und ihre Füße kaum in die Schuhe passten. Das Gehen fiel ihr schwer. Sie hatte im überfüllten Zug von Neapel nach Verona stehen müssen, bis ihre Zehen taub geworden waren.

Vor ihr stand nun, unberührt, der Teller mit dem Kalbskotelett, das magerste Gericht, das angeboten wurde. Von dem Risotto, das zur Vorspeise für alle serviert worden war, hatte sie nur eine winzige Portion genommen, um der Häme von vornherein den Boden zu entziehen. Während des Essens hatte sie geschwiegen. Wenn sie etwas gefragt wurde, antwortete sie knapp, aber höflich; es richtete jedoch kaum jemand das Wort an sie, was meiner Mutter damals durchaus recht war – je weniger sie beachtet wurde, desto ungestörter konnte sie zuhören. Ohne darüber nachzudenken saugte sie von jeher alles, was um sie herum geschah, in sich auf: Stimmen, Worte und den Tonfall, in dem sie gesprochen wurden, die Gesten und die Körperhaltung, mit der die Tischgenossen agierten, und obwohl meine Mutter erst dreiundzwanzig war, hatte sie am Ende des Abends den Charakter jedes Einzelnen so treffsicher erfasst, als verfüge sie über die Erfahrung eines langen Lebens. Das alles war ihr nicht bewusst, sondern gehörte gleichsam zu ihrer Ausstattung, der Ausstattung einer grandiosen Schauspielerin.

Das Essen war fast beendet, es war dunkel geworden, und meine Mutter hätte sich gern, mit dem Hinweis auf Ermüdung von der langen Reise, in ihr Hotelzimmer zurückgezogen, scheute sich jedoch aufzustehen und den anderen nochmals den Blick auf ihre Waden und ihren schwerfälligen Gang zu gewähren, als ein älterer Herr, mit der Direktion der Arena offenbar befreundet, an ihren Tisch kam und gegenüber meiner Mutter Platz nahm. Sie spürte sofort, dass er lieber weitergegangen wäre, vielleicht war er ebenfalls müde. Er wolle nichts essen, sagte er, allenfalls eine Kleinigkeit, ein Kalbskotelett vielleicht. Meine Mutter ergriff ihre Chance: »Bitte, Signore, Sie können meines haben, es ist das letzte, es gibt keines mehr.« Mit großer Erleichterung schob sie ihren Teller zu ihm hinüber. Die Direktion der Arena hatte sie zu diesem Essen eingeladen, und es wäre ein Fauxpas gewesen, es einfach stehen zu lassen. »Ich habe es nicht angerührt.« Doch sie hatte nicht mit seiner Höflichkeit gerechnet. »Das ist sehr freundlich von Ihnen, Signorina«, erwiderte er, »aber ich kann mir etwas anderes bestellen.« Meine Mutter erkannte, dass er ein Gentleman war und diese Konversation zu einem so höflichen wie absurden Hin und Her geraten könnte, das schließlich die Aufmerksamkeit aller am Tisch auf sich ziehen würde, und so tat sie etwas gänzlich Unüberlegtes: Sie offenbarte sich, ließ ihn ihre Not sehen, indem sie ihm einen flehenden Blick zuwarf und ganz leise, aber mit größtem Nachdruck »Bitte, Signore« sagte. Und Giovanni Battista Meneghini verstand. Er verstand, dass er es hier mit einer verlorenen Seele zu tun hatte, die gerettet werden musste. Während er mit einem knappen Nicken sein Verständnis bekundete und den Teller an sich nahm, beschloss er, dass er alles tun würde, um die Seele und die wunderschönen schwarzen Augen meiner Mutter zu retten. Und er fing sofort damit an. Keinen Widerspruch duldend, füllte er ihr Weinglas, fragte sie so höflich wie interessiert nach ihrer Reise und ihren Eindrücken von Verona, führte sie mit ihren beiden amerikanischen Begleitern zu später Stunde noch zu einem Spaziergang auf die Piazza dei Signori und lud sie für den nächsten Abend zu einer Fahrt nach Venedig ein. Meine Mutter, die sich davor gefürchtet hatte, ihre unförmigen Beine zu zeigen, folgte ihm erleichtert wie eine Graugans dem erstbesten Lebewesen, das ihr begegnete. Nur die Einladung nach Venedig schlug sie so entschieden aus, dass Meneghini misstrauisch wurde: Eine junge Frau, die sich derart für die Schönheit von Architektur begeistern konnte, lehnte einen Besuch in Venedig ab? Hätten Selbstzweifel in Meneghinis Charakter einen Platz gehabt, so wäre er vielleicht nicht weiter drauf eingegangen und das Leben meiner Mutter hätte einen ganz anderen Verlauf genommen. Doch Meneghini insistierte, ließ am Tag darauf wiederholt nach ihr schicken, bis er meine Mutter endlich in seinem Auto wusste.

»Ich verstehe, dass Sie von der Reise noch erschöpft sind, aber Sie dürfen Venedig nicht versäumen, Signorina, das kann ich nicht zulassen, es wäre eine Sünde. Sie können hier im Wagen etwas ausruhen, die Fahrt wird eine gute Stunde dauern.«

»Nein, nein, ich bin nicht müde, Signore.«

»Aber warum um Himmels willen wollten Sie dann so unbedingt im Hotel bleiben?« Es hätte eine Menge Gründe gegeben, deretwegen eine junge Frau die Einladung eines älteren Herrn ausschlug, doch Meneghini fehlte es vollständig an Fantasie.

»Ich ... nun ... Ach, Signore, es ist mir peinlich. Ich habe nur diese eine Bluse. Ich habe sie schon auf der Reise tragen müssen, und gestern Abend ist ein kleiner Fleck hinzugekommen. Ich ... ich schäme mich.«

Meneghini sah meine Mutter an. Diese Frau hatte Rückgrat, aber keine Stabilität. Unwillkürlich lächelte er, und da das Lächeln aus tiefstem Herzen kam, behielt er diesen Moment fortan als jenen in Erinnerung, da er sich in meine Mutter verliebte. Tatsächlich hatte er sich in eine Geschäftsidee verliebt, denn Giovanni Battista Meneghini war Geschäftsmann. Es sollte das Geschäft seines Lebens werden.

Zehn Jahre später, an jenem entscheidenden Abend, stand Giovanni Battista Meneghini im Festsaal des Danieli und fragte sich, wie sie das machte. Wie sie ihre besorgniserregende Erschöpfung rückstandslos ablegen konnte, sobald sie in ihr Abendkleid schlüpfte, den Ballsaal betrat und zu feiern begann. Natürlich verfügte sie über diese ihn nach wie vor faszinierende Mischung aus Entschlossenheit und schauspielerischem Talent, die es ihr in fast jeder Situation ermöglichte, das zu sein, was sie sein wollte, doch ihr Elan an diesem Abend war echt, da hatte er keinen Zweifel. Regelrecht ausgelassen erschien sie ihm, wie ein junges Mädchen, dabei war sie mit ihren dreiunddreißig Jahren auch schon das, was man eine reifere Frau nannte. Er bat einen Kellner, ihm einen Martini zu bringen, lehnte sich an eine der Säulen und betrachtete das Treiben. Sie waren vollkommen verdreht. Eine trug einen überdimensionalen Obstkorb auf dem Kopf, die nächste eine Art Heiligenschein, wobei ihr restliches Kostüm diesen Putz Lügen strafte. Er sah Unmengen von kunstvoll arrangierten Federn, die bei jedem Schritt ihrer Trägerinnen wippten, sah Frisuren, die zu Bauwerken aufgetürmt waren, und sogar einen echten Rosenbusch, der direkt aus einem Kopf zu wachsen schien. Er war erleichtert, dass meine Mutter nicht die Zeit gehabt hatte, sich einen derartigen Firlefanz anzutun, obwohl es ihr ein Leichtes gewesen wäre, sich aus dem Fundus des Fenice üppigen Kopfschmuck für diesen Wettstreit zu besorgen. Aber als Ehrengast des Balls wurde ihr ohnehin alle Aufmerksamkeit zuteil, sodass sie sich nur die Halskette aus Smaragden ins Haar geflochten hatte, die er ihr kürzlich geschenkt hatte, er überlegte, zu welchem Anlass das gewesen war. Ihr letzter Geburtstag? Oder ihr vorletzter? Seine Gedanken schweiften rückwärts, die Jahre entlang, bis zu jenem Tag, an dem alles angefangen hatte, hier in Venedig, im Juli 1947. Und während Meneghini meine Mutter beobachtete, die in der Zwischenzeit mit einem ihm unbekannten Herrn in weißem Dinnerjacket tanzte, überkam ihn die seltsame Fassungslosigkeit, die er immer dann empfand, wenn er versuchte, das verschüchterte, plumpe Ding von damals mit der hocheleganten Erscheinung in Verbindung zu bringen, die überall mit Anmut und Grandezza auftrat. Das Kleid, das sie trug, ein schlichtes, schwarzes Abendkleid, um das sie eine helle Schärpe gebunden hatte, war eine der unspektakulärsten Garderoben des Abends und doch wirkungsvoller als all die großen Roben, die hier zur Schau gestellt wurden. Er verspürte ein Gefühl, das ihn an Stolz erinnerte und dennoch bitter schmeckte, ein vages Ziehen in seinem Inneren; und ohne dass er es zugegeben hätte, sehnte er sich schmerzlich nach jener scheuen, ihm ergebenst dankbaren Person, die er damals, zehn Jahre zuvor, zu retten begonnen hatte.

Albernes, an Hysterie grenzendes Gelächter schallte aus einer Gruppe in der Nähe herüber, sie sprachen ein rasches, amerikanisches Englisch, er versuchte eine Weile zuzuhören, verstand aber nicht viel. Vermutlich war es ohnehin nicht der Rede wert. Er schlenderte durch den Raum, um meine Mutter im Blick zu behalten, die in der Zwischenzeit zu seiner Überraschung Boogie-Woogie tanzte. Er war froh, sich dem Gehüpfe nicht anschließen zu müssen, unterhielt sich eine Weile mit einer ältlichen schwedischen Contessa, die leidlich Italienisch sprach und einen Fisch auf dem Kopf trug, nahm dann allein in einem der weniger frequentierten Nebenräume Platz und musste wohl eingenickt sein, denn das Glas, das er in der Hand gehalten hatte, war verschwunden, dafür lag eine Serviette über seinem Hosenbein, das an der Seite feucht war. Er schleppte sich nach oben ins Zimmer, um die Hose zu wechseln, saß in Unterhosen auf dem Bettrand, und die Müdigkeit umfing sein Hirn wie ein Schraubstock. Er musste sich anziehen, musste nach unten gehen, um nach meiner Mutter zu sehen, unbedingt musste er das, und während sein Oberkörper langsam zur Seite sackte, träumte er sich in trockener Hose den Korridor entlang in ein immer absurder werdendes Getümmel hinein, aus dem heraus sich der Propeller auf dem Kopf einer spärlich bekleideten jungen Frau zu drehen begann, immer schneller, bis die Schöne zum Fenster hinausflog.

Nicht meine Mutter war erschöpft, die Callas war es. La Callas bedurfte der Ruhe, während meine Mutter endlich leben wollte. Wenn Meneghini das verstanden hätte, wäre ihm vieles leichtergefallen. Doch er kannte meine Mutter nicht, hatte sie nie wirklich sehen wollen. Alles, was er sah, war die Callas. Ich aber, ich werde nicht über die Callas reden, ich will über meine Mutter reden, auch wenn es nicht gut ausgegangen ist zwischen uns beiden.

Hinterher erklärte sie, sie habe nicht bemerkt, dass Meneghini fort gewesen sei, anders konnte sie nicht begründen, warum sie erst am Morgen den Weg in ihr Zimmer gefunden hatte, statt bald nach seinem Verschwinden gegen ein oder zwei Uhr. Die Wahrheit ist, dass meine Mutter längst ihr Amüsement der Rolle der treusorgenden Ehefrau vorzog. Und dieser Abend war mit fortschreitender Stunde immer amüsanter geworden, sie hatte getanzt, getrunken, gelacht, sogar gesungen – kurzum, sie war glücklich, ohne ein einziges Mal an die Quälereien und Schikanen der vergangenen Monate denken zu müssen. Und sie hatte eine folgenschwere Bekanntschaft gemacht.

Sie hatte sich gerade von einem sehr jungen, sehr charmanten, aber rührend betrunkenen Mann, der offenbar nicht mehr imstande war, ihr seinen Namen zu verraten, komplizierte Ausführungen über die Qualität des Champagners angehört, als Elsa erschien, mit einem Herrn im Schlepptau, den meine Mutter natürlich sofort erkannte. »Maria, Liebes! Zu meiner absoluten Verwunderung musste ich gerade erfahren, dass euch noch niemand miteinander bekannt gemacht hat. Wie kann das nur sein? Die berühmteste Griechin der Welt und der berühmteste Grieche in einem Raum, und niemand stellt sie einander vor!«

»Niemand hätte gewagt, dir dieses Privileg streitig zu machen, liebe Elsa«, sagte mein Vater, nahm die Hand meiner Mutter und verbeugte sich zum Handkuss. »Sehr erfreut, Mrs. Callas.«

Der junge Mann trollte sich schwankend.

»Hach, Mister Onassis ist nicht nur der berühmteste – und natürlich der reichste –, sondern ohne jeden Zweifel auch der charmanteste aller Griechen. Ihr werdet euch blendend verstehen, ihr beiden, und ganz sicher wirst du ihn ebenfalls bald Ari nennen.«

Meine Mutter setzte ihr Bühnenlächeln auf. Am liebsten hätte sie Elsa entgegnet, dass sie ganz gern selbst entschied, mit wem sie sich verstand und wen sie wie nannte. Umso mehr verblüffte sie die Antwort meines Vaters, die er nicht an Elsa, sondern auf Griechisch an meine Mutter richtete: »Ich glaube, wir beide sind schon groß und brauchen Elsa nicht, um unsere eigene Sprache zu finden, oder?«

Meine Mutter war sprachlos, was äußerst selten vorkam, konnte ihre Zustimmung nur nicken und musste gleichzeitig schmunzeln angesichts der Hilflosigkeit, die in Elsas Miene auftauchte. »Ganz gewiss nicht«, pflichtete sie ihm schließlich bei, »wir müssen sie ja nicht einmal suchen.«

Mein Vater lachte auf, ein herzliches, zugewandtes Lachen, das meine Mutter nicht an ihm vermutet hätte, und für einen Augenblick vereinte sich sein Blick mit ihrem, ehe er, wieder auf Englisch, Elsa antwortete. »Du hast sehr gut daran getan, eine Griechin zu deinem Ehrengast zu machen. Aber warum dann Spaghetti zum Frühstück und nicht etwas wirklich Griechisches, Saganaki zum Beispiel?« Bei dem Wort Saganaki ließ meine Mutter ein verzücktes Stöhnen vernehmen und schloss die Augen. Mein

Vater legte ihr in einer solidarischen Geste den Arm um die Schultern. »Siehst du, Elsa, du musst wirklich an deiner Perfektion arbeiten.«

»Und was ist das, dieses Saga…?«, fragte Elsa, wartete die Antwort jedoch nicht ab, sondern machte eine wegwerfende Handbewegung. »Ach was, das können die hier sowieso nicht.« Sie ließ ein affektiertes Lachen hören und verschwand. Meine Eltern sahen ihr kaum nach, mein Vater schüttelte nur sachte den Kopf.

»Ich liebe es«, sagte meine Mutter. »Als Kind hätte ich mich am liebsten ausschließlich davon ernährt.« Sie spürte, wie ihr Gesicht heiß wurde, denn tatsächlich war der in der Pfanne gebratene Schafskäse einer der Gründe, warum sie als junge Frau so unfassbar dick gewesen war. In ihrer Jugend hatte sie ihn meist noch mit einem Spiegelei dekoriert und am liebsten Makkaroni dazu gegessen, alles andere als eine Fastenspeise. Sie hatte seit Jahren kein Saganaki mehr angerührt, ja, sich selbst den Gedanken daran komplett verboten. Unwillkürlich stieß sie einen Seufzer aus. Mein Vater lächelte wieder, und meiner Mutter fiel auf, dass er mit dem ganzen Gesicht lächelte, nicht nur mit dem Mund oder den Augen. Plötzlich überkam sie eine übermütige Freude. Mein Vater winkte einen Kellner herbei, nahm zwei Gläser Champagner von dessen Tablett und stieß mit meiner Mutter an. Für einen kurzen Augenblick standen sie sich still gegenüber, mit einer Offenheit, als wären sie Kinder, denen noch nichts widerfahren ist und die sich noch nichts zugefügt haben. Dann brach es gleichzeitig aus ihnen heraus, sie lachten laut los, und für eine Weile überboten sie sich mit Schwärmereien über die griechische Küche und beklagten die Schwierigkeit, außerhalb Griechenlands akzeptables griechisches Essen serviert zu bekommen. »Wie ich sehe«, sagte meine Mutter, »sind Sie ja gar kein Tourkosporos, wie immer gesagt wird.« Augenblicklich wich das Lächeln aus dem Gesicht meines Vaters, und er starrte sie entgeistert an. Tourkosporos! Wie konnte diese Frau so etwas wagen! Es war typisch für meine Mutter, ohne Hintersinn ein Schimpfwort zu benutzen. Tourkosporos bedeutet wörtlich »Türkensperma«, und damit bezeichnen die Griechen jene Landsleute, die wie mein Vater aus Kleinasien stammen, jenem Gebiet südlich des Schwarzen Meeres, das zwar einst Teil des antiken Griechenlands war, später jedoch jahrhundertelang unter osmanischer Herrschaft stand und schließlich, nach einem erbitterten Krieg, endgültig an die Türken verloren wurde. Doch auch wenn meine Urgroßmutter mit meinem Vater vornehmlich Türkisch gesprochen hatte, verstand mein Vater sich ausschließlich als Grieche.

»Soso, Madame«, gab er zurück, »und welche Nationalität würden Sie Homer zugestehen, einem der ehrenwertesten Griechen überhaupt? Als stolze Griechin gewiss die griechische, nicht wahr? Und Herodot? Thales von Milet? Heraklit? Sie alle und all ihre klugen Gedanken stammen aus Kleinasien, wussten Sie das? Sogar das Geld ist dort erfunden worden!«

»Oh, ich wollte Ihnen nicht zu nahetreten, Mr. Onassis. Ich war nur verwundert, dass Sie so griechisch sind. Ich hatte sie mir viel ... internationaler vorgestellt. Immerhin bewegen Sie sich in sehr internationaler Gesellschaft.«

»Und wie ich Grieche bin, Madame! Durch und durch. Und das werde ich immer bleiben. Ich mache keinen Hehl aus meinen Wurzeln, denn ich bin stolz darauf – und werde mich deswegen auch nie aufführen wie so manch einer meiner Landsleute, der versucht, britischer zu sein als die Briten.« Er verzog das Gesicht zu einer manierierten Grimasse und streckte die Brust nach vorn, bis er erreicht hatte, was er wollte: meine Mutter, die die Anspielung auf seinen Rivalen Stavros Niarchos verstand, zum Lachen zu bringen. Und so, wie sie lachte – unverstellt und aus vollem Herzen –, begriff er, dass sie ihn tatsächlich nicht hatte beleidigen wollen, sondern von einer Geradlinigkeit war, die zwar ans Undiplomatische grenzte, die ihm im tiefsten Herzen aber mehr imponierte als alles andere. Eine Geradlinigkeit, die keineswegs im Widerspruch stand zu der Disziplin und Strenge, die sich diese Frau sicher oft genug auferlegen musste, sondern ihm vielmehr Ausdruck ihrer Vielschichtigkeit schien.

Und in diesem Moment geschah das Wunder: Die Seelen meiner Eltern erkannten sich. Es war der Moment, in dem meine Existenz sich aus dem Nebel der Möglichkeiten zu verdichten begann, so wie alles Existierende durch die Kraft der Sehnsucht seinen Anfang nimmt.

»Woher genau stammen Sie?«, fragte meine Mutter, und

er sah, dass es keine Floskel war, sondern sie aufrichtig interessierte.

»Smyrna.«

»Smyrna, oh …« Sie wurde schlagartig ernst. Wie alle Griechen dachte meine Mutter sofort an das Massaker, das dort im Jahr vor ihrer Geburt stattgefunden hatte. Zigtausende Griechen waren von den Türken ermordet, die Stadt geplündert und niedergebrannt worden. Natürlich hatte dieses Ereignis seine Vorgeschichte, während der auch die Griechen einiges angerichtet hatten, doch daran wollte niemand erinnert werden.

Mein Vater nickte bedeutungsvoll. »Ja, Smyrna. Und ich war mittendrin.« Er sah meine Mutter eindringlich an. »Ich sage Ihnen: Wenn man das gesehen hat, was ich gesehen habe, wird man ein anderer Mensch. Ich …« Sein Blick blieb an etwas hängen, wurde allgemein. »Aber lassen Sie uns von etwas Heitererem sprechen. Tina!« Er ergriff den Arm einer jungen Frau, die einen riesigen weißen Federschmuck auf dem Kopf trug, zog sie näher und sprach auf Englisch weiter: »Darf ich Ihnen meine entzückende kleine Athina vorstellen? Sie ist auch Griechin, lebt aber nicht gar so griechisch.«

Meine Mutter reichte ihr die Hand. Selbstverständlich kannte sie Onassis' Frau aus den Gazetten, so wie umgekehrt jeder Anwesende wusste, wer meine Mutter war. Fast hatte sie befürchtet, Onassis werde seine Frau wie ein kleines Kind auffordern, der Dame recht brav die Hand zu geben.

»Ich freue mich sehr, Sie kennenzulernen, Mrs. Callas, ich bin eine große Bewunderin Ihrer Kunst.« Das Lächeln war gewinnend, die Freude schien aufrichtig, auch wenn die Worte irgendwie auswendig klangen. Meine Mutter dankte ihr höflich. Athina Onassis' Gegenwart irritierte sie – nicht nur, weil sie das Gespräch mit meinem Vater gern fortgesetzt hätte. Athina war auffallend schlank, wohlproportioniert und bildhübsch, das blonde Haar und die Stupsnase verliehen ihrem Gesicht tatsächlich etwas sehr Kindliches. Athina Onassis war genau jener Typ Frau, in den Männer sich verliebten.

Meine Mutter träumte von der Liebe, seit sie denken konnte. Ein endloser vergeblicher Traum. Erst recht, seit sie vollends hinter der Callas verschwunden war, der Göttlichen, die sich zu opfern hatte auf dem Altar der Kunst. Die Callas war nicht zum Verlieben da. Welcher Sterbliche hätte es gewagt, sich einer Göttin zu nähern?

Tatsächlich war die Callas längst vergeben. Es war, wenn man so will, eine arrangierte Verbindung, von meiner Großmutter bestimmt, lange bevor meine Mutter zu La Callas geworden war. Eine Verbindung, in die meine Mutter aus Folgsamkeit eingewilligt hatte, die aber, wie sich herausstellte, ihrem tiefen Bedürfnis nach absoluter Hingabe entgegenkam. Dieser Hingabe ist es geschuldet, dass schließlich eine enorm fruchtbare Liebe daraus erwuchs, viel fruchtbarer als alle anderen Lieben, die meine Mutter erfahren sollte. Allerdings sollte auch diese Liebe in einer Enttäuschung enden.

Wenn man meine Mutter verstehen will, muss man bei meinem Onkel Vassily anfangen. Und bei meiner Großmutter, natürlich.

Meine Großmutter, die, nebenbei bemerkt, Evangelia hieß, aber Litsa genannt wurde, gehörte zu jenen bedauernswerten Kreaturen, deren Lebensziel darin besteht, unglücklich zu sein. Vom ersten Tag an fordern solche Menschen das Leben heraus und sammeln Beweise für die Unausweichlichkeit ihres Unglücks. Das Ganze nennen sie dann die Suche nach dem Glück.

Jedes Scheitern verdankt seine Existenz einer Erwartung. Das Leben meiner Großmutter wie auch ihre Ehe waren folglich zum Scheitern bestimmt. Mein Großvater Georgios Kalogeropoulos war ein gut aussehender, im Grundsatz fleißiger und charmanter, im Verborgenen manchmal ein wenig verträumter Apotheker, der die eheliche Treue exakt so ernst nahm wie jeder andere griechische Mann seiner Zeit. Mit meiner Großmutter zeugte er zunächst meine Tante Yakynthy, ein ausgesprochen hübsches Mädchen, blond und blauäugig wie meine Großmutter, das in Amerika zuerst Cynthia, später Jackie genannt wurde. (Ja, es gab im Leben meiner Mutter mehr als eine Jackie, die Probleme machte, aber das ist eine andere Geschichte.) Drei Jahre später kam mein Onkel Vassily zur Welt. Vassily war ebenso blond und hübsch wie seine Schwester und ein aufgeweckter kleiner Kerl. Für kurze Zeit war meine Großmutter tatsächlich glücklich. Natürlich arbeitete sie mit Hingabe an ihrem Unglück, indem sie schon bald neue Erwartungen produzierte, doch das Wichtigste, was zum Leben einer Frau dazugehörte, war vorhanden: ein Sohn. Vassily würde alles sein und alles werden, was es zu werden gab. Er würde schön, stolz und ruhmreich sein, und er würde singen, natürlich würde er das, denn das Singen war meiner Großmutter verwehrt worden, noch so ein Unglück, das sofort weitergegeben werden musste, schließlich war meine Großmutter nicht nur eine Meisterin darin, dem eigenen Leben jedes erdenkliche Unglück abzupressen, sie verstand es auch fabelhaft, Unglück im Leben ihrer Kinder zu verbreiten. Vassily aber wehrte sich. Als er drei Jahre alt war, kam ihm eine Hirnhautentzündung zu Hilfe, und er entschloss sich, meiner Großmutter ein letztes Geschenk zu machen und das größtmögliche aller denkbaren Unglücke über sie zu bringen: Er machte sich davon.

Der Erfolg war umwerfend. Wochenlang saß meine Großmutter in Vassilys verlassenem abgedunkelten Zimmer und starrte vor sich hin. Sie aß kaum, weinte ab und an ein bisschen und interessierte sich für nichts und niemanden. Natürlich war auch mein Großvater traurig, er schleppte sich nur mit Mühe in seine Apotheke und bediente seine Kundschaft. Doch weil er, im Gegensatz zu meiner Großmutter, tatsächlich das Glück suchte, vermochten die Beileidsbekundungen, mit denen er tagtäglich überhäuft wurde, ihn allmählich zu trösten, und da die männliche Begierde, wie jeder weiß, sich weder um Trauer noch um Tod oder Teufel schert, packte er eines

Nachts beherzt seine Frau und beseitigte ihren Widerstand mit dem Versprechen, er werde ihr einen neuen Vassily machen, so blond und so schön wie der erste. Meine Großmutter fügte sich, und ein Dreivierteljahr später wurde meine Mutter geboren.

Fast eine Woche verbrachten meine Eltern im September 1957 gemeinsam in Venedig. Es war die Woche des Filmfestivals, sie vergnügten sich am Lido, erkundeten die Stadt, unternahmen Ausflüge in die Umgebung auf dem Motorboot meines Vaters und trafen sich zum Champagnerfrühstück an Bord der *Christina.* Notwendigerweise waren ihre Ehepartner mit dabei, sodass es für jeden, der sie bei ihren Vergnügungen beobachtete – und das waren nicht wenige –, aussah, als wären zwei befreundete Paare miteinander unterwegs, doch weder Tina noch Meneghini waren sonderlich erpicht auf diese Unternehmungen, sie ließen sie aus Höflichkeit über sich ergehen, während meine Eltern nicht müde wurden, sich am Ende eines jeden Tages wieder für den nächsten zu verabreden. Mein Vater genoss diese Woche. Es wird ihm nachgesagt, dass er gern Berühmtheiten um sich scharte, und das trifft absolut zu. Wie bei allem, was mein Vater tat, legte er auch bei der Auswahl seiner Entourage sportlichen Ehrgeiz an den Tag und verbuchte jeden großen Namen, mit dem er in der Öffentlichkeit gesehen wurde, wie einen neuen Geschwindigkeitsrekord. Und mein Vater dachte viel nach. Sehr viel. Er liebte es, seinen Kopf zu benutzen. Ganze

Nächte konnte er allein an Deck der *Christina* sitzen und nachdenken. Aber niemals wagte er sich mit seinen Gedanken in die Nähe der Frage, welche Art von Befriedigung er bei seiner Menschensammelei eigentlich empfand. Es gab nur zwei Personen, deren Bekanntschaft ihm über die Wirksamkeit ihrer Namen hinaus wirklich etwas bedeutete. Die eine, Winston Churchill, hatte das Glück, ein Mann zu sein. Die andere war meine Mutter. Während der Tage, die er in jenem Spätsommer mit ihr in Venedig verbrachte, war ihm, als stillte er einen Hunger, an den er so sehr gewöhnt war, dass er ihn nicht mehr wahrgenommen hatte. Alles an meiner Mutter – ihr Lachen, ihre Gesten, ihre Haltung, ihre Gedanken – schien ihm vertraut, ja, verwandt sogar. Meiner Mutter musste er nichts erklären, meine Mutter verstand. Mit ihr – und nur mit ihr – teilte er die Erfahrung, ausschließlich durch eigene Kraft und vor den Augen aller den Gipfel bestiegen zu haben. Mein ruheloser Vater, suchend auf sämtlichen Weltmeeren unterwegs, hatte plötzlich das Gefühl, im Heimathafen angekommen zu sein. Als sie sich nach jener Woche schließlich verabschieden mussten, nahm mein Vater meiner Mutter – und notgedrungen auch Meneghini – das Versprechen ab, ihn demnächst auf einer seiner legendären Kreuzfahrten zu begleiten. Alle sagten begeistert zu. Tatsächlich sollte jedoch mehr als ein Jahr vergehen, bis meine Eltern sich wiedersahen. Denn bis dahin hatte meine Mutter noch »den größten Opernskandal aller Zeiten« zu überstehen, von der Scala Abschied zu nehmen und sich aus der Met werfen zu lassen, um so in jene nervliche Verfassung zu geraten, die sie reif machte für meinen Vater. Andernfalls wäre das alles nicht passiert. Natürlich waren es haarsträubende Ungerechtigkeiten, die sie zermürbten und für die sie zusätzlich bestraft wurde, indem man ihr Launenhaftigkeit nachsagte. All das war jedoch die einzige Möglichkeit, meine Mutter von ihrem Weg abzubringen. Einem Weg, dem sie von ihrer Geburt an mit beinahe unmenschlicher Diszipliniertheit gefolgt war, die aber tatsächlich nichts als schiere Verzweiflung war.

Als meine Großmutter im vierten Monat schwanger und felsenfest davon überzeugt war, Vassily Nummer zwei werde alles wieder ins Lot bringen, da stand eines Morgens mein Großvater vor ihr und wies sie an, die Koffer zu packen.

»Welche Koffer und warum?«, fragte sie.

»Alle. Pack alles ein, was du brauchst, wir gehen.«

»Gehen? Wohin?«

»Fort. Ich habe beschlossen, dass wir fortgehen, und wir werden nicht zurückkommen. Also überleg dir gut, was du mitnimmst.«

»Du bist nicht ganz bei Trost! Was soll das heißen, wir gehen fort? Ich bin in Umständen, das hier ist unser Zuhause, du hast deine Apotheke, mit …«

»Ich habe alles verkauft. Die Apotheke, das Haus, die Möbel. Also pack ein, in zwei Tagen geht es los.« Damit machte er kehrt und ließ meine vollkommen sprachlose

Großmutter im Zimmer stehen. Für einen Moment glaubte sie an einen Scherz, doch das war nicht die Art Scherze, die mein Großvater machte. Sie eilte aus dem Zimmer und rief ihm hinterher: »Aber wohin?«

Mein Großvater verweigerte die Auskunft. Er verweigerte überhaupt jedes weitere Wort. Es war ihm bewusst, dass sein Verhalten nicht das allerbeste war, doch er sah keinen anderen Ausweg. Wenn er meine Großmutter in seine Überlegungen einbezogen oder sie zumindest früher informiert hätte, hätte sie einen derartigen Spektakel veranstaltet, dass er sich am Ende doch gefügt hätte, wie er es immer tat. Dieses eine Mal aber sollte sein Wille geschehen.

Auch für ihn war einiges schiefgelaufen: Nicht nur sein Sohn war tot, sondern auch seine Ehe, und schließlich hatte es Probleme mit einer Liebschaft gegeben, sodass er befürchten musste, demnächst mehr Söhne zu haben, als ihm lieb war. Und so war Georgios Kalogeropoulos eines Morgens aufgewacht, hatte seine Apotheke aufgesperrt und erkannt, dass er keinen einzigen Tag auf diese Weise würde weitermachen können. Er musste fort, so weit fort wie möglich, und seine Wahl war auf Amerika gefallen, die neue Welt, in der alles erreichbar und alles besser war. Er würde von vorn beginnen, mit dem Geld, das ihm der Verkauf der Apotheke brachte, und der Rest würde sich ergeben. So kam es, dass meine Mutter nicht in der griechischen Provinzstadt Meligalas, sondern im New Yorker Flower Fifth Avenue Hospital geboren wurde.

Sie behauptete später immer, es sei am zweiten Dezember gewesen, tatsächlich kam sie am dritten zur Welt, aber da über den Zeitpunkt ihrer Geburt zwischen allen Beteiligten Uneinigkeit herrschte – meine Großmutter konnte sich am allerwenigsten erinnern, bestand aber auf dem vierten –, wählte meine Mutter schließlich dasjenige Datum aus, das ihr am besten gefiel, weil es der Tag einer der vielen heiligen Marias ist.

Als meine Großmutter nach der Niederkunft begriff, dass das Kind, das sie gerade entbunden hatte, keineswegs ein Junge war, überfiel sie ungläubiges Staunen. Hier musste ein Fehler passiert sein. Dieses Kind war nicht Vassily, es war weder blond noch blauäugig, dafür dunkel, groß und schwer. Noch während der Geburt hatte sie keinen Moment gezweifelt: Ein so riesiges Kind konnte nur ein Junge sein. Sie hatte sich tüchtig abmühen müssen, allein die Aussicht, ihren Vassily bald im Arm halten zu können, hatte sie alle Qualen tapfer durchstehen lassen. Und jetzt das! »Das ist nicht mein Kind«, brachte sie hervor, was jedoch niemand verstand, da sie Griechisch sprach. Erst nach mehreren Anläufen begriffen die Schwestern, dass diese Frau absolut nicht willens war, ihr Kind anzunehmen. Sie verbuchten es unter der üblichen Verstörtheit, die Wöchnerinnen zuweilen an den Tag legen, und versorgten meine Mutter mit dem Nötigsten. Meine Großmutter lag unterdessen fassungslos in ihrem Bett. Mein Großvater versuchte zu vermitteln, doch meine Großmutter wollte mit der Wahrheit nichts zu tun haben, und so kam es zu einem handfesten Streit. Nachdem mein Großvater wieder gegangen war, wurde meiner Großmutter klar, dass dies ihr letztes Kind sein, sie also niemals mehr einen Sohn haben würde, und eine maßlose Enttäuschung ballte sich in ihr zusammen und wurde zu einem gewaltigen Zorn. Das Kind, das zu gebären ihr mehr Schmerzen bereitet hatte als die beiden anderen zusammen und das die Schwestern als hübsches Mädchen bezeichneten, hatte weder Vassilys blaue Augen noch seine blonden Haare, und nichts und niemand würde sie dafür je entschädigen können.

Es kam gelegentlich vor, dass eine Mutter ihr Kind nicht annehmen wollte, auf solche Fälle war man in der Klinik vorbereitet. Doch als meine Großmutter auch nach Tagen noch missgelaunt und weinerlich in ihrem Bett lag und in einer für niemanden verständlichen Sprache vor sich hin grummelte, wurde es den Schwestern zu viel. Sie legten ihr meine Mutter kurzerhand in den Arm und erklärten, sie müsse sich des armen Dings, das alle mit großen Augen sehnsüchtig anschaute, jetzt annehmen. Sie sagten Worte wie love, child und mother, die meine Großmutter durchaus verstand, und so nickte sie ergeben und jammerte sich noch ein wenig tiefer in ihr unausweichliches Frauenschicksal hinein. Was für ein verpfuschtes Leben! Dabei hätte alles anders kommen sollen, eine Berühmtheit hätte sie werden sollen, eine Sängerin, von allen verehrt und umjubelt, aber das hatte ihr Vater ihr untersagt, obwohl es durchaus Talent in der Familie gegeben hatte, ihr Onkel war als singender General in die Annalen eingegangen, der angeblich sogar den Feind mit seinem Gesang betört hatte, doch derlei war den Männern vorbehalten, so wie alles den Männern vorbehalten war, außer das Kinderkriegen und das Schönsein. Die Schönheit war das Kapital einer Frau, und die Ehe war ihr Geschäft. Meine Großmutter betrachtete sich als ausgesprochen schöne Frau, und umso größer war ihr Groll, als sie nun erkannte, wie sehr sie in diesem Geschäft betrogen worden war. Doch was blieb ihr anderes übrig, als nach Hause zu gehen und sich abzufinden mit dieser Familie, die sie sich ganz anders vorgestellt hatte. Kein Haus, keine Angestellten, bloß dieser Nichtsnutz von einem Ehemann, der nicht einmal mehr ein Apotheker war, sondern ein kleiner Angestellter in einem Drugstore, von dessen Gehalt man weder leben noch sterben konnte. Und nun dieses Kind, das nicht Vassily war. Einzig Cynthia tat, was man von ihr erwartete: Sie war schön. Für sie würde sich ein Ehemann finden lassen, eine wirklich gute Partie, was meine Großmutter zumindest ein Stück weit für all das Erlittene entschädigen musste.

Was sie jedoch mit diesem Kind, das nicht Vassily war, anstellen sollte, wusste sie nicht. Für ein Mädchen war es nicht schön genug, viel zu groß, auch fehlte ihm gänzlich die Anmut. Nein, für das plumpe Ding musste sie sich etwas anderes einfallen lassen.

Talent fällt vom Himmel. Dort, wo es auftrifft, richtet es zuweilen Verheerungen an. Zum größten Talent meiner

Mutter gehörte die Fähigkeit, jede ihr zugewiesene Rolle in höchster Perfektion zu verkörpern. Tatsächlich war sie eine begnadete Schauspielerin, die zufällig großartig singen konnte. Das Spielen fiel ihr leichter als das Singen, aber die Frage, welche Rolle sie zu spielen hatte, dominierte ihr gesamtes Leben. Die Callas erstritt sich irgendwann das Recht, ihre Rollen aussuchen zu dürfen. Meiner Mutter gelang das nie.

Die allererste Rolle, die ihr zugewiesen wurde, war die einer unerwünschten Existenz. Wie alle ihre Rollen lernte meine Mutter diese Rolle gründlich, spielte sie mit Bravour und verlernte sie nie. Sie saß gewissermaßen auf der Ersatzbank, verbissen hoffend, eines Tages in den Einsatz gerufen zu werden, und durfte zusehen, wie ihre Schwester mit viel Ehrgeiz für das Leben an der Seite einer guten Partie präpariert wurde. Jahrelang geschah nichts, denn meine Großmutter wusste noch immer nicht so recht wohin mit diesem Kind, das nicht Vassily war. Doch im Gegensatz zu Vassily, der im Übrigen, hätte er überlebt, ein unerträglich eitler Taugenichts geworden wäre, nutzte meine Mutter ihre ersten Lebensjahre in New York dazu, sich anzueignen, was sie zeitlebens nicht mehr loswerden sollte: unerbittliche Zähigkeit.

Zu dem ambitionierten Programm, das meine Großmutter für meine Tante vorsah, gehörten Ballettstunden und Klavierunterricht und natürlich die Anschaffung eines Instruments. Ein richtiges Klavier wäre zu teuer gewesen, mein Großvater protestierte ohnehin schon gegen all diese in seinen Augen unnötigen Ausgaben, und so kaufte meine Großmutter ein Pianola, wie es damals in Mode war, mit dem meine Tante einerseits ihre Tonleitern üben konnte und das außerdem verschiedene Melodien selbsttätig spielte – selbstverständlich nur das, was meine Großmutter unter guter Musik verstand, also die Klavierversionen gängiger Opernmelodien: Puccini, Bellini, Verdi, Donizetti. Eine Maschine, die auf Knopfdruck ein Liedchen spielt, übt auf jedes Kind Faszination aus. Also robbte meine Mutter, so oft sie konnte, unter das Pianola und betätigte den Mechanismus. Da erwachte in meiner Großmutter der Gedanke, dass auch ein Kind, das nicht Vassily war, zu etwas nutze sein konnte. Als meine Mutter schließlich anfing, die Melodien mit ihrer Kinderstimme nachzusingen, begann meine unglückskranke Großmutter davon zu träumen, dass dieses Kind, so plump es auch sein mochte, die musikalische Familientradition fortführen könnte. Und sie tat etwas Entscheidendes: Sie begann sich für meine Mutter zu interessieren.

Wäre meine Großmutter nicht von der fixen Idee besessen gewesen, eine ruhmreiche Sängerin heranzuziehen, sondern hätte sich stattdessen in den Kopf gesetzt, einen Leinwandstar zu produzieren, hätte meine Mutter es wesentlich leichter gehabt, schon weil sie weniger gemästet worden wäre. Eine Opernsängerin durfte, nein musste fett sein, ein Leinwandstar das Gegenteil. Aber die neumodische Erscheinung des Lichtspieltheaters hatte für meine Großmutter keine Bedeutung, sie ahnte nicht, dass auch hier sehr bald Ruhm, Ehre und vor allem Geld zu holen sein würden. Stattdessen schaffte sie Grammofonplatten an und beschallte ihre Töchter von morgens bis abends mit Opernarien, sodass meine Mutter schon mit acht Jahren die bekanntesten von ihnen auswendig konnte – freilich ohne den Inhalt zu verstehen, schließlich konnte niemand Italienisch.

Natürlich war meine Mutter unermesslich begabt. Ein Ausnahmetalent. Doch wenn sie in jenen Jahren sang oder ihrer Schwester im Klavierspiel nacheiferte, dann tat sie das vor allem, weil sie keine andere Wahl hatte: Mit anderen Kindern zu spielen war ihr untersagt – kaum jemand genügte den gesellschaftlichen Ansprüchen, die meine Großmutter an potenzielle Spielgefährten stellte –, und nach der Schule hatte sie umgehend nach Hause zu kommen. Also freundete sie sich mit der Musik an, in dem erleichternden Gefühl, es meiner Großmutter recht zu machen. Meine Mutter tat, was sie mit jeder ihrer Rollen machte: Sie gab ihr Bestes.

Der Streit von Edinburgh 1957 war nur der Auftakt gewesen, der Ball und die Woche in Venedig nur ein paar Akkorde der Leichtigkeit, ehe das eigentliche Drama in der Karriere meiner Mutter folgte: ein Jahr voller Skandale und Ungerechtigkeiten, die sie zermürbten und ermüdeten. Als tragische griechische Heldin war sie natürlich an allem schuld, ohne dass sie sich etwas hätte zuschulden kommen lassen. Es begann gleich zu Jahresbeginn: Als sie in der Neujahrsnacht bei einer Fernsehübertragung der RAI *Casta Diva* sang, ahnte sie nicht, dass sie zwei Tage später für Schlagzeilen sorgen würde, wie sie sonst nur weltpolitische Großereignisse auslösten. Selbst wenn sie es geahnt und nach der Fernsehübertragung gleich zu Bett gegangen wäre, hätte das nichts mehr geändert. Und wer geht in der Silvesternacht schon früh zu Bett? Meine Mutter jedenfalls wollte hoffnungsfroh ins Jahr 1958 feiern, und das tat sie in einem römischen Nachtklub, ohne Böses dabei zu denken. Die Halsentzündung, die sie am nächsten Tag buchstäblich zum Schweigen brachte, hatte sie sich bereits zwei Tage zuvor in einem Schuhgeschäft zugezogen, doch das wusste natürlich niemand, nicht einmal sie selbst, und schon gar nicht die junge Schuhverkäuferin in der Via dei Condotti, der es bedeutend leichtergefallen wäre, bereits in der Silvesternacht das Bett zu hüten, wenn sie geahnt hätte, dass sie ihren Virus mit der berühmtesten Sopranistin der Welt teilte, auch wenn sie selbst viel mehr für Marino Marini schwärmte als für Opernmusik. Das gegen allen Protest ungeheizte römische Opernhaus, in dem meine Mutter während jener Tage zu proben hatte, tat ein Übriges. Am Neujahrsmorgen jedenfalls erwachte sie sprachlos, kaum ein Krächzen brachte sie zustande, und Meneghini hatte Not, rasch einen Arzt zu finden, denn am Abend des zweiten Januar sollte sie die römische Opernsaison mit *Norma* eröffnen. Eine Krankmeldung sei ausgeschlossen, hieß es vonseiten der Oper, als wäre das eine Sache, die es zu entscheiden gab. Das Haus sei ausverkauft. Außerdem glaubte ihr seit dem Debakel von Edinburgh ohnehin niemand mehr: Sie hätte tot sein müssen, um ihre Unpässlichkeit zu beweisen. Wie sich herausstellte, war kein Ersatz da, nicht einmal vorgesehen, weil es für La Callas ohnehin keinen Ersatz gebe. Sie müsse singen. Immerhin sitze der Präsident im Parkett. Also sang sie. Vollgepumpt mit Vitaminen und Medikamenten, die einem Normalsterblichen nicht einmal im Ausnahmefall verabreicht würden, stand meine Mutter auf der Bühne und versuchte das zu tun, was sie immer getan hatte: Alle Willenskraft heraufzubeschwören. Von fiebrigen Schweißausbrüchen verfolgt, quälte sie ihre schmerzenden Stimmbänder durch die Aufführung, doch dieses Mal schwand ihre Kraft so rasch, dass schließlich auch ihr Wille versiegte und sie sich weigerte, nach dem Ende des ersten Akts wieder auf die Bühne zu gehen. Die Vorstellung wurde abgebrochen, und alle Zuschauer, einschließlich des Präsidenten Gronchi und seiner Frau, mussten nach Hause gehen. Schuld war natürlich meine Mutter, diese launenhafte Diva, die doch, zumindest nach Meinung des Publikums, ihre *Casta Diva* nicht schlechter gesungen hatte als sonst. Es wurde widerlich laut um sie. Noch in der Nacht skandierte eine wütende Meute Beschimpfungen vor ihrem Hotel, und in der Presse bündelten sich all die unbeschreiblichen Gefühle, die eine so unbeschreibliche Künstlerin wie meine Mutter über die Jahre heraufbeschworen hatte, zu einem Hass, der endlich in Worte zu fassen war. Als zweitklassige griechische

Sängerin wurde sie bezeichnet, der selbst der elementarste Sinn für Disziplin fehle. Wäre es nicht so tragisch gewesen, so hätte jeder, der meine Mutter kannte, über diese Beschreibung lauthals lachen müssen.

Zeitlebens hat meine Mutter sich verausgabt. Als Musikerin hatte sie eine Vision, die, vereinfacht ausgedrückt, darin bestand, die künstlerische Würde des Belcanto wiederherzustellen, und sie tat alles, um ihre Vision zu verwirklichen, gab sich nie zufrieden und arbeitete bis zur Erschöpfung. Disziplin war sozusagen ihr Lebensmotto. Natürlich ging es ihr um die Kunst, doch stets auch darum, ihr Publikum zu beschenken mit dieser Vision. Auch wenn sie nicht immer verstanden wurde: Solange meine Mutter das Gefühl hatte, von ihrem Publikum geliebt und gleichzeitig der Kunst gerecht zu werden, fand sie ihre Mühe belohnt.

Meine Mutter konnte nicht mehr schlafen. Natürlich wurde Erfolg stets von Neid und Missgunst begleitet, aber nie zuvor hatten ihre Widersacher meiner Mutter derart offen ihre Abneigung gezeigt: Als sie im April, nach einer von fünf Aufführungen der *Anna Bolena* an der Scala, nach Hause kam, war das Tor zu ihrem Haus mit Kot beschmiert worden, ein anderes Mal fand sie auf ihrem Autositz einen toten Hund. Meine arme Mutter war vollkommen fertig. Und während sie nachts wach lag, sehnte sie sich nach einem ganz anderen Leben, einem Leben, das leicht war und lustvoll, einem Leben ohne Anstrengungen und Widerstände, ohne Kämpfe und Diffamierungen, und da ihr die konkrete Vorstellung von einem solchen Leben gänzlich fehlte, wurde die Sehnsucht danach immer größer. Nach der letzten Vorstellung der *Anna Bolena* am 23. April flüchtete sie mit Meneghini in ihr Haus am Gardasee, ein Landsitz mit großem Garten, sehr idyllisch auf dem äußersten Zipfel jener Landzunge gelegen, die in das südliche Ende des Sees ragt. Sie hatten das Haus im Jahr zuvor gekauft und eingerichtet. Hier fühlte sie sich sicher und verwendete alle Energie auf die Vorbereitungen zur Mailänder Premiere von *Il Pirata* von Bellini, einer willkommenen künstlerischen Herausforderung, da sie die Rolle der Imogen nie zuvor gesungen hatte. In ihren sieben Spielzeiten an der Scala hatte sie nicht nur viele solcher Herausforderungen gehabt, sondern auch beste Bedingungen, sie zu meistern. Sie schätzte und liebte das Haus für seine Atmosphäre, in der – im Gegensatz zu vielen Opernhäusern – wahre Kunst gedeihen konnte.

In dieser Saison jedoch war alles anders, denn nachdem meine Mutter den Impresario wieder und wieder vergeblich dazu gedrängt hatte, eine Richtigstellung der Ereignisse in Schottland zu veröffentlichen, ließ er sie auf feigste Weise spüren, dass er dazu nicht bereit war: Schon während der Aufführungen von *Anna Bolena* hatte er kein Wort mit ihr gesprochen, und als im Mai die Proben für *Il Pirata* begannen, sprach er immer noch nicht mit ihr, sondern ignorierte sie, als sei sie nicht vorhanden. Da fasste meine bitter enttäuschte und furchtbar traurige Mutter den Entschluss, der Scala den Rücken zu kehren. Während der fünften und letzten Vorstellung von *Il Pirata* am 31. Mai zeigte sie, am Ende des zweiten Akts, drohend auf die Loge des Intendanten und schmetterte ihr »Là, vedete, il palco funesto« – *seht dort, den unheilvollen Scheiterhaufen* – in seine Richtung, und da *palco* im Italienischen ebenso gut Balkon bedeuten kann, starrten alle zu ihm hinauf. Der Intendant stand auf und ging. Die Fans meiner Mutter schienen zu spüren, dass sie gerade Abschied nahm, sie erhielt fast eine halbe Stunde lang Ovationen, und es hätte noch mehr Applaus gegeben, wenn Ghiringhelli nicht kurzerhand den metallenen Brandschutzvorhang heruntergelassen und den Applaus damit für beendet erklärt hätte – noch während meine Mutter mit ihren Kollegen auf der Bühne stand. Sie sah sich in ihrer Entscheidung bestätigt und verkündete ihren Entschluss: Sie würde nicht mehr an der Scala auftreten, zumindest nicht, solange Ghiringhelli im Amt sei. Auch wenn sie diesen Vorsatz zwei Jahre später brach, um die *Paolina* zu singen, so war es doch ein Abschied, und er fiel meiner Mutter nicht leicht, denn mit der Scala verlor sie ein Stück ihrer künstlerischen Heimat.

Als meine Mutter anschließend in Sirmione eintraf, hatte sie das Gefühl, aus einem Krieg heimzukehren. Sie tat dies still, aber mit erhobenem Kopf, denn wie jeder stolze Krieger verbot sie sich, ihre Wunden zu zeigen. In der Zuversicht, es nun überstanden zu haben, wollte sie sich einfach erholen und Kraft schöpfen für die nächste Saison an der Metropolitan Opera. Noch wusste sie nicht, dass es die nächste Schlacht werden würde.

Die Metropolitan Opera war, im Gegensatz zur Scala, alles andere als ein Hort der hohen Kunst. Die Met war Teil des amerikanischen Amüsierbetriebs, in erster Linie darauf ausgerichtet, das Publikum mit Stars zu versorgen. Die Inszenierungen dagegen waren schäbig, an Proben wurde gespart, und es war nicht selten vorgekommen, dass meine Mutter ihren Partnern erst zur Premiere begegnete – eine künstlerische Zumutung. Die Gagen waren bescheiden, weswegen Meneghini, der dazu neigte, unbescheidene Forderungen zu stellen, sich immer wieder unbeliebt gemacht hatte. In jenem Sommer ging es jedoch nicht um Gagen, stattdessen wurde meine Mutter sich mit Rudolf Bing, dem Intendanten, nicht über das Repertoire einig – es wurde eine Akrobatik von ihr erwartet, zu der sie sich außerstande sah. Also bat sie darum, zumindest die Reihenfolge der drei geplanten Opern zu ändern, doch es gab keine Einigung, bis Rudolf Bing, der meine Mutter ohnehin loswerden wollte, die Zusammenarbeit mit ihr für beendet erklärte. Er tat dies zum übelstmöglichen Zeitpunkt, unmittelbar vor ihrer Premiere von *Medea* in Dallas am 6. November. Meine Mutter sang an jenem Abend mit einem Furor, der sich keineswegs nur aus Rachegelüsten gegenüber Jason speiste. Es ist bezeichnend für meine Mutter, dass sie in dieser Aufführung so konzentriert und sicher sang wie selten. Und so frei.

Plötzlich hatte meine Mutter Zeit, viel Zeit. Drei ganze Monate, bevor sie im Mai 1959 wieder einige Konzerte singen würde. Mit der gleichen trotzigen Entschlossenheit, mit der sie sich sonst in die Arbeit stürzte, stürzte sie sich jetzt in ihre Erholung, indem sie am Ufer des Gardasees dem Frühling beim Werden zusah und wieder an das andere Leben dachte, das sie führen könnte, das Leben einer ganz normalen Frau. Jetzt aber, da ein solches Leben eine viel realere Dimension angenommen hatte, löste der Gedanke nicht nur Sehnsucht aus, sondern vor allem eine diffuse Beklemmung, denn meine Mutter spürte, dass sie für ein solches Leben die Callas vollends hinter sich lassen müsste. Man muss sich das vorstellen wie ein siamesisches Zwillingspärchen vor der entscheidenden Operation: Wer soll leben, wer sterben? Meine Mutter war zu einer solchen Entscheidung nicht in der Lage.

Ein Kind hätte ihr diese Entscheidung abgenommen. Kinder jedoch blieben meiner Mutter in den gut zehn Jahren ihrer Ehe verwehrt, auch daran war natürlich sie schuld, und obwohl meine Mutter durchaus eine denkende, sogar eine sehr scharf denkende Frau war, war sie die Ehefrau eines Italieners, und als solche versagte sie sich den Gedanken, jemand anderes als sie könne dafür verantwortlich sein. Also ließ sie sich sogar Hormone verabreichen, doch was immer sie getan hätte, es wäre vergeblich gewesen: Niemand unter meinesgleichen hätte sich in die Aufgabe gestürzt, diesem Paar ein Kind zu sein.

Eines Nachmittags – meine Mutter war für ein paar Minuten in den Garten gegangen, um frische Luft zu schöpfen, und kehrte nun ins Haus zurück – lag Meneghini, wie er es häufig tat, auf dem Kanapee und schnarchte leise. Ein vollkommen vertrauter Anblick für meine Mutter, aber in diesem Augenblick bekam er eine ganz neue Dimension. Meine Mutter war vierunddreißig Jahre alt, und auch wenn sie diesen Gedanken von sich schob, so wusste sie doch, dass ihre musikalische Karriere bald ein Ende finden würde, und die Vorstellung, für den Rest ihres Lebens allnachmittäglich diesen alten Mann auf diesem Sofa liegen zu sehen, erschien ihr so unerträglich, dass sie tief durchatmete, den Blick abwandte und wieder in den Garten hinausflüchtete.

Kaum ein Mensch bekommt, was er will. Die wenigen Glücklichen geben sich zufrieden mit dem, was sie bekommen. Als meine Großmutter im Dezember des Jahres 1923 jammernd in ihrem Wochenbett lag, wünschte sie sich nichts sehnlicher, als dieses Kind wieder los zu sein. Ihr Wunsch sollte in Erfüllung gehen. Allerdings erst, als sie längst ganz andere Wünsche hegte.

Unzählige Male machte sie – natürlich nur, wenn niemand zuhörte – ihrem Groll Luft und herrschte den Säugling, der nicht Vassily war, mit den Worten an: »Warum Vassily? He? Warum nicht du?« Später, als meine Mutter größer war, tat sie es natürlich nur noch in Gedanken – sie hatte vergessen, dass Kinder Gedanken spüren. Dabei konnte meine Großmutter an guten Tagen sogar recht lustig sein. Dann spielte sie mit ihren Töchtern und zeigte dabei so viel Fantasie, als wäre sie selbst noch ein Kind, tatsächlich vergaß sie in diesen Momenten, dass sie eigentlich erwachsen sein sollte. Umso schwerer fiel es meiner Mutter und meiner Tante zu begreifen, warum sie kurz darauf wieder in Wut ausbrach und die Mädchen für Kleinigkeiten schmerzhaft bestrafte. Doch sie gewöhnten sich daran stillzuhalten, alles, was meine Großmutter von sich gab – auch die Tiraden über meinen Großvater –, einfach hinzunehmen und, wo nötig, den Kopf einzuziehen. Wenn man meine Mutter in jener Zeit gefragt hätte, ob sie ihre Mutter liebe, so hätte sie selbstverständlich heftig genickt. Bei meinem Großvater dagegen wäre sie sich nicht so sicher gewesen, immerhin hatte Evangelia Callas es fertiggebracht, ihre Weltsicht komplett auf ihre Töchter zu übertragen.

Erst als meine Mutter im Alter von sechzehn Jahren in Athen unter die Fittiche von Elvira de Hidalgo, der bedeutendsten Lehrerin ihres Lebens, genommen wurde, erkannte sie mit großem Erstaunen, dass Mütterlichkeit etwas ganz anderes bedeutete als das, was ihr zu Hause dafür verkauft worden war. Und sie entbrannte in tiefer Zuneigung zu der spanischen Sopranistin, mit der sie zwei Jahre arbeiten, durch die sie viel lernen und allmählich ihre Vision entwickeln sollte. Damit erfüllte sich, was einst der sehnlichste Wunsch meiner Großmutter gewesen war: Sie verlor ihr Kind. Zuallererst kam ihr das abhanden, was ihr das Wichtigste war: die Macht über meine Mutter.

Zwanzig Jahre später, in Sirmione, geschah das Gleiche, nur dass es dieses Mal Meneghini war, der die Kontrolle über meine Mutter verlor. Als sie ihn schnarchend auf dem Sofa liegen sah, ahnte sie mit einem Mal, dass das, was sie ein Jahrzehnt lang für Liebe gehalten hatte, von etwas in den Schatten gestellt werden könnte, das sie bisher nicht kannte. Am meisten verstörte meine Mutter dabei die Erkenntnis, dass sie in Gefühlsdingen offenbar keine Spezialistin war.

In jenen Tagen des Frühjahrs 1959 erreichten sie mehrere Anfragen von Tina Onassis, die geplante Kreuzfahrt betreffend, doch meine Mutter wich einer eindeutigen Zusage immer wieder aus, ohne dass sie selbst hätte sagen können, warum sie das tat. Es war ihre Art, mit dieser Mischung aus Erschöpfung und tiefer Verunsicherung umzugehen, die die vergangenen Monate ihr zugefügt hatten. Im Mai schließlich erbat mein Vater telefonisch ihre Antwort bis Mitte Juni, aber sie ließ ausrichten, im Juni sei sie in London, habe die *Medea* zu singen und werde bis dahin keine Zeit zum Nachdenken über Kreuzfahrten haben. In der Tat befand sie sich auf einer Konzerttournee durch Deutschland, doch die Arbeitsüberlastung war nur ein Vorwand. Gesellschaftliche Ereignisse gehörten zwar zu ihrer Tagesordnung, aber im Grunde lebte sie mit ihrem Ehemann sehr zurückgezogen. Sie ahnte, dass eine Reise mit Menschen, die Meneghini als »solche Leute« bezeichnete, einen Bruch mit ihrem bisherigen Leben darstellen würde.

»Nun gut«, erwiderte mein Vater, für den eine Niederlage nur so lange existierte, bis er sie in einen Sieg verwandelt hatte. »Dann werde ich mir die Antwort eben in London abholen.« Und er veranstaltete kurzerhand ihr zu Ehren eine Premierenfeier, wie selbst meine Mutter sie noch nicht erlebt hatte. Hundertsechzig Personen lud er an jenem 17. Juni 1959 ins Dorchester-Hotel, ließ den Ballsaal komplett in Pink dekorieren und mit pinkfarbenen Rosen ausstatten. Sogar der Champagner war rosa, und meine Mutter brauchte einen Augenblick, um aus der Kulisse und vor allem der Rolle der *Medea* in dieses süßlich-überladene Ambiente hinüberzuwechseln, dabei war ihr an jenem Abend durchaus nach Feiern zumute. Zwar war sie mit ihrer Leistung grundsätzlich nie zufrieden, das Publikum jedoch war euphorisch gewesen, die Presse würde ihre Darbietung später als »frisch, ansprechend und unendlich expressiv« bezeichnen, und so fiel es ihr leicht, den Ballsaal mit einem Siegerlächeln zu betreten. Die überbordende Aufmerksamkeit meines Vaters tat nach all den Verletzungen des vergangenen Jahres ein Übriges. Battista blieb wortkarg, machte nur hie und da eine bissige Bemerkung über die in seinen Augen widerwärtige Protzerei. »Wir werden an dieser Reise keinesfalls teilnehmen«, erklärte er meiner Mutter entschieden und drängte gleich wieder zum Aufbruch.

Es war in der Tat der größte Aufwand, den mein Vater je für eine Einladung betrieben hatte, doch er wollte meine Mutter um jeden Preis auf seinem Schiff haben. »Was muss ich noch alles tun, damit du mitfährst?«

»Ich würde gern Tango tanzen«, antwortete meine Mutter, und mein Vater eilte zu der ungarischen Tanzkapelle, gab dem Kapellmeister fünfzig Pfund und wies ihn an, den ganzen Abend lang Tango zu spielen. Dann führte er meine Mutter zur Tanzfläche.

»Nun ist es also abgemacht«, sagte er grinsend, und meine Mutter schloss für einen Moment die Augen, was mein Vater allerdings nicht sehen konnte, dazu hätte er den Kopf in den Nacken legen müssen. Sie stellte sich das Meer vor, die Sonne, den Wind und die felsigen Küsten der griechischen Inseln, gleichzeitig spürte sie die Bestimmtheit, mit der er an ihre Taille griff. Entschlossen sah sie ihn an. »Ich komme sehr gern mit. Allerdings muss ich noch meinen Mann überreden. Er ist nicht besonders gesellig.«

»Lass mich das für dich regeln«, erwiderte mein Vater und verbrachte den Rest des Abends damit, abwechselnd mit meiner Mutter zu tanzen und Meneghini von den Annehmlichkeiten einer Mittelmeerkreuzfahrt auf der *Christina* zu überzeugen. Und als mein ziemlich angetrunkener Vater seinen Ehrengast später durch die Lobby des Dorchester zum Ausgang geleitete, ihren Mantel über dem Arm und in die Kamera der dort herumlungernden Fotografen lächelnd, nahm er Meneghini in fließendem Italienisch das Versprechen ab, seine Frau zu überzeugen, dass sie sich nirgendwo besser erholen könne als auf der *Christina.* »Es wird ihr an nichts fehlen, Battista. Sorg dafür, dass sie mitfährt, notfalls gegen ihren Willen. Churchill und seine Frau werden übrigens auch an Bord sein.« Damit wandte er sich wieder an meine Mutter. »Was für ein wunderbarer Pelz«, sagte er und half ihr hinein.

»Ein Chinchilla«, erklärte Meneghini eifrig. »Mein Weihnachtsgeschenk. Für Maria nur das Beste.«

»Oh ja«, antwortete mein Vater mit süffisantem Grinsen. »Für Maria nur der Beste.« Er fuhr genüsslich über die bepelzten Arme meiner Mutter. »Man kann gar nicht aufhören, ihn zu streicheln.« Er stieß ein wohliges Stöhnen aus, trat enger an meine Mutter und schickte sich an, ihren Rücken zu umfassen, um dort weiterzustreicheln. Meine Mutter erstarrte, als sie spürte, wie Meneghini sie seinerseits von hinten umfing und – begleitet vom Blitzlicht des Fotografen – energisch Aris Hand packte. Wenige Monate später, im Anschluss an die legendäre Reise auf der *Christina*, würde dieses Bild um die Welt gehen: La Callas, von zwei Männern gleichzeitig umarmt.

»Jaja, ich habe von ihr gehört«, sagte Churchill und machte eine vage Geste, die mein Vater dahingehend deutete, dass Churchill nicht von jener Sopranistin zu sprechen gedachte, die bereits seit einer Stunde erwartet wurde. Dabei hatte Sir Winston meinem Vater nur signalisieren wollen, dass er sich bedenkenlos entfernen könne, um den neuen Gast zu begrüßen. Es war der Nachmittag des 22. Juli

1959, sie lagen im Hafen von Monte Carlo, und Churchill spürte Aris Unruhe schon den ganzen Mittag. Eine Aufregung, die er an seinem Gastgeber so nicht kannte, obwohl er bereits zwei Kreuzfahrten mit ihm unternommen und dabei endlos viel Prominenz an Bord hatte kommen sehen. In ganz untypischer, beinahe nervöser Weise hatte Ari sich während ihrer Unterhaltung immerfort umgedreht und seinen Blick den Kai entlangwandern lassen; Churchill vermutete, dass es die Verspätung der Dame war, die ihn irritierte.

»Nun verschwinden Sie endlich, Ari, ich bin durchaus in der Lage, eine Weile allein hier zu sitzen.« Zur Bestätigung zog er an seiner Zigarre, rutschte noch tiefer in den Sessel und schloss die Augen, ließ nur einen schmalen Schlitz zwischen seinen Lidern, konzentrierte sich auf das pure, leicht pulsierende Licht, das zu malen ihm ein Vergnügen gewesen wäre, bildete sich ein sanftes Schaukeln des Schiffes ein und imaginierte es hinaus auf das offene Meer. Freude über die bevorstehende Reise überkam ihn. Er hörte gedämpft die Rufe der Besatzung, die Stimmen der Presseleute am Kai, stellte sich das Klacken ihrer Kameras vor, das zu hören seine Ohren nicht mehr imstande waren. Griechenland. Griechenland und die Türkei. Bilder aus lange vergangenen Tagen traten in seine Erinnerung, und eine weiche Schläfrigkeit machte sich in ihm breit. In Frieden reisen. Als ihm die Lider ganz zufielen, dachte er noch einmal an diese Sängerin, die so unhöflich lange auf sich warten ließ und über die er nicht viel mehr wusste, als dass sie griechisch und ein bisschen exaltiert sein sollte. Friedlich. Ganz friedlich wollte er reisen. Dann sprang ein Offizier lautlos an seine Seite, um die Zigarre aufzuheben, die ihm gerade aus den Fingern gerutscht war.

Eine Hand lag auf seiner Schulter, was ihn erst irritierte, dann zusammenschrecken ließ, weil sich Schwimmende nur in den seltensten Fällen aus purer Verbundenheit an den Schultern fassen, eher um sich vor dem Ertrinken zu retten oder den anderen zum Ertrinken zu bringen.

»Verzeihung, Sir«, sagte der Mann, der zu seiner Verwunderung angezogen vor ihm stand. Da begriff Churchill, dass er eingeschlafen sein musste. In seinem Traum war er geschwommen, in offenem, uferlosem Meer, einer tief stehenden Sonne entgegen, die das Wasser mit flirrendem Licht überzogen hatte. »Ja«, sagte Churchill und räusperte sich. Er wäre lieber weitergeschwommen. Der junge Mann trug die weiße Uniform der Schiffsoffiziere. Das Meer. Die Jacht. Die Kreuzfahrt. »Mr. Onassis«, sagte der Offizier, »wird Ihnen gleich die neuen Passagiere vorstellen, Sir Winston.«

»Ja«, sagte er erneut, brummelte ein Danke hinterher. Er richtete sich auf, zog am Revers seines Jacketts und sah sich um, während ein Kellner mit einem Humidor erschien und ihm unaufgefordert eine neue Zigarre offerierte. Seine Laune besserte sich schlagartig. Nicht weit von ihm standen Ari und der Kapitän und begrüßten eine groß gewachsene, auffallende Frau und einen ältlichen Mann, der neben ihr wie ein Gnom wirkte. Ganz offenbar jene Sängerin. Etwas an ihr kam Churchill verhalten vor, beinahe gehemmt, obwohl unschwer zu erkennen war, dass große Auftritte zu ihrer gewohnten Erscheinung gehörten. Im Hintergrund wurden Koffer aufs Schiff gebracht, deren Größe und Anzahl nicht auf eine dreiwöchige Kreuzfahrt, sondern auf eine Weltreise schließen ließen. Schließlich wandten die vier sich in seine Richtung, schienen über ihn zu sprechen und kamen auf ihn zu. Churchill nahm seinen Hut ab.

Als er meine Mutter an Aris Seite auf sich zusteuern sah – Meneghini trottete, wie er es vorhergesehen hatte, hinterdrein –, erkannte er sofort, dass sie zu jenen Menschen gehörte, die alle Aufmerksamkeit auf sich ziehen, sobald sie einen Raum betreten. Doch der weise alte Mann sah auch, dass sie nicht zu der Kategorie gehörte, der diese Eigenschaft auf natürliche Weise zufiel. Sie war hart erarbeitet.

»La voilà«, sagte Ari und ließ, wie Churchill befand, ein wenig die Contenance fahren. »Maria Callas, die bewundernswerteste Griechin des Jahrhunderts.«

In Sekundenschnelle überschlug Churchill, wie viele über die Maßen bewundernswerte Griechinnen das erst zur Hälfte vorhandene Jahrhundert wohl hervorgebracht haben mochte, streckte die Hand aus und lächelte matt.

»Bitte, bleiben Sie sitzen«, sagte meine Mutter, und er fragte sich, ob sie nur die geringste Vorstellung davon hatte, welch irrwitzige Mühe es ihm bereitet hätte, sich zu erheben. Sie ergriff seine Hand. »Es ist mir eine so große Ehre, Sir Winston, mit Ihnen diese Reise anzutreten.«

»Ja«, sagte er wiederum und spürte diese unwillkommene Dumpfheit in sich, die ihn immer öfter plagte und der er dringend die Stirn zu bieten hatte. »Es wird uns wohl ein Vergnügen sein.«

»Wir sind uns bereits einmal begegnet, aber davon können Sie natürlich nichts wissen«, erklärte sie und schien auf seine Rückfrage zu warten. Churchill musterte sie. Mitte dreißig, schätzte er. Griechenland. Den Rest reimte er sich zusammen. Er nickte. Sie hatte einen guten Blick, offen, sehr scharf und sehr wach.

»Und hier haben wir den dazugehörigen Ehemann«, erklärte Ari und schob den Gnom näher. Der reichte ihm die Hand und sagte etwas, das wie »sehr erfreut« klang, während Ari gleichzeitig den Namen des Mannes nannte. Doch Churchill war schon lange nicht mehr imstande, etwas zu verstehen, wenn von zwei Seiten auf ihn eingesprochen wurde. »Das Vergnügen ist ganz meinerseits, Mr. Callas.«

»Meneghini.«

»Wie bitte?«

»Meneghini. My name. Giovanni Battista Meneghini.«

»Ah, Sie sind Italiener.«

»Sì, sì, di Verona.« Er sagte das mit einer Wichtigkeit, als gebe es nichts Interessanteres als seine Herkunft. Churchill fiel auf, dass er nicht das kleinste Lächeln zeigte. Es gab solche Menschen.

»Wie wäre es mit einem Drink?«, rief mein Vater dazwischen, ein wenig zu laut, und noch ehe jemand antworten konnte, hatte er einem Kellner Anweisungen erteilt. Kurz darauf hielt Churchill seinen Brandy in der einen, seine Zigarre in der anderen Hand und war glücklich wie ein Kind. Das war es, was er an meinem Vater so schätzte: die Aufmerksamkeit und Fürsorge, mit der er ihn bedachte, die Annehmlichkeiten, die er ihm zuteilwerden ließ. Wenn er meinen Vater in der Nähe wusste, war er entspannt wie nirgendwo sonst, weil Ari ihm sogar diejenigen Wünsche erfüllte, von denen Winston selbst noch nichts ahnte. Das alles geschah mit aufrichtiger Herzlichkeit, aber auch mit aller Diskretion, wenn es sich zum Beispiel um die weniger angenehmen Umstände handelte, die das Alter mit sich brachte. Er schob den Gedanken an seine Hosen und die Bettwäsche rasch zur Seite, nahm einen Schluck, dann einen Zug und beobachtete, wie Ari das neu angekommene Paar den anderen Gästen vorstellte und dafür sorgte, dass die Konversation in Schwung kam. Und er gestand sich ein, dass er gern so einen Sohn gehabt hätte: charmant und weltgewandt, klug und erfolgreich, dabei in einer Weise bodenständig, wie es in diesen Kreisen nur selten vorkam. Nicht so ein unfreundlicher und arroganter Zeitgenosse, wie sein eigener Sohn es war. Geworden war. Letztlich war es der Alkohol, der Randolph zu einem misanthropen Choleriker hatte werden lassen. Er hatte die Sache einfach nicht im Griff. Ari dagegen verstand es, zu trinken und trotzdem hart zu arbeiten. Auch das machte das Zusammensein mit ihm so angenehm. Man durfte alles tun, dachte Winston, solange man die Situation unter Kontrolle behielt. Und manchmal, da musste man sich eben etwas zusammenreißen. Abgesehen von seiner jüngsten Tochter Mary war keines seiner Kinder dazu in der Lage, und es gehörte zu den Schmerzen seiner späten Jahre, mit ansehen zu müssen, wie sie alle von einem Exzess zum anderen und von einer Ehescheidung in die nächste schlitterten. Sein Blick wanderte zu Diana, seiner Ältesten, die auch an der Kreuzfahrt teilnahm. Er hatte Ari darum gebeten, und der hatte sie ohne Aufhebens sofort eingeladen. Diana befand sich gerade mitten in einer Scheidung, und er hegte Sorge, dass sie sich mit zu vielen Tabletten ablenken würde. Ein schwacher Charakter, dachte er wehmütig, dabei hatten er und Clementine doch stets Stärke vorgelebt. Eine Ehe, das war nichts anderes als ein gemeinsamer Weg durchs Leben, man musste nur darauf achten, den richtigen Wegbegleiter auszuwählen. Erst nach und nach war ihm aufgegangen, dass die meisten Menschen kein Talent dazu besaßen. Sie zogen mit Angsthasen in die Schlacht oder schickten sich an, mit Lahmen Berge zu besteigen; stets folgte großes Lamento. Er atmete tief ein und aus, nahm noch einen Schluck und legte, in einem Anfall sentimentaler Dankbarkeit, seine Hand auf Clementines, bemerkte zu spät, dass es nicht Clementines, sondern Aris Hand war. Eine Weile saßen sie schweigend beieinander, zogen an ihren Zigarren und betrachteten das Treiben an Deck. Dann beugte sich mein Vater zu ihm: »Der Kapitän sagt, wir werden perfektes Wetter haben.«

Es war kurz nach Mitternacht, als das Schiff ablegte. Meine Mutter stand schon eine ganze Weile am Fenster ihrer Kabine, um den Augenblick nicht zu verpassen. Viel lieber hätte sie an Deck zugeschaut, wagte sich jedoch nicht hinaus. Meneghini schlief zwar bereits, doch sie wollte keinesfalls riskieren, von irgendjemandem gesehen zu werden. Sie wusste inzwischen, dass mein Vater es sich niemals nehmen ließ, dem Auslaufen zuzuschauen, schon gar nicht, wenn die Jacht den Hafen von Monte Carlo verließ. Beim Dinner auf der Terrasse des Hôtel de Paris hatte Aristo ihr erzählt, dass er als ganz junger und mittelloser Mann, gleich nach dem Inferno von Smyrna, auf einem Dampfer nach Argentinien gereist war und sich beim Anblick der Lichter von Monaco geschworen hatte, unter anderen Bedingungen an diesen verheißungsvollen Ort zurückzukehren. »Und was ich mir vornehme, das erreiche ich«, hatte er erklärt und dabei eine Handbewegung gemacht, die ebenso ganz Monte Carlo, aber auch die Tischgesellschaft oder nur Sir Winston meinen konnte, der ihnen gegenübersaß. Meine Mutter hatte unwillkürlich genickt, und ihr Blick war leidenschaftlich geworden, ein Effekt, den mein Vater mit dieser Geschichte meistens erzielte, doch im Fall meiner Mutter war es keine Rührung, sondern ein tiefes Gefühl der Verbundenheit, das sie bei seinem Bekenntnis empfand. Alles, was sie erreicht hatte, verdankte sie ihrem starken Willen, aber es war ihr nie zuvor jemand begegnet, der ihr in dieser Hinsicht ebenbürtig war. »Wenn wir nachher ablegen, werde ich an Deck sein«, sagte er, sah ihr dabei fest in die Augen, und es war jene Art von Blick, die keinen Zweifel daran ließ, dass es sich um eine Einladung handelte.

Nun stand sie in der dunklen Kabine, während die *Christina* vom Kai manövriert wurde, und konnte nicht aufhören, sich diesen Blick in Erinnerung zu rufen und nochmals die Aufregung zu spüren, die er in ihr ausgelöst hatte. Erschrocken von der Intensität hatte sie zur Seite gesehen und sich vergewissert, dass niemand etwas mitbekommen hatte, vor allem nicht Tina, die ihr schräg gegenübersaß, jedoch damit beschäftigt gewesen war, Sir Winston zu unterhalten. Nein, niemand hatte seinen Blick bemerkt, und diese Heimlichkeit steigerte die Aufregung meiner Mutter ins Unermessliche. Sie war nur wenige Male in ihrem Leben auf solche Weise angesehen worden, und wenn, dann hatte sie es verabscheut. So lange sie dick gewesen war, hatte sich kein erwähnenswerter Mann für sie interessiert, später wagte niemand mehr, sich ihr zu nähern. Nur für einen Moment überkam sie die Frage, ob nicht Meneghini sie so hätte ansehen müssen, damals, doch der Gedanke hatte etwas Absurdes und war ihr sofort zuwider. Sie hörte ihn schnarchen, und es erschien ihr auf einmal unmöglich, dieses Geräusch zu ertragen, an das sie seit zehn Jahren gewöhnt war, ja, von dem sie eine Zeit lang behauptet hatte, es wirke beruhigend auf sie. Selbstverständlichkeiten, die ihr abhandengekommen waren, plötzlich oder allmählich, sie wusste es nicht. Wie weit konnte sie sich selbst noch trauen?

Das Schiff passierte einen der beiden Leuchttürme, die den Eingang zum Hafenbecken markierten, dann war nur noch einsame Nachtschwärze zu sehen, und meiner Mutter, sentimental vom Wein, kam es wie ein großes Versäumnis vor, nicht an Deck stehen und die verheißungsvollen Lichter der Stadt bewundern zu können, die allmählich in der Ferne verschwanden.

Was wusste sie über meinen Vater? Nicht viel. Aber sie spürte eine Verbindung, die sie ebenso anzog wie irritierte; das Gefühl, jeden Gedanken, den sie hegte, mit ihm teilen zu können und von ihm verstanden zu werden. Sie hatte sich während des Dinners fast ausschließlich mit ihm unterhalten, als weiblicher Ehrengast der Reise war sie natürlich seine Tischdame gewesen, und sie hatte den lauen Abend, das erstklassige Essen und das hochelegante Ambiente sehr genossen und sich gern seine Geschichten angehört, wie die seiner Reise nach Argentinien, wo er nach dem Massaker von Smyrna hatte Fuß fassen wollen.

»Warum ausgerechnet Argentinien?«, hatte meine Mutter nachgefragt. »Du hattest doch deine Familie in Griechenland.«

»Schon«, gab mein Vater zur Antwort, und sein Blick verlor sich irgendwo auf dem Tischtuch. »Aber meine Mutter war tot und auch meine Großmutter auf der Flucht ums Leben gekommen, und von meinem Vater war ich restlos enttäuscht. Ich hatte ihn unter Einsatz meines eigenen Lebens von den Türken freigekauft, und was warf er mir hinterher vor? Ich hätte dabei das Vermögen der

Familie verschwendet! Unfassbar, oder? Da war ich Anfang zwanzig und habe ihm gesagt, dass er mit seinem Geld machen soll, was er für richtig hält, ich aber nichts mehr damit zu tun haben wolle. Ich würde mein eigenes verdienen. Ja, so bin ich losgezogen. Mit sechzig Dollar in der Tasche. Kurze Zeit später hatte ich meine erste Million.«

»Chapeau! Wie hast du das angestellt? Ich hoffe, redlich.«

»Natürlich, ich bin immer redlich. Ich habe den Argentiniern türkischen Tabak verkauft. Sie waren ganz versessen drauf. Vor allem die Frauen.« Er nahm sein Glas, lachte meine Mutter an, sie tranken gemeinsam. »Ich muss oft an diese erste Überfahrt meines Lebens denken. Ich wollte etwas erreichen und hatte keinen Zweifel, dass es gelingen würde. Ich wusste nur noch nicht, wie.«

»Wir haben viel gemeinsam«, sagte meine Mutter versonnen. »Auch ich habe einige solcher Reisen unternommen, immer voller Hoffnungen, aber auch voller Unsicherheiten … die erste mit dreizehn …«

»Was hofftest du damals?«

»Mit dreizehn?« Sie lachte unwillkürlich auf. »Es war vor allem meine Mutter, die hoffte. Sie wollte einen Opernstar aus mir machen. Aber mein Vater verdiente in New York nicht genug, um den Unterricht zu bezahlen, den meine Mutter sich in den Kopf gesetzt hatte. Also entschied sie, mit mir nach Athen zurückzukehren und ihre Familie für alles aufkommen zu lassen. Die hatten natürlich nur darauf gewartet ... Ich glaube, letztlich ging es meiner Mutter sowieso nur darum, von meinem Vater fortzukommen. Sie hatte nie nach Amerika auswandern wollen, das war einzig seine Idee gewesen. Meine Eltern haben sich von Anfang an nicht verstanden, sie haben eine schreckliche Ehe geführt ...«

»Sind sie noch am Leben, oder haben sie sich zerfleischt?«

»Ach, inzwischen sind sie geschieden, mein Vater kommt irgendwie zurecht, aber meine Mutter macht mir das Leben zur Hölle.«

»Warum? Sie hat doch erreicht, was sie wollte: Du bist ein Opernstar geworden.«

»Oh nein«, fuhr meine Mutter auf. »ICH habe das erreicht, nicht sie! Alles, was aus mir geworden ist, verdanke ich meinem Talent, meiner Disziplin und meinem Fleiß.« Und während mein Vater beschloss, weitere Fragen nach meiner Großmutter fürs Erste zu umschiffen, warf meine Mutter einen Blick zu Meneghini, dessen Anteil an ihrem Erfolg sie ein Jahrzehnt lang überall bekräftigt hatte. Aber das musste sich ändern, und dies war die beste Gelegenheit, damit anzufangen.

»Alles zutiefst griechische Eigenschaften«, sagte mein Vater und nickte vor sich hin. »Und? Hat deine Familie den Unterricht bezahlt?«

»Das war nicht nötig. Ich erhielt sofort ein Stipendium für zwei Jahre am Nationalen Konservatorium, und als ich danach ans Athener Konservatorium zu Elvira de Hidalgo kam, zur besten Lehrerin in ganz Athen, bestand sie darauf, mich umsonst zu unterrichten.«

»Respekt«, sagte mein Vater, und tatsächlich war es das, was er umso mehr empfand, je näher er diese Frau kennenlernte. Dass sie herausragende Fähigkeiten mit außergewöhnlicher Disziplin verband, wusste er aus den Berichten, die er über sie gelesen hatte, und als er sie schließlich als *Medea* gesehen hatte, war er tatsächlich fasziniert gewesen, so fasziniert, dass es die erste Opernaufführung wurde, die er sich bis zum Ende ansah. Ausgerechnet *Medea,* was für eine Ironie! Doch letztlich interessierte mein Vater sich nicht für Opernmusik, empfand sogar ein wenig Abscheu vor jeder Art von Gesang, was auf eine leidvolle Erfahrung in seiner Jugend zurückzuführen war, von der er meiner Mutter gern erzählt hätte, aber er entschied, dass es noch nicht der richtige Zeitpunkt war.

»Singen«, sagte er stattdessen mit einem leicht süffisanten Unterton, den meine Mutter nicht zu deuten wusste, »scheint wirklich harte Arbeit zu sein.«

»Es ist der härteste und schwierigste Job der Welt«, sagte meine Mutter ernst.

»Der schwierigste Job der Welt?« Mein Vater lachte. »Wollen wir tauschen?«

Meine Mutter entschloss sich, nicht darauf einzugehen. Sie hätte ihm etwas über Hingabe erzählen können, über die Herausforderung, schwierigste Partien mit größter Leichtigkeit zu singen und gleichzeitig eine Rolle zu verkörpern; über Verantwortung einem Werk und einem Komponisten gegenüber, über die physische Kraft, die das Singen und die Kontrolle über die Stimme erforderten, und manchmal auch das Tragen der Kostüme. Aber sie lächelte nur milde und schwieg, denn all das betraf die Callas. Meine Mutter hatte an diesem Abend nur den Wunsch, eine Frau zu sein. Und da sie meinem Vater gegenübersaß, wollte sie vor allem eine griechische Frau sein, die ihre Fähigkeit zur Hingabe nur darauf verwendete, ihm zuzuhören. Denn dass er ein geborener Geschichtenerzähler war, hatte sie längst verstanden. Also ließ sie sich den Rest des Abends von meinem Vater unterhalten, fragte sich hin und wieder, ob seine Erlebnisse tatsächlich so ungeheuerlich waren oder maßlose Übertreibungen, und beschloss endlich, dass es einerlei sei, schließlich wollte sie sich amüsieren. Das hier war seine Bühne, und er unterhielt sie blendend.

Deutlich weniger amüsiert von diesem Abend war Meneghini. Er saß abseits von meinen Eltern zwischen Lady Clementine und ihrer gerade fünfzehnjährigen Enkelin Celia und fühlte sich im besten Wortsinn deplatziert. Vergeblich versuchte er, der Konversation zu folgen. Anfangs hatten seine Tischnachbarinnen sich noch Mühe gegeben, ihn einzubeziehen, hatten langsam und deutlich gesprochen, es jedoch bald aufgegeben, woraufhin Meneghini in unverhohlenes Schmollen verfallen war und meinem Vater nach dem Essen erklärte, sie müssten umgehend wieder abreisen. Meine vollkommen überraschte Mutter war zu betrunken, das ernst zu nehmen. »Mach hier nicht so eine Szene«, raunte sie ihm zu.

»Wir können nicht mitfahren«, jammerte er, sodass es jeder hören konnte. »Meine Mutter ist krank, ich muss erreichbar sein.«

Jeder dachte, dass es eine Ausrede war, dass Meneghini einfach nicht mitreisen wollte, weil er spürte, dass er die Rolle des unbeliebten Außenseiters nicht mehr loswürde, dennoch überfiel meine Mutter für einen Augenblick Panik. Gegen eine kranke Mutter war nicht anzukommen, schon gar nicht gegen eine kranke italienische Mutter. Und ihre Schwiegermutter kränkelte in der Tat. Was, wenn Meneghini tatsächlich darauf bestand, von Bord zu gehen? Würde sie die Courage haben, ohne ihn zu bleiben? War das überhaupt denkbar? Mein Vater, der ihren Schrecken deutlich spürte, hob nur knapp eine Augenbraue. »Ich habe zweiundvierzig Funktelefone an Bord, Battista. Du kannst zu jeder Zeit mit jedem beliebigen Ort dieser Welt verbunden werden.« Wenn's sein muss, mit dem Kaiser von China, doch den Satz verkniff er sich, weil er ahnte, dass Meneghini einen solchen Witz ernst nehmen würde.

»Diese Leute sind schrecklich«, klagte Meneghini meine Mutter an, sobald sie die Kabine erreicht hatten. »Sie sind schamlos und dekadent, das ist nicht unser Stil, Maria!«

Jäh spürte meine Mutter ihren Puls. Hatte Battista etwa bemerkt, wie Aristo sie angesehen hatte? Wäre sie nicht bereits vollkommen fasziniert von meinem Vater gewesen, so hätte sie zugeben müssen, dass es tatsächlich ziemlich dreist war, ihr als verheirateter Frau solche Avancen zu machen, doch darüber wollte sie nicht nachdenken.

»Du bezeichnest Lady Clementine als schamlos?« Meine Mutter sah Meneghini mitleidig an. »Mach dich nicht lächerlich.«

»Sie natürlich nicht, aber die anderen.«

»Du hast zwischen ihr und ihrer Enkelin gesessen, die ist ein Backfisch!«

»Und überhaupt, wie sie mit Geld um sich werfen! Das ist ekelhaft.«

»Der Einzige, von dem man behaupten könnte, er hätte heute Abend mit Geld um sich geworfen, ist Onassis. Allerdings gehört ihm das Hotel, ebenso wie das Schiff, was dir vielleicht nicht entgangen ist. Von daher ist das, was er tut, reine Gastfreundschaft, griechische Gastfreundschaft, Philoxenia. Großzügigkeit. Das ist leider tatsächlich nicht dein Stil.« Sie warf ihre Stola auf einen Sessel. »Du kannst ins Bad, ich bleibe noch auf.« Damit schlang sie die Hände um ihre Oberarme und wandte sich zum Fenster.

Nein, er hatte nichts bemerkt. Es war das Glamouröse, das ihn störte, und das er nicht benennen konnte, ja, das ihm vermutlich Angst machte, dachte sie, weil ihm selbst jeglicher Glamour fehlte. Deswegen sprach er von Dekadenz. Sie strich über die kleinen Perlen, mit denen ihr Kleid bestickt war. Ein Abendkleid aus schwarzer Spitze, ebenso schlicht wie auffällig, in dem sie sich, nach anfänglicher Sorge, sie könnte unpassend gekleidet sein, sehr wohl gefühlt hatte. *Das ist nicht unser Stil, Maria,* und plötzlich fiel ihr ein, wann er diesen Satz schon einmal zu ihr gesagt hatte. Es war im Mailänder Modeatelier von Biki Bouyeure gewesen, damals, als sie sich zum ersten Mal dort umgesehen hatten. Meiner Mutter war dieser Besuch, wie viele andere Besuche in Modeateliers, sehr unangenehm gewesen, denn die ausgestellten Kleider verlangten nach der Figur eines Mannequins, und sie selbst wog zu jener Zeit noch immer fast hundertachtzig Pfund. Battista aber hatte unverhohlen nach Preisen gefragt und auf die ihm eigene Art die Brauen hochgezogen, als er erfuhr, was die Modelle kosteten. »Komm, wir gehen«, hatte er daraufhin für alle vernehmlich zu ihr gesagt und sie aus dem Geschäft gezogen. »Das ist nicht unser Stil, Maria.« Meine Mutter aber hatte seinerzeit längst den Entschluss gefasst, ihren Körper mit der gleichen Beharrlichkeit zu perfektionieren wie ihre Stimme. Und wie alles, was sie sich vornahm, hatte sie auch dieses Ziel erreicht. Ja, sie war eine glamouröse Frau geworden, in einem Traum von einem Kleid, das, wie fast alle ihre Kleider mittlerweile, von Madame Biki stammte, und sie war stolz darauf, es tragen zu können. Es war ihr nicht zugefallen, sie hatte es sich erkämpft, unter Aufbietung aller Kraft, getrieben von dem Wunsch, dass irgendwann alles gut würde und leicht. Stattdessen war alles nur härter geworden. Wie viel würde der nächste Kampf sie kosten?

Sie hörte Meneghini aus dem Bad kommen. Ohne sich umzudrehen wusste sie, dass er einen blasskarierten Flanellpyjama trug, viel zu warm für die Jahreszeit, und dass er vor dem Regler der Klimaanlage stand.

»Denk bitte daran, dass ich die Klimaanlage nicht vertrage«, erklärte sie, ebenfalls ohne sich umzudrehen.

»Es ist brüllend heiß hier drin.«

»Dann lass dir eine leichtere Decke bringen.«

Ohne ihrem Rat zu folgen war er zu Bett gegangen. Bald darauf hatte meine Mutter das Licht in der Kabine gelöscht, um besser hinaussehen zu können. Jetzt, da das Schiff den Hafen verlassen hatte, war nur noch der fahle Schein der Schiffsbeleuchtung zu sehen. Meine Mutter hatte in ihrem Leben schon einige Schiffsreisen unternommen, und immer hatten ihr in der ersten Nacht die unvorstellbare Weite und die Einsamkeit des tiefdunklen Meeres, ebenso schwarz wie der Himmel und mit diesem zu einer endlosen Finsternis verschmelzend, Furcht eingeflößt; je älter sie wurde, desto mehr schien sich diese Furcht zu verstärken. Früh am nächsten Morgen, hatte Aristo erklärt, würden sie Portofino anlaufen, und meine Mutter wünschte, sie hätte eine Kabine auf der Backbordseite gehabt, von der aus sie die ganze Nacht die Lichter der Küstenstädte hätte sehen können, derselben Orte, die sie gestern aus der Luft betrachtet hatte. Für einen Moment dachte sie an ihr Zuhause, an Toy und an Bruna, und die Vorstellung, in wenigen Wochen dorthin zurückzukehren und alles vorzufinden wie bisher, schien ihr abwegig. Sie hatte nur einen Bruchteil der Noten im Gepäck, die sie sonst auf Reisen mitnahm, um zu arbeiten; das Mädchen, das ihre Koffer ausgepackt hatte, hatte gefragt, wohin sie die Noten legen solle, und meine Mutter hatte sie angewiesen, sie im Koffer zu belassen, der außerhalb der Kabine aufbewahrt wurde, meine Mutter wusste längst, dass sie während der gesamten Reise dortbleiben würden. Früher, noch vor ein paar Monaten, hatte sie jeden Moment, der ihr zur Verfügung stand, konsequent zur Arbeit genutzt, hatte sich unbeirrbar auf ihr Ziel fokussiert und alles andere ausgeblendet. Nun war ihr, als verschwömmen die Konturen zwischen Wichtigem und Unwichtigem, und das leichte Schaukeln des Schiffes und der in der Dunkelheit nicht mehr erkennbare Horizont passten zu diesen Gedanken.

Ein Schatten fiel auf die Bordwand vor ihrem Fenster, sie hörte Schritte und erkannte schließlich meinen Vater, der sich lässig an die Reling lehnte, eine Zigarre in der einen, ein Glas in der anderen Hand, als hätte er sich zufällig auf diese Seite des Schiffs verirrt. Für einen Beobachter musste es aussehen, als sinniere er vor sich hin, aber meine Mutter sah, dass sein Blick direkt auf ihr Fenster gerichtet war. Ahnte Aristo, dass sie hier direkt hinter der Gardine stand und an ihn dachte? Sie spürte ihren Puls bis zum Hals. Unwillkürlich ging sie mit leisen Schritten rückwärts, nahm auf dem Sofa Platz, zog die Beine, so gut es in dem langen Kleid ging, nach oben. Sie ertappte sich dabei, nach einem Vorwand zu suchen, unter dem sie die Kabine hätte verlassen können, doch sofort überfiel sie Entrüstung über diesen Gedanken. Sie nahm die Decke, die auf der Lehne des Sofas bereitlag, und streckte sich aus, das sanfte Schaukeln des Schiffs und das Wissen, dass mein

Vater vor dem Fenster stand und ihren Schlaf bewachte, fühlten sich wunderbar an.

Sobald meine Großmutter Anfang der Dreißigerjahre ihre Entscheidung getroffen hatte, was aus diesem Kind werden sollte, das nicht Vassily war und dem es so sehr an weiblicher Anmut fehlte, dass es für einen Ehemann nicht infrage kam, begann sie zu handeln. Getreu ihrer Devise *Je mehr Erwartung, desto größer das mögliche Unglück* beschenkte sie meine Mutter zunächst mit dem Anspruch, an jedem erreichbaren Talentwettbewerb nicht nur teilzunehmen, sondern ihn auch zu gewinnen. Talentwettbewerbe für die Kinder überehrgeiziger Eltern gab es im New York jener Zeit viele, also wurde meine Mutter bei jeder sich bietenden Gelegenheit in ihren Sonntagsstaat gesteckt und musste singen. Folgsam tat sie, was sie sollte, sang, von Schwester Yakynthy am Piano begleitet, ihr Standardrepertoire, das seinerzeit aus dem Liedchen »La Paloma« und einem populären Walzer bestand, gewann sogar einmal den ersten Preis, aber der Traum, in den sich meine Großmutter jeden Abend vor dem Einschlafen hineinträumte, und der ein integraler Bestandteil ihres Abendgebetes wurde, ging, sehr zu ihrem Unglück, nicht in Erfüllung: niemand, der beim Anhören des stämmigen Mädchens mit den dicken Brillengläsern in frenetische Begeisterung ausgebrochen wäre und das Wunderkind umgehend auf die großen Bühnen dieser Welt beordert hätte; keiner, der Evangelia Callas die Hand geschüttelt und sie zu dieser grandiosen, außergewöhnlichen, unfassbar talentierten Tochter beglückwünscht hätte. Doch meine Großmutter gab nicht auf. Sie hatte sich entschlossen, dieses Kind an die Musik zu verheiraten, und es sollte, nein, musste eine großartige Partie werden.

Meine Mutter fügte sich in diesen Entschluss – schon allein, weil es zwecklos gewesen wäre, meiner Großmutter in irgendeiner Weise Widerstand zu leisten. Sie fügte sich in die Klavierstunden bei Signorina Santrina, die meine Großmutter nun auch für sie vorsah, und hätte mein Großvater das Geld dafür aufbringen können, so hätte sie sich auch in Gesangstunden gefügt, aber die Familie war infolge der Wirtschaftskrise in finanzielle Not geraten, und zehn Dollar für eine Gesangstunde waren ein indiskutabler Betrag. Natürlich machte meine Großmutter meinem Großvater deswegen eine Szene, so wie sie ihm bereits wegen der Wirtschaftskrise eine Szene gemacht hatte, doch es half alles nichts, daher verfiel meine Großmutter auf eine Idee, die all ihre Probleme auf einen Schlag lösen würde: Sie würde Amerika und damit auch ihrem verhassten Mann den Rücken kehren und mit ihren Töchtern zu ihrer Familie nach Griechenland fahren. In das Land unbegrenzter Möglichkeiten, wo alles besser war und all ihre Wünsche in Erfüllung gehen würden.

Als meine Mutter erwachte, lag sie noch immer auf dem Sofa, spürte die kaum wahrnehmbare Vibration der Schiffsmotoren, und jäh fielen ihr die Ereignisse des

Abends wieder ein. Die Erkenntnis, dass etwas geschehen war, das sich mit ihrer Vorstellung, wer und wie sie zu sein hatte, nicht vereinbaren ließ und sich dennoch grandios anfühlte, erfüllte sie mit Scham, und als sie beim Aufstehen im Dämmerlicht des frühen Morgens kleine schwarze Perlen auf dem Polster des Sofas entdeckte und schlussfolgerte, dass sie im Schlaf ihr Kleid ruiniert hatte, erschien ihr das als folgerichtige Vergeltung, der sie, so beschloss sie, weitere Buße würde folgen lassen. Sie legte sich neben Meneghini ins Bett, schlief ein, und wurde erst wieder wach, als das Frühstück gebracht wurde. Wie immer, wenn es keine beruflichen Angelegenheiten zu besprechen gab, nahmen sie es schweigend ein, meine Mutter im Bett, Meneghini Zeitung lesend auf dem Sofa. Sie griff nach ihrer Brille, um den Namen des Blatts erkennen zu können, es war tatsächlich *La Stampa*, also nahm sie an, dass das Schiff bereits in italienischen Gewässern ankerte. Erleichtert, Battista für eine Weile beschäftigt zu wissen, ging sie im Geist ihre Garderobe durch, entschied, dass sie der Mondänität des Schiffes und der Bedeutung ihrer eigenen Position ein wenig Extravaganz schuldete, dachte an einen einteiligen Hosenanzug mit Rosenmuster, den ihr Madame Biki für Landausflüge empfohlen hatte, und stand schließlich auf, um die Farbharmonie des Stoffs mit ihrem Nagellack zu überprüfen.

»Was hältst du hiervon, mein Liebling?«, fragte sie und streckte Meneghini den Hosenanzug entgegen.

Meneghini sah von seiner Lektüre auf, sah bunten Stoff,

etwas irritiere ihn, und es dauerte einen Augenblick, bis er begriff, dass sie ihn gerade Liebling genannt hatte. Er wusste nichts zu antworten, hob nur die Schultern zu einer unbestimmten Geste, begleitet von einer Kopfbewegung, die ebenso gut ein Nicken wie ein Kopfschütteln sein konnte. Doch sie schien offenbar keine Antwort zu erwarten, sondern hatte das Kleidungsstück bereits auf das Bett geworfen.

»Husch, husch, wir sind schon in Portofino«, rief sie fröhlich, »lass uns an Deck gehen.«

»Willst du nicht erst das Frühstück …«, er brach ab, um die Idylle nicht zu zerstören. Wie lange war sie nicht mehr so nett zu ihm gewesen? Als er sich seines Pyjamas entledigte und sich ankleidete, spürte er eine leichte Übelkeit. Er sah aus dem Fenster, die See lag glatt und glänzend in der Vormittagssonne, dennoch flößte der Anblick ihm Furcht ein: Was, wenn die Reise stürmischer verlaufen würde? Er atmete tief durch, schlang sich angesichts der verwegenen Garderobe seiner Frau einen kräftig azurblauen Pullover um die Schultern und folgte ihr aus der Kabine hinaus in den Korridor. Zu seiner absoluten Verblüffung fasste sie, kurz bevor sie das Deck erreichten, nach seiner Hand.

Es ist meiner Mutter niemals gelungen, eine Bühne mit Gelassenheit oder gar Gleichgültigkeit zu betreten, und die Aufregung, die sie jedes Mal vor dem entscheidenden Moment überfiel, war Ausdruck ihrer Sorge, was sie jenseits des Vorhangs erwarten würde, stets hoffend, das

Wohlwollen zu finden, nach dem sich jeder Mensch natürlicherweise sehnt. Als sie am Morgen des 23. Juli 1959 auf die Bühne der *Christina* zusteuerte, um das Schauspiel ihrer Ehe aufzuführen, empfand sie keine geringere Anspannung als vor einer Premiere an der Scala oder der Met. Und wie auf den Bühnen der Welt kam es ihr auch an diesem Morgen zugute, dass sie ohne Brille auftrat, ansonsten hätte der Blick, mit dem Diana Sandys, Churchills Tochter, ihre Garderobe bedachte, sie so tief verunsichert, dass sie sich sofort wieder in ihre Kabine zurückgezogen hätte. Dass sowohl Diana als auch Tina Onassis, die sich höflich nach der Nachtruhe meiner Mutter erkundigte, wesentlich dezenter gekleidet waren, blieb meiner Mutter indes nicht verborgen, und es reichte, ihre Schritte für den Rest des Tages etwas verhaltener werden zu lassen.

»Was für ein herrlicher Morgen«, sagte sie und ließ sich in einem der Korbsessel am Pool nieder, ohne dabei Meneghinis Hand loszulassen. Notgedrungen bezog er den Sessel daneben. Meine Mutter setzte ihre Sonnenbrille auf und sah sich um, doch außer den beiden Frauen, meinem Bruder Alexander, der hin und wieder an der Reling entlangflitzte, und einem weiß gekleideten Kellner im Hintergrund war niemand zu sehen.

Sie lehnte sich zurück. Die Morgensonne glänzte auf dem Wasser, zu ihrer Linken lag der malerische Hafen von Portofino, und wäre sie allein gewesen, so hätte sie vor Zufriedenheit laut geseufzt. Stattdessen lobte sie die Anmut des kleinen, bunten Hafenstädtchens, beugte sich mehrmals zu Meneghini und küsste ihn demonstrativ auf den Mund, nannte ihn Liebling, übersetzte ihm alles, was gesprochen wurde, und forderte ihn sogar auf, an dem Einkaufsbummel in Portofino teilzunehmen, der eigentlich nur für die Damen vorgesehen war.

Bevor Winston Churchill zwei Jahre zuvor zum ersten Mal auf der *Christina* gereist war, hatte mein Vater ihm hoch und heilig versprechen müssen, ihm die Presse vom Leib zu halten. Das galt natürlich auch für diese Reise. Den Klatschreportern, die bereits in Monte Carlo am Kai gestanden hatten, war es indes ein Leichtes gewesen, die Route der *Christina* vorherzusehen und ihren Weg entlang der ligurischen Küste zu verfolgen. Denn in Wahrheit machte mein Vater keinen Hehl daraus, wo er sich gerade befand, und sparte nicht an nächtlicher Schiffsbeleuchtung, schließlich hatte er seine illustren Gäste nicht umsonst an Bord gebracht, und so lungerten, als die Gäste der *Christina* in Portofino an Land kamen, die Fotografen bereits im Hafen herum. Ihr eigentliches Interesse galt in der Tat Sir Winston, aber da der nicht am Landausflug teilnahm, weil er die Vormittage stets lesend in seiner Kabine verbrachte, machten sie stattdessen Jagd auf meine Mutter. Man muss sich das tatsächlich so vorstellen, als würde man von lästigen Insekten verfolgt – mit dem Unterschied, dass man Klatschreporter nicht mit einer Zeitung erschlagen kann. Für die anderen Teilnehmerinnen des Ausflugs, die meiner Mutter ohnehin allerlei Eitelkeiten unterstellten, war klar, dass die Sängerin in dem exaltierten Hosenanzug die Fotografen informiert haben musste.

Die Reise wäre anders verlaufen, wenn jemand die Offenheit gehabt hätte, meine Mutter darauf anzusprechen. Doch die Damen der britischen Oberklasse hatten andere Methoden, mit solchen Dingen umzugehen.

Sowohl meine Mutter als auch mein Vater hatten nach dem Verlassen ihrer Elternhäuser mit aller Kraft daran gearbeitet, jenes Bild zu verwirklichen und zu vervollkommnen, das sich schließlich die gesamte Welt von ihnen machte: sie die größte aller Operndiven, er der mächtigste aller Schiffseigner. Darin glichen sie sich. Worin sie sich radikal unterschieden, war die Tatsache, dass mein Vater sich diese Identität selbst ausgesucht hatte, während sie meiner Mutter aufgeladen worden war. Ein Umstand, dem man nicht genug Beachtung schenken kann, denn was ist befriedigender, als dem ureigensten Wunsch nachzugehen?

Obwohl er auf der *Christina* und an seinen anderen Wohnsitzen umfangreiche und wertvolle Bibliotheken besaß, interessierte mein Vater sich nicht für Literatur, kaschierte sein Desinteresse als Skepsis, zitierte aber gern die griechischen Dichter, am liebsten Homer – natürlich Homer! –, und wenn ihn jemand einen modernen Odysseus nannte, erfüllte ihn das mit einem Stolz, der am besten mit kindlich zu beschreiben ist. Selbstverständlich brauchte ein solcher Odysseus nicht nur eine Flotte, sondern auch ein Flaggschiff, und als die kanadische Marine nach dem Krieg ihre Fregatten ausmusterte, hatte mein Vater die Gelegenheit ergriffen und eines dieser kriegsmüden Schiffe für ein – in seinen Augen – Taschengeld erstanden. Der Umbau zu einer Luxusjacht nach seinen Vorstellungen war allerdings um mehr als das Hundertfache teurer geworden. Doch er liebte dieses Schiff, seine *Christina*, und er liebte es, einem jeden davon zu erzählen. Am 24. Juli, dem zweiten Tag an Bord, war meine Mutter an der Reihe. Es war ein Freitag. Nicht dass das eine Rolle spielen würde, aber ich bestehe darauf, diese Geschichte präzise zu erzählen, schließlich ist es meine Geschichte. Es genügt, dass über meine Eltern so viel Unsinn berichtet worden ist.

An jenem Freitag also, als meine Mutter gegen Mittag aus ihrer Kabine an Deck kam – Meneghini war im Bett geblieben, er sei seekrank, was meine Mutter für einen Vorwand hielt –, fand sie meinen Vater mit Sir Winston am Pool sitzend, und da sie nicht den Eindruck hatte, als wären die beiden in ein allzu profundes Gespräch vertieft, trat sie näher und begrüßte sie.

»Ein fantastisches Schiff«, sagte sie zu meinem Vater, ließ den Blick demonstrativ über das Deck schweifen und grüßte dabei mit einem Winken Mrs. Sandys, die mit ihrer Tochter etwas abseits auf einem der kleinen Balkone saß, die von der Bordwand abstanden. Diana Sandys grüßte mit einem Kopfnicken zurück, und da meine Mutter dieses Mal ihre geschliffene Sonnenbrille trug, konnte sie erkennen, dass es von keinem Lächeln begleitet war.

»Es ist ein Kriegsschiff«, murmelte Churchill, ohne den Blick vom Meer abzuwenden.

»Stimmt«, ergänzte mein Vater und rückte meiner Mutter einen der gepolsterten Korbsessel zurecht. »Als *Stormont* ist sie unter kanadischer Flagge gefahren, hat sogar tapfer beim D-Day mitgemacht.«

»Oh wirklich?« Etwas in ihr zog sich zusammen, sie korrigierte ihr Lächeln, um sich die Irritation nicht anmerken zu lassen. »Das kann man sich kaum mehr vorstellen …«

»Man sollte sich aber vorstellen«, ließ sich Sir Winston plötzlich laut vernehmen, »dass es beinahe nicht dazu gekommen wäre!« Er zog an seiner Zigarre. Jetzt wandte er den Kopf und sah meine Mutter direkt an. »Erst hat sich Roosevelt zwei Jahre lang geziert, und als wir endlich so weit waren, konnten sich die Wetterfrösche nicht über den passenden Tag einig werden.« Er schüttelte den Kopf, sein Blick schien etwas zu fixieren, was sich in seiner Erinnerung befand. »Wissen Sie, wie schwierig das war?« Er hob seine Zigarre, um sie bei jedem Punkt der folgenden Aufzählung wie einen Taktstock zu bewegen: »Für die Landung brauchten wir Ebbe am Morgen und Abend, aber nicht zu stark, damit der Marsch durch das Watt nicht zu lang wurde, wir brauchten Voll- oder Neumond, damit das Wasser tief stand, wir brauchten leichten Wind wegen möglicher Gasangriffe, aber nicht zu viel wegen der Flieger, und er musste auflandig sein wegen der Schiffe, wir brauchten klare Sicht, um unsere Geschenke abladen zu können …« Churchill hielt inne, atmete tief durch, ließ erschöpft die Zigarre sinken und wandte den Blick wieder zum Meer. »Ach, was soll es.«

Meine Mutter schwieg. Sie hatte das verstörende Gefühl, dass der alte Mann gar nicht zu ihr gesprochen hatte; dass, wenn sie ihm jetzt etwas antworten oder eine Frage stellen würde, er aufschrecken könnte, als hätte er sie bisher gar nicht zur Kenntnis genommen. Sie lächelte zögernd, sah meinen Vater an, der nichts Verwunderliches an Churchills Verhalten zu finden schien. »Glücklicherweise ist es geschehen«, sagte mein Vater.

»Hm«, ließ Churchill vernehmen. Er sprach nun leiser. »Am Tag zuvor sah es nicht danach aus, dabei wäre das eigentlich unser Tag gewesen. Dichte Wolken, heftiger Wind, viel zu hoher Seegang. Wir mussten die Aktion um einen Tag verschieben. Ohne große Hoffnung, ehrlich gesagt. Die Soldaten saßen alle seit mindestens vierundzwanzig Stunden in ihren Fahrzeugen eingepfercht, am schlimmsten war es für die Schiffe, die über den Atlantik gekommen waren. Aber …«, er wandte sich um, bewegte erneut seine Zigarre, die jetzt nurmehr ein Stummel war, auf meine Mutter zu. »Die Deutschen haben bei diesem Wetter auch nicht mit uns gerechnet.« Er lachte kurz auf. »Wir haben sie ganz schön verwirrt.« Kopfschüttelnd betrachtete er den Rest seiner Zigarre, als wüsste er nicht, wohin damit. Mein Vater reichte ihm sofort einen der Aschenbecher, die aussahen, als wäre sie aus Tauen geflochten, und winkte mit einer Kopfbewegung einen Kellner herbei. Kurz darauf hielt Churchill eine neue Zigarre in der Hand.

»Ja, sie hat ganz schön was mitgemacht«, sagte mein Vater. »Nach dem Krieg sind viele dieser Schiffe ausgemustert worden. Ich habe das alte Mädchen für nur vierunddreißigtausend bekommen.«

Instinktiv machte meine Mutter ein anerkennendes Gesicht, für einen Augenblick durchfuhr sie der Gedanke, dass ihre Gagen zuweilen jenen Betrag überstiegen und sie sich also auch ein solches Schiff würde leisten können. Ein Gedanke, der natürlich sofort wieder in sich zusammenfiel.

»Für den Umbau ist ein bisschen mehr draufgegangen.« Er grinste und sprach auf Griechisch weiter: »Es war übrigens einer von Hitlers Architekten, der sie auf Vordermann gebracht hat, aber das lassen wir ihn besser nicht hören.«

»Nein, besser nicht«, antwortete meine Mutter und wusste nicht, wie sie sich fühlen sollte. Hitlers Architekt. Sie betrachtete meinen Vater von der Seite und konnte nicht anders, als sich vorzustellen, dass er einem Mann die Hand gab, der kurz zuvor diesem Monster die Hand gegeben hatte, als wäre das eine ganz natürliche Verkettung der Dinge, und doch schien es ihr anders, ganz so, als sei mein Vater jemand, der solcherlei tun konnte, ohne wirklich involviert zu sein, als tanze, ja, flirre er über den Dingen.

»Wie wäre es mit einer kleinen Führung?«, hörte sie ihn sagen, nun wieder auf Englisch.

»Vielleicht später«, erwiderte sie zögernd. Die Vorstellung, allein mit meinem Vater das Schiff zu besichtigen, irritierte sie, zumal ein Steward ihr nach der Ankunft bereits die wichtigsten Räumlichkeiten wie den Speisesaal, das Kino und die Bibliothek gezeigt hatte. »Ich glaube, ich werde erst einmal nach meinem Mann sehen«, erklärte sie, stand auf und war sich sicher, dass sein Blick ihr folgte.

»Sie sieht aus wie eine Echse«, raunte Celia und sah meiner Mutter aus den Augenwinkeln nach. »Und schau dir diese Füße an. Das ist mindestens Größe acht!«

»Celia«, mahnte ihre Mutter, allerdings mit wenig Verve.

»Du hast selbst gesagt, sie hat etwas Reptilienhaftes.«

»Das entbindet dich nicht deiner Pflicht, ihr höflich zu begegnen«, antwortete Diana matt und ließ den Blick wieder aufs Meer wandern. Natürlich hatte das Mädchen recht. Diese Sängerin mit ihren öligen Haaren, der vollkommen übertriebenen Maquillage und der riesigen Nase verfügte über alles andere als das, was man feine Züge nannte. Außerdem schien sie sich für wichtig zu halten, dabei hatte Diana vor dieser Kreuzfahrt nie von ihr gehört. Diana schloss die Augen. Ach, solche Leute kamen und gingen, es lohnte nicht, Gedanken an sie zu verschwenden.

Die Türen der Kabinen auf der *Christina* waren weiß lackiert und trugen statt Nummern goldfarbene Reliefs mit der Silhouette und dem Namen jeweils einer griechischen Insel, einmal in lateinischer und einmal in griechischer

Schreibweise. Die Kabine meiner Mutter war besonders geräumig und nach der Insel Ithaka benannt. Mein Vater rühmte sich gern damit, welche Berühmtheiten schon darin geschlafen hatten. Eine Aufzählung, die meine Mutter nicht stolz, sondern eher ein bisschen traurig machte, ohne dass sie hätte sagen können, warum. Ihre Seele wäre leichter davongekommen, wenn er ihr eine nur für sie bestimmte Kabine in seinem Leben eingerichtet hätte, aber dann wäre er nicht mein Vater gewesen, sondern Meneghini, und damit auch wieder nicht genug.

Während sie den goldenen Knauf ihrer Kabinentür umfasste, konnte sie nicht umhin sich auszumalen, wie das Schiff vor Jahren ausgesehen haben mochte, als es im Morgengrauen auf die Normandie zusteuerte, wo den Besatzungsmitgliedern eine potenziell tödliche Invasion bevorstand. Wenn nicht nur Menschen, sondern auch Schiffe zu Opernhelden werden könnten, so dachte sie plötzlich, wäre die Geschichte dieses Schiffes ein großartiger Opernstoff. Ein Gedanke, den meine Mutter freilich nicht zu Ende dachte, denn die Frage, in welcher Stimmlage ein Schiff hätte singen müssen – kurz dachte sie an einen Bariton –, wurde von der Überlegung durchkreuzt, dass es sich bei der *Christina* eigentlich um ein weibliches Schiff handelte, aber da hatte sie die Kabine bereits betreten. Battista lag schlafend im Bett, Zeitungsseiten waren auf der Bettdecke verstreut. Unwillkürlich musste sie sich einen Trupp Soldaten vorstellen, der in den fraglichen Nächten in dieser Kabine ausgeharrt haben könnte, auf einfachen

Pritschenbetten, wie viele mochten sich diesen Raum geteilt haben?

Meine Mutter überprüfte ihr Make-up, sammelte, so leise sie konnte, die Zeitung vom Bett und kehrte damit zum Deck zurück. Sie hätte nur einen der Kellner um die neuesten Nachrichten bitten müssen und die Auswahl zwischen *La Stampa*, *Le Monde* und der *Times* gehabt, doch obwohl meine Mutter sich durchaus mit Luxus zu umgeben verstand, war sie im Inneren ihrer Seele in einer Weise sparsam, die zuweilen an Geiz grenzte und die angesichts ihrer Möglichkeiten absurd erschien. Sie resultierte aus einer tiefen Angst, die meine Mutter von allen anderen Teilnehmern der Kreuzfahrt unterschied: der Angst vor der Not. Eine verständliche Angst, in den Tagen der Kindheit gezeugt, als meine Großmutter immer wieder den drohenden Schrecken des Verhungerns heraufbeschworen hatte, freilich ohne wirklich davon bedroht zu sein, jedoch mit der Absicht, meinen Großvater als potenziellen Verursacher eines solchen Schreckens dastehen zu lassen. Später dann, in den letzten Kriegstagen und während der Bürgerkriegsunruhen in Athen, war die Not tatsächlich gekommen, als meine Mutter und Großmutter über Wochen allein und unbemerkt in ihrem umstellten Haus ausharren mussten, mit nichts als einem Sack Bohnen. Seither hatte die Angst vor der Not meine Mutter nie wirklich verlassen und sollte bis zu ihrem Lebensende bei ihr bleiben. Sie starb übrigens mit zwölf Millionen Dollar auf dem Konto, was, wie sie zu sagen pflegte, für die wirklich Reichen kein Vermögen darstellte, doch das ist eine Geschichte, die ans Ende gehört.

Den Rest des Tages jedenfalls verbrachte sie mit ihrer zerknitterten Zeitung an Deck sitzend. Sie versuchte mit Diana Sandys ins Gespräch zu kommen, die jedoch nicht besonders mitteilsam schien, sah eine Zeit lang meinen Geschwistern beim Spielen im Pool zu, musste mehrfach ihre Zeitung und auch ihre Schuhe vor den Spritzern retten und hätte ebenfalls gern gebadet, scheute sich aber, als einzige der Erwachsenen in Badekleidung aufzutreten. Erst am späten Nachmittag erschien Nonie Montague Browne, die Frau von Churchills Privatsekretär Anthony, und begann mit meiner Mutter sehr ungezwungen über die Vor- und Nachteile zweiteiliger Badeanzüge zu plaudern.

Meneghini nahm trotz seiner Seekrankheit am Dinner teil und aß mit Appetit, was meine Mutter in der Überzeugung bestärkte, dass es sich bei seiner Unpässlichkeit keineswegs um eine Folge des nicht vorhandenen Seegangs handelte, sondern um einen ausgewachsenen Kater. Sie hatte ihn am Vorabend beobachtet. Zuweilen trank er vollkommen gedankenlos, trank Wein, als habe er Durst mit Wasser zu löschen, sodass sie sich fragte, ob er den Unterschied zwischen dem exquisiten 1945er Mouton Rothschild, der an diesem Abend zu Ehren Sir Winstons serviert wurde – er trug ein von einem Künstler gestaltetes V, Churchills Siegergeste, auf dem Etikett –, und einem beliebigen Landwein in einer Veroneser Trattoria überhaupt bemerkte. Sie überlegte, ob ihr das früher schon aufgefallen war, betrachtete Meneghini während des Essens hin und wieder und stellte fest, dass es nicht viel zu sehen gab. Er war nie ein besonders gesprächiger Mensch gewesen, und der auf Englisch geführten Unterhaltung bei Tisch konnte er nicht recht folgen, sodass es, wie sie sich eingestehen musste, keinen Unterschied gemacht hätte, wenn er in seiner Kabine geblieben wäre. Sie betrachtete Winston Churchill, der, immer wieder animiert durch meinen Vater, die Tischrunde mit seinen Lebenserinnerungen unterhielt, sie beobachtete Churchills ausgesprochen charmanten Sekretär Anthony, der die Erzählungen durch kleine Anekdoten ergänzte, und sie betrachtete Aristo, von dem etwas ausging, das nur wenige Menschen besaßen und das sich am ehesten mit dem Begriff gewinnend bezeichnen ließ. Meine Mutter spürte Beklemmung und vermied es schließlich ganz, ihren Ehemann anzusehen, dessen Farblosigkeit inmitten dieser schillernden Männer noch deutlicher wurde.

Es nahm kaum jemand Notiz davon, als Meneghini nach dem Essen erneut von Seekrankheit sprach und sich, statt sich mit allen anderen ins Schiffskino zu begeben und Sir Winstons Lieblingsfilm – *That Hamilton Woman* – anzuschauen, in die Kabine verabschiedete. Meine Mutter dagegen, die für ihr Leben gern ins Kino ging, ließ sich nicht zweimal bitten, auch wenn sie dieses Mal vor allem die Möglichkeit reizte, im Dunkeln neben meinem Vater sitzen zu können. Heimliche Zärtlichkeiten, im Beisein aller ausgetauscht, übertreffen in Reiz und Wirkung so manche ebenso verbotene Droge.

Der Film, von dem Churchill zum Ende seines Lebens behaupten würde, er habe ihn über achtzigmal gesehen (tatsächlich war das weit übertrieben, aber die menschliche Erinnerung ist nachsichtig), handelt von Krieg und Liebe gleichermaßen. Dass Churchill ihn so liebte, lag, wie er jedermann leicht glauben machte, darin begründet, dass der Showdown die Schlacht von Trafalgar zeigte – jenes gigantische Spektakel also, das die Vorherrschaft Englands zur See begründete, und jedes Mal, wenn er den Film sah, fühlte sich Churchill, als hätte er die Schlacht selbst geschlagen. Was ihn in Wirklichkeit jedoch noch viel mehr bewegte, war die große Liebe Emma Hamiltons zu Lord Horatio Nelson, jenem Helden, der Napoleon bei Trafalgar vernichtend schlug. Meine Mutter hatte von diesem Teil der englischen Geschichte wenig Ahnung, doch mit der Dramaturgie von Liebesgeschichten kannte sie sich aus, und sie begriff sofort, dass es sich bei jener Lady Hamilton keineswegs um eine Frau von Stand handelte – sie kam aus der Gosse und würde dort enden, wobei solche Worte im Film natürlich keine Verwendung fanden, stattdessen wurde nur elegant von der »üblichen Vergangenheit« gesprochen. Es macht durchaus einen Unterschied, ob man einen solchen Film in Gesellschaft guter Freunde sieht oder in Gesellschaft der britischen Oberklasse, vor allem dann, wenn die weibliche Hauptfigur im Film als Sängerin bezeichnet wird. Also verstand meine Mutter, die stets alles auf sich bezog, den Film als Anspielung, und das Gefühl der Demütigung legte sich wie eine Verkrampfung um sie. Erst als mein Vater, der tatsächlich neben ihr saß, nach ihrer Hand griff, entspannte sie sich wieder, ja straffte gar den Rücken. Sie war doch nicht irgendwer! Sie war Maria Callas, die wohl berühmteste Frau der Welt, hielt die Hand von Aristoteles Onassis, dem wohl reichsten Mann der Welt, und sie schloss die Augen, sah sich auf der Bühne stehen und imaginierte frenetischen Applaus. Es half. Sie öffnete die Augen wieder, spürte weiterhin die Hand meines Vaters und sah zur Leinwand, wo Vivien Leigh gerade bekräftigte, dass sie alles erreicht habe, was eine Frau sich wünschen konnte.

Als mein Vater nach dem Film an Deck bat, um einen, wie er es nannte, Schlummertrunk zu nehmen, sagte sie mit Freude zu.

»Ist mit Ihrem Mann alles in Ordnung?«, fragte Tina, als sie sich auf den Korbstühlen und der halbrunden Sitzbank niederließen, die mein Vater in das Heck des Schiffs hatte einbauen lassen.

»Doch, doch«, antwortete meine Mutter und spürte Beklemmung. Sie mühte sich ein Lächeln ab. »Es wird sicher besser.«

»Er wird hoffentlich schlafen können«, ergänzte Tina. »Wir werden die ganz Nacht hindurch fahren müssen, um morgen Capri zu erreichen. Aber mein Mann und der Kapitän haben die Motoren für die Nacht bereits so eingestellt, dass es möglichst wenig Vibrationen gibt. Ari tut das immer, wenn Sir Winston an Bord ist.« Sie lächelte ihr wunderschönes, perfektes Lächeln, und meine Mutter, die dieses Lächeln durch all ihre Beklemmung hindurch als eine weitere Demütigung empfand, brachte es gerade noch fertig, in großer Bühnengeste den Arm auszustrecken, um ihn dramatisch in den kaum spürbaren, milden Fahrtwind zu halten. »Was für eine wunderbare Nacht«, brachte sie hervor.

»Ja, Ari und ich lieben es, um diese Jahreszeit hier zu sein, hier sind die Nächte immer besonders angenehm.« Damit stand Tina auf und verabschiedete sich mit einer weiteren Version ihres Lächelns. Es war bereits nach Mitternacht, und ihr Liebhaber Reinaldo wartete auf ihren Anruf. Was sie natürlich niemandem erzählte, aber mein Vater wusste es ohnehin.

Er schenkte Champagner ein, und Anthony Montague Browne gestand lachend, wie froh er sei, den Film dieses Mal schon zu Beginn der Reise gesehen zu haben. Mit Glück blieben sie nun für die nächsten drei Wochen davon verschont.

»Ich fand ihn sehr amüsant«, log meine Mutter.

»Beim ersten Mal mag das so sein«, entgegnete Anthony, »aber nach dem zwanzigsten Mal wird es mühsam.«

»Zwanzigmal?«

»Ich schätze, der Boss hat ihn mindestens vierzigmal gesehen, ich leiste ihm ja erst seit ein paar Jahren dabei Gesellschaft.«

»Ach, Anthony!« Nonie schüttelte den Kopf. »Er hört nicht mehr gut, es ist einfach entspannender für ihn, einen Film zu sehen, den er bereits kennt.«

»Auswendig.« Anthony grinste schelmisch. Für einen Moment schwiegen alle, nur das Rauschen des Kielwassers war zu hören, und meine Mutter spürte auf einmal eine Entspannung, die sie den ganzen Tag nicht gefühlt hatte.

Sie saßen noch lange zusammen, tranken zwei weitere Flaschen Dom Pérignon, Anthony und mein Vater erzählten von den vergangenen Reisen mit Churchill, und meine Mutter begann zu ahnen, dass ihr Gastgeber diesen alten Mann tatsächlich liebte wie einen Vater. Eine Weile stand sie mit Nonie an der Reling, der Mond schien noch beinahe voll in dieser Nacht, und sie betrachteten den Streifen aus glitzerndem Licht, der über das Wasser fiel wie ein Teppich, über den man hätte laufen mögen, bis Nonie schließlich auch zu Bett gehen wollte.

»Du bleibst aber noch«, rief mein Vater meiner Mutter auf Griechisch zu, und ihr blieb unklar, ob es eine Frage oder ein Befehl war. Kaum dass Nonie gegangen war, trat er mit seinem Glas neben meine Mutter an die Reling und sah ebenfalls auf den Mondlichtteppich hinaus.

Meine Eltern waren beide ausgesprochene Nachtmenschen, mit dem Unterschied, dass meine Mutter meist den Vormittag verschlief, während mein Vater lediglich vier bis fünf Stunden Schlaf brauchte. Wissenschaftlich betrachtet schlief er einfach effektiver als andere Menschen, indem er mehrere intensive Schlafphasen in rascher Folge hintereinander absolvierte und sich die Phasen seichten Schlafs dazwischen sparte, doch von solchen Zusammenhängen wusste die Welt damals, als mein Vater und meine Mutter gewissermaßen ihr erstes Stelldichein hatten, nicht viel.

Sie sprachen kaum an diesem Abend, und das wenige, das sie sagten, sagten sie auf Griechisch. Nicht, um etwas vor Anthony, der um des Anstands willen bei ihnen ausharrte, zu verbergen, derlei geschah erst später, sondern weil diese Sprache zu der Verbundenheit passte, die sie auf einmal empfanden, während sie an der Reling lehnten und jenes verheißungsvolle Ritual ihrer nächtlichen Unterhaltungen begannen, das sie im Verlauf der Reise an beinahe jedem Abend pflegen sollten und das für beide unausgesprochen zum zentralen Moment des Tages wurde, zu einer privaten Insel in der Endlosigkeit der Nacht, zu der niemand Zutritt hatte und auf der sie gegenseitig jenen Teil ihrer Seelen berührten, den sie nicht nur vor den anderen, sondern auch vor sich selbst verbargen.

Auch die Churchill-Damen begründeten in dieser Nacht ein Ritual: Sie versammelten sich in Lady Clementines Kabine, um all die Anspannung, die das Wahren der Contenance bewirkt hatte, endlich loszulassen und in Spottlust zu konvertieren, was umso mehr Spaß bereitete, als sie in meiner Mutter ein grandioses Opfer gefunden hatten.

»Ihr müsst zugeben, sie sieht wirklich aus wie ein Reptil.

Vor allem, wenn sie den Kopf bewegt!« Celia schaute imitierend von links nach rechts.

»Sie hat auch den ganzen Abend nichts anderes getan, als hin und her zu schauen, wahrscheinlich hat sie darauf gewartet, dass jemand sich für sie interessiert.«

»Was nicht der Fall war.«

»Das gefällt ihr natürlich gar nicht.«

»Sie wird davon ausgegangen sein, ständig im Mittelpunkt zu stehen. Deswegen hängt sie sich auch so an Vater, weil er ihr diese Position streitig macht.«

»Habt ihr gesehen, wie sie ihm die ganze Zeit die Serviette zurechtgerückt hat? Wie peinlich!«

»Ich glaube, das Schlimmste für sie ist, dass keiner sie bittet zu singen.«

»Oh ja!« Allgemeines Gelächter. »Und das wird auch niemand tun.«

In der Tat bat niemand meine Mutter zu singen. Weder die Churchill-Damen, die meine Mutter aus einem ihnen selbst verborgen bleibenden Grund nicht leiden mochten, noch Sir Winston, der gar nicht so genau begriff, wer meine Mutter eigentlich war und was sie tat, und der sich darüber hinaus, ebenso wie die anderen Passagiere, nicht im Geringsten für die Oper interessierte. Man könnte auch sagen: Niemand an Bord, abgesehen von Meneghini und einem blutjungen griechischen Matrosen, Sohn eines einfachen Fischers, der meine Mutter knapp drei Jahre zuvor in der Ed-Sullivan-Fernsehshow gesehen und seither all seine Ersparnisse in ihre Schallplatten investiert hatte,

hatte eine Ahnung davon; nicht einmal mein Vater, der sich nur insoweit mit der Oper beschäftigt hatte, als er es seinem weiblichen Ehrengast schuldig zu sein glaubte, und als er am folgenden Abend, während die *Christina* bei Capri ankerte, nach dem Dinner Gracie Fields, eine in die Jahre gekommene Varietésängerin, an Bord einlud, damit sie Sir Winston ihre Schlager vortrug, empfand meine Mutter das durchaus als Beleidigung.

Ich erspare mir die Einzelheiten dieses Abends, es sei nur erwähnt, dass meine Mutter körperliche Schmerzen empfand, als Gracie Fields versuchte, eine Liebeserklärung an Sir Winston in die Melodie des seinerzeit sehr populären Schlagers *Volare* zu pressen. Das war der Augenblick, in dem meine Mutter endgültig begriff, dass sie in eine Welt geraten war, in der weder ihre Kunst im Besonderen noch musikalischer Anspruch im Allgemeinen irgendeine Rolle spielten.

Es nötigte ihr einiges an Selbstbeherrschung ab, die Veranstaltung mit jener Nonchalance zu überstehen, hinter der sie alle Arten von Demütigungen zu maskieren wusste. Eine Nonchalance, die allerdings – aus einem weniger wohlwollenden Blickwinkel heraus – wie Arroganz aussehen konnte. Dabei rettete sie sich in die Hoffnung, meinen Vater später, wenn alle anderen zu Bett gegangen wären, wieder an Deck zu treffen, mit ihm griechisch zu sprechen und ihn für ein paar Stunden ganz für sich allein zu haben. Sie betrachtete ihn, wie er, neben Sir Winston sitzend, diese Soubrette beklatschte, konnte sich nicht sattsehen an seinem Lächeln und wünschte sich nichts sehnlicher, als dass die Zeit verränne.

Manche Menschen, und es sind nicht wenige, bezeichnen meinen Vater als hässlich und klein. Dummköpfe, allesamt. Mein Vater war für mitteleuropäische Verhältnisse nicht gerade groß, kleiner als meine Mutter, was besonders auffiel, wenn sie hohe Schuhe trug. Es wurde behauptet, er wirke sehr viel größer, wenn er auf seinem Geld stehe, was für jemanden, dem Geld fehlt, tatsächlich so erscheinen mag. In Wirklichkeit war es seine Grandezza, die ihn zu einem alles überragenden Mann machte. Eine Grandezza, die einherging mit unwiderstehlichem Charme.

Natürlich fand meine Mutter ihn umwerfend schön. Vor allem, wenn er aus dem Pool stieg, mit noch nasser Haut im Sonnenlicht stand und sich lachend mit einem der gelben Handtücher der *Christina* abtrocknete – dann setzte sie ihre Sonnenbrille oder zumindest einen Hut auf, damit nicht auffiel, wie sehr ihr Blick an ihm hing.

Niemand, der ihn so sah, konnte sich der Wirkung seines Charmes entziehen. Und bald, so viel steht fest, wird er auch mit mir an diesem Pool stehen und mir sein Lachen schenken. Für mich lachen. Nur für mich.

Damit das geschehen kann, muss er jedoch zunächst meine Mutter anlächeln. In der Erwartung, dass er das tun würde, begleitete sie Meneghini nach der grässlichen Abendveranstaltung in die Kabine, um sich für die späteren Nachtstunden einen Schal zu holen. Man könnte auch sagen, sie brachte Meneghini zu Bett und wollte sichergehen, dass er darin blieb. Er maulte seit dem Morgen; hatte bei Neapel von Bord gehen und nach Sirmione zurückkehren wollen, was meine Mutter nur mit Mühe verhindern konnte; er hatte über die Hitze und die Journalisten auf Capri geschimpft, und nun war seine Laune durch das Abendprogramm vollends ruiniert worden. Zu Recht, wie auch meine Mutter hätte zugeben müssen, doch zu diesem Zeitpunkt hatte die Begeisterung für meinen Vater ihre Urteilskraft schon viel zu sehr in Mitleidenschaft gezogen.

»Eine Zumutung ist das«, schimpfte Meneghini, kaum dass die Kabinentür geschlossen war. »Morgen verlassen wir dieses Schiff! Wir haben andere Dinge zu tun, ich muss Verträge abschließen und ...«

»Morgen verlassen wir gar nichts, wir werden den ganzen Tag auf See sein, den nächsten Hafen erreichen wir erst in Sizilien, und außerdem wäre es ein absoluter Affront gegen unseren Gastgeber. Aristo hat dir nichts getan.«

»Er hat diese Person an Bord gebracht, diese sogenannte Sängerin, gerade du ...«

»Und das hat er aus Liebenswürdigkeit Sir Winston gegenüber getan. Das ist doch rührend.«

Meneghini sah sie ungläubig an, schüttelte den Kopf. Mit einem Mal schien er ganz ruhig. »Ich kann nicht fassen, dass du so sprichst.«

»Wir werden dieses Schiff jedenfalls nicht verlassen. Ich fühle mich hier wohl und freue mich darauf, meine Heimat wiederzusehen. Überdies – damit du das weißt – habe ich keine Lust zu arbeiten.«

Meneghini starrte sie einen Moment an, ehe er antwortete. »Wie bitte? Du hast was?« Er hob verständnislos die Schultern. »Das ist doch keine Frage der Lust!«

Ohne darauf einzugehen, öffnete meine Mutter eine Schublade und wählte einen Seidenschal aus, versuchte sich ihre Eile nicht anmerken zu lassen. »Ich werde noch ein wenig frische Luft schnappen. Du solltest sehen, dass du Schlaf bekommst, so lange wir ankern. Du hast gehört, was der Kapitän gesagt hat: Gleich nach Sonnenaufgang geht es weiter.«

Meneghini sagte nichts mehr, sah ihr nur aus seinen kleinen Schweinsäuglein nach, sah, wie die Kabinentür hinter ihr zufiel, und man hätte ihn schon sehr gut kennen müssen, um mit Sicherheit sagen zu können, ob sein Ausdruck wütend oder traurig war. Tatsächlich wusste er es selbst nicht, denn es gehörte zu seinen bedauernswerten Eigenschaften, in Gefühlsdingen einfach ein bisschen hilflos zu sein.

Voll banger Sorge, mein Vater könnte sich in der Zwischenzeit mit Tina zurückgezogen haben, eilte meine Mutter durch den Gang. Noch kannte sie seine Gewohnheiten nicht, sonst hätte sie gewusst, dass er es sich niemals nehmen ließ, laue Nächte an Deck zu verbringen, oft bis zum Morgengrauen. Ohne Tina.

Nonie Montague Browne nahm in einem der Sessel Platz. Ein Kellner trat näher, fragte nach ihren Wünschen. Mit etwas Sorge musterte sie Anthony, der erneut einen Brandy orderte, während sie beim Champagner blieb. Sie berührte behutsam seine Wange. »Hast du noch Schmerzen?« Statt einer Antwort verzog Anthony das Gesicht zu einer komischen Grimasse. Am Morgen hatte er wegen akuter Zahnschmerzen auf Capri einen Zahnarzt aufsuchen müssen, und die Schilderung des Instrumentariums, mit dem er dort behandelt worden war – ein vorsintflutlicher Pedalbohrer spielte eine zentrale Rolle –, hatte alle gegruselt. Während Nonie noch zögerte, ihre Zweifel zu äußern, ob Alkohol das richtige Gegenmittel für seine Schmerzen sei, erschien meine Mutter. Etwas ungelenk hob Nonie die Hand, als könnten sie übersehen werden, was natürlich nicht der Fall war, doch instinktiv spürte Nonie die Notwendigkeit, meiner Mutter eine besondere Einladung auszusprechen. Was für eine feinfühlige Frau! Tatsächlich bedurfte meine Mutter dieser Einladung, und zwar nicht aus Hochmut oder Stolz, wie es zur selben Stunde wieder in der Kabine von Diana Sandys vermutet wurde, sondern aus Unsicherheit – zwei Zustände, die zu gern verwechselt werden. Die Angst vor Ablehnung war so tief in meiner Mutter verwurzelt, dass sie erst da Zutrauen fasste, wo man ihr den Weg in einer Weise ebnete, die ihr nicht nur auf diesem Schiff, sondern vielerorts als Primadonnenhaftigkeit ausgelegt wurde. Dabei hatte sie einfach nur große, viel größere Furcht als jeder andere, nicht willkommen zu sein.

»Kommen Sie, leisten Sie uns Gesellschaft«, forderte Nonie sie auf und fragte sich im selben Moment, ob das überhaupt stimmte, ob meine Mutter es war, die ihnen Gesellschaft leistete, oder ob Anthony nicht doch recht hatte mit seiner Vermutung, dass es sich andersherum verhielt und sie hier vor allem saßen, damit Ari mit seiner Landsfrau, die eine ebensolche Nachteule wie er zu sein schien, stundenlang plaudern konnte, ohne dass es Anstoß erregt hätte.

»Ist Ihr Mann schon schlafen gegangen?«, fragte Anthony und erhob sich höflich.

»Ja, der Arme leidet noch immer an der Seekrankheit«, sagte meine Mutter, und Nonie fiel auf, dass sie ihre Lippen frisch geschminkt hatte. Amüsiert zwinkerte sie Anthony zu. Augenscheinlich stimmte seine Theorie.

»Im Gegensatz zu den Griechen und den Briten«, erklärte Anthony, »sind die Italiener auch niemals echte Seefahrer gewesen. Kein Wunder, dass sie es nicht vertragen.«

»Dafür vertragen sie capresische Zahnärzte«, warf Nonie ein, und alle mussten lachen.

»Grauenhaft …« Anthony schüttelte den Kopf. »Aber ich wollte eben einen wirklich authentischen Eindruck der Insel haben. Blaue Grotten besichtigen kann jeder beliebige Tourist.«

»Nein, das stimmt nicht.« Nonie stieß meine Mutter grinsend mit dem Ellbogen an. »Ich habe es ihm noch gar nicht erzählt.« Sie dämpfte ihre Stimme etwas. »Lady Clementine …«, sie musste wieder lachen, nahm einen Schluck Champagner und fuhr fort: »Also, Lady Clementine sitzt in diesem Boot, natürlich ganz aufrecht und würdevoll, sie wollte sich partout nicht hinlegen, als wir in die Grotte einfahren wollten, da ruft jemand ihr zu: ›Vorsicht, Oma, zieh den Kopf ein!‹ Er hat tatsächlich Oma gerufen. Sie war vollkommen indigniert, hat sich kein Stück bewegt, und sie wäre wirklich mit dem Kopf gegen den Grotteneingang gestoßen, wenn Diana sie nicht davor bewahrt hätte. Es war so komisch, aber wir durften natürlich auf keinen Fall lachen.« Sie sah meine Mutter an, die zur Bestätigung nickte.

In diesem Augenblick trat mein Vater mit dem Kapitän näher. »Es tut mir leid, dass ich euch habe warten lassen, wir hatten wichtige strategische Verhandlungen zu führen, immerhin steht unserem Freund Kostas bald ein gefährliches Manöver bevor, wenn er uns zwischen Skylla und Charybdis hindurchbringen muss.«

»Glücklicherweise haben wir Motoren statt Segel, und die See wird ruhig sein«, ergänzte der Kapitän. »Aber ich werde natürlich nach den Ungeheuern Ausschau halten. Doch bis dahin sind noch zwei Tage Zeit, vorher sollten Sie alle nach dem Stromboli Ausschau halten. Wenn es klappt wie vorhergesehen, werden wir ihn morgen in der Abenddämmerung passieren, es ist meist ein schönes Schauspiel.« Mit einer Verbeugung und einem kleinen Salut verabschiedete er sich. Mein Vater nahm Platz, erkundigte sich nach Anthonys Zahnschmerzen, aber Anthony ging nicht darauf ein. »Dem Boss ist es übrigens ein bisschen zu viel gewesen mit dieser Gracie Fields«, sagte er stattdessen. »Wie lange zum Teufel das noch dauere, hat er mich gefragt.«

Mein Vater hob die Hände in einer Geste der Machtlosigkeit. »Ich weiß, ich weiß, ich habe es gehört. Aber sie war ja nicht zu bremsen. Ich dachte, es macht ihm Freude.«

Nonie hätte währenddessen gern das Gesicht meiner Mutter gesehen, aber da sie neben ihr saß, gelang das nicht. Sie konnte nur ihre Hand beobachten, die auf ihrem Oberschenkel lag und sich nun anspannte, jeder Finger streckte sich, bis der Handrücken konkav wurde und die Fingerspitzen vom Stoff ihres Kleides abhoben. Für einen winzigen Moment spürte Nonie den Impuls, sie zu umschließen und zu streicheln, doch die Hand schien so unendlich fern.

»Oh, er hat sich durchaus gefreut«, hörte sie Anthony sagen. »Aber er wird älter, und ich fürchte, er hält auch beim Freuen mittlerweile nicht mehr so lange durch.« Damit erhob er sich. »Was heute Abend auf mich ebenfalls zutrifft. Ich bitte, mich zu entschuldigen, mein Gesundheitszustand erfordert etwas Ruhe.« Demonstrativ verzog er das Gesicht und legte sich die Hand an die Wange. Sein Blick traf dabei auf Nonies, und in stummem Einverständnis unterließ sie es, ihm zu folgen. Was sich als richtig erwies, denn mein Vater forderte sie prompt auf, noch zu bleiben. »Mit ihm kannst du jetzt ohnehin nichts anfangen«, sagte er lachend, und meine Mutter erschrak ein wenig und fragte sich, ob er es tatsächlich so meinte, wie er es sagte.

»Das ist wohl wahr«, sagte Nonie mit einem gespielten Seufzer, zwinkerte Anthony zu und griff nach ihrem Glas. »Champagner in eurer Gesellschaft ist sicher die bessere Alternative.« Sie prostete meiner Mutter zu: »Auf die kranken Ehemänner!«

Meine Mutter stieß mit ihr an. Ihr fiel auf, dass niemand nach Tina fragte. Sie spürte den Alkohol als wohlige Zufriedenheit, streckte einen Arm über die Rückenlehne der Bank aus, legte den Kopf in den Nacken, fühlte die warme Seeluft und hätte am liebsten ebenfalls geseufzt. Als sie den Kopf wieder senkte, bemerkte sie, dass mein Vater sie ansah, auf diese eindringliche Weise, die ihren Herzschlag beschleunigte. Noch viele Jahre später, eigentlich bis an ihr Lebensende, erinnerte sie sich an diesen Augenblick, und manchmal ärgerte sie sich rückblickend, so fasziniert von meinem Vater gewesen zu sein, dass sie ihm alles nachgesehen hatte, nicht nur den Auftritt jener Soubrette an diesem Abend, sondern vor allem das Geständnis, das er ihr und Nonie anschließend machte.

Er mache sich nichts aus Gesang, erklärte er. Aus keiner Art von Gesang, er könne einfach nichts damit anfangen. Schon in den Zwanzigern habe er seine Tickets für eine Vorstellung von Claudia Muzio verschenkt, die im Teatro Colón gesungen habe.

»Wie bitte? Du hast Tickets von Muzio verschenkt?«, rief meine Mutter entsetzt. »Wieso hast du sie dann überhaupt gekauft?«

»Ich habe sie nicht gekauft, sie waren ein Geschenk. Ihr müsst wissen, dass ich eine kleine Zigarettenmanufaktur in Buenos Aires unterhielt, unsere Zigaretten waren sehr beliebt, insbesondere bei den Damen.« Er sah die beiden Frauen an, mit diesem Lächeln, das auf meine Mutter unwiderstehlich wirkte. Er hätte auch die Geschichte eines Raubüberfalls erzählen können, sie hätte ihn begeistert angestrahlt. »Der Trick war«, fuhr er fort, »nicht nur den besten und mildesten Tabak zu verwenden, sondern Rosenblätter in die Mundstücke einzuarbeiten. Die Damen haben es geliebt! Eines Tages kam der Impresario des Teatro Colón zu mir, um eine Spezialanfertigung für Muzio zu bestellen. Ich mag zwar keinen Gesang, aber das heißt nicht, dass ich der Kunst keinen Respekt zolle, deswegen habe ich den Auftrag selbstverständlich ohne Bezahlung ausgeführt. Woraufhin das Theater sich mit Opernkarten revanchiert hat. Und die habe ich dann eben verschenkt.«

»Wie konntest du!«, rief Nonie und versuchte meinem Vater durch einen eindringlichen Blick klarzumachen, dass er gerade einen Fauxpas beging, doch meine Mutter war längst bereit, ihn sogar gegen sich selbst zu verteidigen.

»Ich sehe, wie geehrt ich mich fühlen muss, dass du immerhin meine Vorstellung besucht hast«, erklärte sie, jedoch ohne ihn anzusehen.

»Ich habe sie nicht nur besucht, sondern war auch sehr beeindruckt.« Er schenkte den Damen Champagner nach, er selbst trank Brandy.

Ein kurzes Schweigen entstand, bis Nonie plötzlich aufstand. »Ich habe Lust zu schwimmen. Kommt jemand mit?«

»Wir schauen dir zu«, sagte mein Vater prompt, ehe meine Mutter hätte antworten können.

»Gut. Ich hole nur rasch meinen Badeanzug.«

Für einen Moment blieben meine Eltern allein. Sie sahen sich an, nicht auf jene aufgeregte Weise, auf die sie es vorher getan hatten, sondern ruhig und ernst, beinahe prüfend. Dann streckte mein Vater die Hand nach ihr aus. Sie zögerte, legte schließlich ihre hinein. »So ist es eben«, sagte er auf Griechisch und sah sie weiter unverwandt an. Erst als sie Schritte hörten, ließen sie einander los.

»Ich hätte auch gern welchen«, hörte meine Mutter sich sagen und zeigte auf sein Glas. Sie spürte ihren Herzschlag. Kurz darauf hielt sie ebenfalls einen Brandy in der Hand – Churchills Lieblingsmarke –, ohne zu wissen, ob sie das tatsächlich wollte.

»Ich muss schon sagen«, erklärte Nonie, »dass es nicht das schlechteste Leben ist, das wir hier führen.« Sie legte das bedruckte Tuch ab, das sie sich wie ein Kleid um den Körper geschwungen hatte, setzte sich auf den Rand des Pools und ließ die Beine ins Wasser baumeln.

»Mein Bestreben ist es, dir nicht das schlechteste, sondern das beste Leben zu bieten«, antwortete mein Vater, stand auf und stellte sich an die Reling, forderte meine Mutter mit einer Kopfbewegung auf, ihm zu folgen.

»Ich glaube«, sagte er schließlich auf Griechisch, als

sie nebeneinanderstanden und aufs Meer sahen, »meine Großmutter ist schuld, obwohl sie es gut gemeint hat.«

»Deine Großmutter? Woran ist sie schuld?«

»An meiner Abneigung gegen Vokalmusik.« Er machte ein entschuldigendes Gesicht. »Es war ihr Lebenszweck, mich zu einem guten Christen zu erziehen, weswegen ich Chorknabe werden musste. Damit ich ein besonders guter Christ würde, musste ich sogar Vorsänger werden, dafür hat sie all ihren Einfluss geltend gemacht. Weißt du, was es für einen Zehnjährigen bedeutet, wenn er jeden Sonntag in ein goldenes Gewand gesteckt wird und stundenlang *Kyyyy-rüüiiee-eeeee-eeeeleeyyy-soooon* singen muss?« Er demonstrierte es mit solchem Tremolo, dass meine Mutter lachen musste.

»Oh Gott, Maria, geben Sie ihm Gesangstunden?«, rief Nonie amüsiert vom Pool herüber.

»Ich fürchte, das wäre zwecklos«, gab meine Mutter zurück, nippte an ihrem Brandy und sah in die Sterne hinauf.

»Also hat deine Großmutter dir den Gesang verleidet. Ich hoffe, nicht auch die Religion?«

Mein Vater schüttelte den Kopf. »Wer jahrelang geweihte Unterwäsche trägt, dem geht die Religion in Fleisch und Blut über.«

»Du trägst geweihte Unterwäsche?« Sie starrte ihn an.

»Auch geweihte Hemden.« Für einen Augenblick schaute er todernst. Erst als er zu lachen begann, begriff meine Mutter, dass er Spaß machte.

»Heute tue ich das natürlich nicht mehr«, erklärte er. »Aber als Knabe tatsächlich. Auch dafür ist meine Großmutter verantwortlich. Sie brachte regelmäßig einen Stapel meiner Kleidung in die Kirche, wo er zwei Wochen unter dem Altar lag und so viel Segnung abbekam, dass ich davon ganz durchtränkt wurde, sobald ich die Sachen anzog. Zuvor wurde ich allerdings gebadet und geschrubbt, bis alles wehtat und ich die Reinheit in Person war.«

»Faszinierend«, sagte meine Mutter und stellte sich einen Altar vor, unter dem sich die Wäsche Dutzender Kinder häufte. »Ich wusste nicht, dass es üblich ist, Wäsche in die Kirche zu bringen. Aber ich bin ja nicht in Griechenland aufgewachsen.«

Mein Vater sah sie von der Seite an. Allmählich erkannte er, dass sie zuweilen von einer Naivität war, die ihn rührte. »Soweit ich weiß, ist das auch in Griechenland nicht üblich. Aber meine Großmutter fand immer neue Wege, Gott noch näher zu kommen als alle anderen. Auch wenn sie im Gegenzug heimlich unsere ganzen Lebensmittelvorräte an die Kirche spenden musste.«

»Ach herrje.« Jetzt endlich hatte meine Mutter ein so deutliches Gespür für die Person meiner Urgroßmutter bekommen, dass sie sie auf der Bühne hätte darstellen können, und konnte endlich lachen. »Was hat deine Mutter dazu gesagt?«

»Nichts«, antwortete mein Vater knapp, zog an seiner Zigarre und blies den Rauch in die Nachtluft hinaus. »Sie ist gestorben, als ich sechs war.«

»Oh, das tut mir leid«, sagte meine Mutter, und beim Anblick der Traurigkeit, die ihn auf einmal umgab, spürte sie Wehmut. Was hätte sie dafür gegeben, eine Mutter zu haben, die solcher Trauer wert war! Ihr war danach, meinen Vater zu berühren, ihre Hand auf seinen Arm zu legen, noch lieber, seine Hand zu nehmen, stattdessen sah sie sich verstohlen nach Nonie um, die ausgestreckt im Wasser lag und in den Nachthimmel schaute. »Also sind wir beide ohne Mutter groß geworden.«

Mein Vater sah sie fragend an. »Aber deine Mutter lebt doch noch.«

»Sie war nie eine Mutter. Eine Mutter liebt ihr Kind.«

»Was macht dich so sicher, dass sie dich nicht liebt? Vielleicht kann sie es einfach nicht zeigen.«

»Meine Mutter?«, fuhr sie auf. »Oh, die zeigt sehr deutlich, was sie liebt und was nicht. Mich jedenfalls nicht.« Sie griff nach ihrem Brandy und nahm einen tiefen Schluck. »Deswegen habe ich sie seit fast zehn Jahren nicht mehr gesehen. Das letzte Mal in Mexiko.«

»Was ist geschehen?«

»Willst du es wirklich hören?«

»Hör zu, Maria: Ich interessiere mich für dich.« Er sah ihr fest in die Augen. »Ich will alles von dir wissen, verstanden? Erzähl es mir.«

»Nun gut. Also … Ich war für zwei Monate zu einem Gastspiel in Mexiko-Stadt und hatte sie eingeladen, mich zu begleiten, ich dachte, es würde ihr guttun, mich auf der Bühne zu erleben, zu sehen, dass ihr Wunsch in Erfüllung gegangen ist, ich dachte … ja, vielleicht würde es unser Verhältnis ändern.« Sie atmete tief, ehe sie kopfschüttelnd weitersprach. »Während der ganzen Zeit fehlte es ihr an nichts – sie war erstklassig untergebracht, ich habe alles für sie bezahlt und ihr fast meine gesamte Gage überlassen, war mit ihr einkaufen und habe ihr Kleider und einen Nerzmantel geschenkt, das ist ja nicht gerade wenig, oder?«

Mein Vater, der ihr aufmerksam zuhörte, schüttelte zustimmend den Kopf.

»Ja, gut, sie hat meine Wäsche gewaschen, was während der *Aida* nicht ganz einfach war, weil die schwarze Schminke überall … Ach, was rede ich, sie wollte es ja tun, unbedingt. Später hat sie sich darüber beschwert. Aber damals, in Mexiko, steht sie eines Abends plötzlich da und zeigt auf die beiden Brillantringe, die Battista mir ein Jahr zuvor zu unserer Hochzeit geschenkt hat. Zur Hochzeit, wohlgemerkt. Und weißt du, was sie sagt? Ich solle ihr einen davon für meine Schwester abgeben. Das ist doch unfassbar! Oh, ich war so wütend. Wenn Jackie solche Ringe will, habe ich gesagt, dann soll sie etwas dafür tun, wie ich auch. Sie soll arbeiten oder sich einen Mann suchen, der sie heiratet und beschenkt.« Meine Mutter atmete laut aus. »Aber damit nicht genug. Ein paar Tage später – ich hatte ihr, wie gesagt, bereits einen Pelzmantel gekauft –, da bleibt sie in der Stadt vor einem Geschäft stehen, zeigt auf eine Nerzstola und sagt, ich solle die für Jackie kaufen. Da hat es mir gereicht.«

»Wovon lebt deine Schwester?«, fragte mein Vater.

»Sie ist mit Milton Embirikos liiert.«

»Der Embirikos?«

»Genau der. Sie hat zwar in Athen ein Diplom als Sekre-
tärin gemacht, doch nachdem sie ihn kennengelernt hatte,
war von Arbeit nie wieder die Rede. Ach ja, und auf einer
Mannequinschule war sie auch, in New York. Ich erinnere mich noch, wie sie im Wohnzimmer herumstolziert ist
und mir ihre Schritte vorgeführt hat …«

»Die Embirikos haben, soweit ich weiß, im Börsencrash
ziemlich viel verloren, aber ein Ring für deine Schwester
sollte noch drin sein.«

»Ich vermute, sie lebt sehr gut an seiner Seite.« Meine
Mutter hob die Schultern. »Aber geheiratet hat er sie wohl
bis heute nicht.«

»Warum nicht?«

»Seine Familie ist anscheinend dagegen.« Sie hielt inne,
biss sich auf die Unterlippe. Dachte daran, dass auch ihre
Ehe beinahe am Widerstand von Battistas Familie ge-
scheitert wäre, als liege ein Makel auf den Töchtern der
Familie Kalogeropoulos. Doch im Gegensatz zu Milton
Embirikos hatte Battista zu seiner Wahl gestanden, hatte
sich seinen Anteil der Firma ausbezahlen lassen und sich
fortan ihrer Karriere verschrieben. Ein Umstand, für den
sie seinerzeit eine so große Dankbarkeit empfunden hatte,
dass sie Battista mit Liebeserklärungen geradezu überhäuft hatte. Und während sie mit meinem Vater an der
Reling stand und auf den sich allmählich über das Schiff
hinwegbewegenden Mond sah, wurde ihr plötzlich in nie

dagewesener Klarheit bewusst, dass ihre Ehe genau davon zusammengehalten wurde: Dankbarkeit. Wann aber war der Zeitpunkt gekommen, da die Verhältnisse gekippt waren und Battista hätte anfangen müssen, ihr dankbar zu sein? Sie atmete tief durch.

»Wie auch immer«, fuhr sie schließlich fort. »Meine Mutter scheint aus irgendeinem Grund der Ansicht zu sein, dass ich meiner Schwester den Lebensunterhalt schulde. Und nicht nur meiner Schwester.«

»Ach, vielleicht ist es Neid«, sagte mein Vater. »Vordergründig neiden sie dir das Geld, das du verdienst, aber ich weiß aus Erfahrung, dass es dabei nie um Geld geht, sondern darum, wofür es steht: Ruhm, Erfolg, Anerkennung, Aufmerksamkeit. Die wenigsten Menschen können offen und neidlos mit dem Erfolg anderer umgehen.«

Meine Mutter, wieder ihre Unterlippe zwischen den Zähnen, nickte leise. Eine Weile sahen sie schweigend auf das Wasser und den noch schmalen Streifen Mondlicht, der nun vor dem Schiff lag und für den es im Griechischen ein Wort gibt, Antiféngisma, und für einen Moment umschlossen sich ihre Hände.

Die Dinge wären leichter für meine Mutter gewesen, wenn sie ihren Wahrheiten auch die Wahrheit meiner Tante Jackie hätte hinzufügen können, doch von der erfuhr sie erst viel, viel später.

Das Lebensgefühl meiner Großmutter Evangelia Callas war geprägt von der tiefen Überzeugung, dass alle Welt ihr etwas schuldig sei. Insbesondere ihre Töchter. Letztlich betrachtete sie jeden Menschen, mit dem sie zu tun hatte, unter dem Aspekt seines Nutzens, vor allem des monetären, den sie aus ihm ziehen konnte, und da sie zu denen gehörte, die durch nichts zufriedenzustellen waren – nicht einmal der Reichtum meines Vaters hätte ihr Genugtuung verschaffen können –, hörte sie niemals auf, Forderungen zu stellen. Ganz nebenbei wuchs mit der Zeit ihr Zorn auf all jene, die diese Ansprüche nicht erfüllten, ins Unermessliche. Hätte sie diesen Zorn gegen sich selbst gerichtet, so wäre sie der viel zitierten Aufforderung meiner Mutter, sich aus dem Fenster zu stürzen, vermutlich sofort nachgekommen. Aber das ist eine andere Angelegenheit.

In der Tat wurde meine Mutter, sobald sie als Sängerin erfolgreich war, bevorzugtes Angriffsziel dieser Forderungen, zumal die Höhe ihrer Abendgagen in den Gazetten breitgetreten wurde. Zuvor aber, während all jener Jahre, in denen von Erfolg noch nichts zu ahnen war, hatte meine Großmutter sich an meine Tante Jackie gehalten. Im Unterschied zu meiner Mutter war Jackie zu einfältig gewesen, sich zu wehren.

Als Evangelia Callas im Februar 1937 mit ihren Töchtern nach Europa zurückkehrte, hatte sie den Status und den Wohlstand ihrer griechischen Herkunftsfamilie ins Unermessliche fantasiert, was zwangsläufig zu einer Ernüchterung führen musste. Aufgedonnert und mit riesiger Feder am Hut traf sie in Athen ein, und die in Wirklichkeit ziemlich bodenständige Familie war von diesem Aufzug keineswegs so beeindruckt, wie meine Großmutter es beabsichtigt hatte, sondern hoffte, dass die exaltierte, unaufhörlich von ihren ambitionierten Plänen plappernde Verwandte möglichst bald wieder nach Amerika verschwinden würde. Es dauerte nicht lange, und meine Großmutter überwarf sich so gründlich mit dem Rest der Familie, dass sie für sich und ihre Töchter eine eigene Bleibe finden musste. Da meine Mutter mittlerweile am Athener Konservatorium untergekommen war und sich die Onkel und Tanten überdies nicht als vermögend erwiesen hatten und also zu nichts mehr nutze waren, verschmerzte meine Großmutter diesen Bruch leichten Herzens und mietete ein Apartment in der Athener Innenstadt. Mein Großvater jedoch, der versprochen hatte, monatlich Geld aus New York zu schicken, erkrankte an einer Lungenentzündung, geriet seinerseits in Schwierigkeiten, und seine Zahlungen blieben aus, sodass meine Großmutter außerstande war, Möbel zu kaufen, und die drei Frauen sich gezwungen sahen, auf dem Fußboden zu schlafen.

»Ist dir eigentlich klar, dass wir kein Geld mehr haben?«, sagte meine Großmutter eines Tages vorwurfsvoll zu meiner Tante und wies durch die leere Wohnung. »Dein nichtsnutziger Vater drückt sich vor unserem Unterhalt. Zum Glück bekommt deine Schwester wenigstens ihre Gesangstunden umsonst, aber dein Sekretärinnenkurs bringt nicht das Geringste ein.«

»Sobald ich mein Diplom habe, werde ich Geld verdienen und ...«

»Bis dahin sind wir verhungert. Wir brauchen sofort Geld!«

»Ach, Mutter, bitte, dann lass uns doch einfach zum amerikanischen Konsulat gehen«, flehte meine Tante, die nichts lieber wollte als zu ihrer Schulfreundin und in ihr altes Leben zurück. »Wir sind noch innerhalb der Frist, können nach New York zurückkehren und uns wieder einbürgern lassen.«

»Ja, soll ich etwa Marias Gesangstunden aufgeben? Kannst du immer nur an dich denken? Maria braucht diesen Unterricht, und du bist die Einzige, die helfen kann.«

»Ich? Aber wie soll ich denn …?«

»Na, Milton! Dein kostbarer Freund. Er stammt aus einer der wohlhabendsten Familien des Landes.«

»Um Gottes willen, nein, Mutter, das kann ich nicht tun. Wir sind nur Freunde, kennen uns kaum, ich bin erst ein paarmal mit ihm ausgegangen, ich kann ihn unmöglich um Geld bitten.«

Meine Großmutter hob die Schultern, ließ das Thema scheinbar fallen, doch in den folgenden Tagen nötigte sie meine Tante so beharrlich, dass Jackie sich schließlich hinreißen ließ und Milton Embirikos, den sie bisher nur einmal halbherzig geküsst hatte, unter Tränen ihre Situation gestand. Wenige Tage später wurden Möbel und Lebensmittel geliefert und ein Dienstmädchen engagiert. Es sollte nicht das letzte Mal sein, dass meine Großmutter auf diese Weise mit meiner Tante verfuhr, und wann immer sie es tat, tat sie es mit dem ausdrücklichen Hinweis, dass es der Ausbildung meiner Mutter diene.

Mein Vater liebte die Sommernächte auf See, und er liebte es, das Dinner leger an Deck einzunehmen. Doch wenn Sir Winston an Bord der *Christina* war, fand das Abendessen stets im Inneren des Schiffes in der eleganten, wenn auch etwas steifen Atmosphäre des Speisesaals statt. So auch am Abend des 26. Juli. Es war ein wunderschöner Tag gewesen, sie hatten das tyrrhenische Meer Richtung Süden durchkreuzt, hatten am Pool gesessen und die Sonne genossen, und da mein Vater seine Gäste wieder an Deck haben wollte, sobald sie den Stromboli erreichten, bat er schon am späten Nachmittag zum Cocktail. Die Sonne stand noch hoch über dem Meer, und meine Mutter trug ein schulterfreies Kleid, aber als sie sich über die breite Wendeltreppe nach unten begab – sie war schon ein bisschen beschwipst vom Champagner und hielt sich deswegen am Geländer fest, das übrigens ganz aus Onyx war –, schlug ihr aus dem Speisesaal eine solche Kälte entgegen, dass sie fröstelte. Nicht nur dass meine Mutter an sich äußerst ungern fror, sie fürchtete – wie jeder Sänger dieser Welt das verständlicherweise tut – ihrer Stimme wegen die Kälte. »Huh, das ist ja ein Eisschrank hier«, entfuhr es ihr, und sie bat darum, die Klimaanlage auszustellen. Der angesprochene Kellner machte ein hilfloses Gesicht, verbeugte sich höflich und verschwand, ohne dass es wärmer geworden wäre.

Vielleicht lag es an der Temperatur, vielleicht an Lady Clementines Pelzstola, die sie während des gesamten Essens nicht ablegte, vielleicht aber auch an dem mit 24-karätigem Gold verzierten Sèvres-Porzellan, dass meiner Mutter plötzlich weihnachtlich zumute wurde. Da die *Christina* am kommenden Tag durch die Straße von Messina in griechische Gewässer einfahren würde und Churchill daher begann, von seinen Kriegserlebnissen diese Meerenge betreffend zu erzählen, musste meine Mutter an die Weihnachtstage 1944 denken. Jäh fühlte sie sich in jenen Nachmittag zurückversetzt, da sie Churchill, den Retter der Nation, im offenen Wagen durch Athen hatte fahren sehen, die Hand zu seinem berühmten Victory-Zeichen erhoben, und als ihr bewusst wurde, dass exakt jene Hand nun neben ihr auf dem Damast lag, überkam sie eine so überwältigende Sentimentalität, dass sie nach ihr griff.

»Ach, Sir Winston, dass wir beide nun gemeinsam dorthin reisen – Sie wissen gar nicht, wie sehr mich das bewegt …«

Sir Winston musterte verblüfft die fremde Hand auf seiner, sah dann zu meiner Mutter, als versuche er, eine Verbindung zwischen der Hand und der Frau herzustellen. »Wohin?«, fragte er verwirrt.

»Nach Athen.« Sie sah ihn mit dramatischem Blick an. »Ach, es waren so schwere Zeiten dort …«

Da fiel ihm ein, dass sie Griechin war, und endlich begriff er, was sie wollte – Athen ’44 –, und er dachte seinerseits an jene Weihnachtstage, die er überstürzt dort hatte verbringen müssen, um die Griechen vor sich selbst zu retten, nachdem er sie kurz zuvor vor den Deutschen gerettet hatte.

»Wenn Sie nicht gewesen wären, Sir Winston …«

»Jaja«, murmelte er nickend, »dann wären Sie jetzt nicht hier, Madame, sondern hinter dem Eisernen Vorhang.«

Hätte er aufgesehen, so hätte er Lady Clementines strengen Blick bemerkt – sie war zwar alles andere als entzückt von meiner Mutter, doch solche Dinge musste er nun wirklich nicht zu ihr sagen. »Waren Sie denn in Athen damals?«, fragte Lady Clementine freundlich, um abzulenken.

»Oh ja«, antwortete meine Mutter. »Unser Haus lag inmitten der Kampfzone, über zwei Wochen haben wir uns dort versteckt gehalten, ohne Licht, um nicht entdeckt zu werden. Nur meine Mutter und ich, ganz allein, wir hatten fast nichts mehr zu essen, wären beinahe verhungert. Mehr als einmal ist das Haus unter Sperrfeuer genommen worden …« Sie hielt inne, noch immer spürte sie Beklemmungen, wenn sie an die Maschinengewehrsalven dachte, die in die Fenster eingeschlagen waren. »Der Käfig unserer Kanarienvögel stand am Fenster … Es waren drei, Stephanakos, Elina und David …« Tränen stiegen in ihre Augen, und sie umschloss Churchills Hand fester. »Es hat uns damals so viel bedeutet, dass Sie kamen, es war ja Weihnachten, ich werde das nie vergessen, ich habe Sie selbst gesehen, ich bin Ihnen so dankbar, ich stand auf dem Syntagma-Platz, vor dem Grande Bretagne Hotel …«

»Das damals unser Headquarter war«, erklärte Churchill der Runde. Und das ums Haar auch nicht mehr da wäre, aber das sagte er nicht laut, denn er hatte Clemmie immer verschwiegen, dass die Kommunisten das Gebäude beinahe in die Luft hatten fliegen lassen und nur seine Anwesenheit das verhindert hatte.

Meine Mutter hielt ihm ihr Glas entgegen. »Auf meine Rettung, Sir Winston«, und Churchill erhob irritiert das seine. »Auf meine Rettung«, sagte sie lauter, über den Tisch hinweg, doch niemand reagierte, Diana Sandys sah sie nur mit spitzen Lippen an. Da erhob sich mein Vater rasch und bat alle an Deck, um in der Dämmerung den Vulkan zu beobachten.

Der Stromboli ist der einzige Vulkan der Erde, der praktisch ständig aktiv ist. Wann immer mein Vater auf seinem Schiff in die Nähe der Insel gekommen war, hatte er kleine Eruptionen beobachten können, was in der Dämmerung besonders hübsch aussah. An diesem Abend jedoch schien der Vulkan zu schlafen. Nicht einmal eine Rauchwolke war über dem Schlot zu sehen. Also erzählte mein Vater, um seine Gäste zu unterhalten, von Odysseus, der auf seiner Heimreise nach Ithaka ebenfalls den Stromboli umkreist hatte. Er erzählte von dem großen Ausbruch 1930, als die herabströmende Lava einen Teil der Weinreben der Insel verbrannt hatte, sodass man den Weinbau dort aufgegeben hatte, und er erzählte, welch ein Segen es für die bettelarme Bevölkerung gewesen sei, dass nach dem Krieg Roberto Rossellini dort einen Film gedreht hatte, seither kämen Touristen. Doch wie lange er auch redete, der Vulkan blieb still. Mittlerweile war es fast dunkel geworden. Da rief mein Vater, für den Aufgeben keine Option war, dem Berg kurzerhand seinen Befehl zu: »Los, zeig uns, was du kannst!« Und damit der Vulkan ihn auch hörte, ließ er die Schiffssirene aufheulen. Just in diesem Augenblick geschah es: Ein Glühen erleuchtete den Gipfel des Vulkans, wurde heller, und schließlich stieg eine Fontäne aus Lava auf und ergoss sich über den Rand des Kraters. Mein Vater erschrak. Er war ein modern denkender Mensch, umgab sich mit der neuesten Technik, vertraute der Wissenschaft, und war doch im Grunde seines Herzens vollkommen abergläubisch. Instinktiv warf er meiner Mutter einen Blick zu und sah, dass sie sich bekreuzigte.

»Du bist blass«, sagte er kurz darauf leise zu ihr und blieb an der Reling stehen, von wo aus sie den Ausbruch beobachtet hatten, während sich die anderen wieder zu den Sesseln begaben. Meine Mutter antwortete mit einem vielsagenden Seufzer. »Es war ein bisschen viel heute, all die Gespräche über Griechenland, das erinnert mich an Dinge, die dort geschehen sind und an die ich gar nicht erinnert werden möchte. Und nun noch der Vulkan ...«

»Ja, die Erinnerungen ... Ich weiß genau, wovon du sprichst. Es gibt Gedanken, denen nähert man sich nicht gern. Was du heute erzählt hast ...« Er schwieg eine Weile.

»Weißt du eigentlich, Maria, dass außer uns beiden hier niemand über solche Erinnerungen verfügt?« Mit einer Kopfbewegung deutete er in Richtung der anderen Passagiere, die hinter ihnen in den Sesseln saßen. »Keiner von denen hat je wirklich Hunger gelitten oder um sein Leben fürchten müssen, vermutlich nicht einmal der alte Herr. Soweit ich weiß, hat er im schlimmsten Manöver noch stets seinen Champagner bekommen. Oder Tina ... Sie war zu jeder Zeit ihres Lebens behütet und beschützt und von Luxus umgeben. Sie ist eine wunderbare Frau, aber sie hat nicht die geringste Vorstellung davon, was es bedeutet, durch die Hölle zu gehen.«

Meine Mutter schwieg eine Weile nachdenklich. »Smyrna war deine Hölle, nicht wahr?«

Er nickte, während man die anderen im Hintergrund lachen hörte. »Es sind keine schönen Erfahrungen, doch wer sie gemacht hat, unterscheidet sich für immer von den anderen. Aber ...«, er reichte meiner Mutter auffordernd das Glas, das sie auf einem Bord neben sich abgestellt hatte, und prostete ihr zu. »Diese Zeiten sind vorüber, Maria, jetzt fahren wir unter ganz anderen Bedingungen in die Heimat.«

Meine Mutter teilte sein Lächeln nicht. »Ach, Aristo, der Krieg mag vorüber sein, doch meine Erfahrungen in der Heimat sind nicht besser geworden.«

»Wie meinst du das?«

»Ach, es war vorletztes Jahr. Man hat mich gebeten, am Athen-Festival teilzunehmen, und ich habe mich wirklich sehr gefreut, schließlich war ich zwölf Jahre nicht mehr in Griechenland. Ich habe sofort zugesagt, obwohl ich in der Woche eigentlich Urlaub geplant hatte, aber es war mir wichtig. Es ist schließlich meine Heimat.« Sie atmete tief. »Dann kam der Vertrag, und ich sollte die Höhe meiner Gage einsetzen.« Sie sah meinen Vater auffordernd an. »Sag mir, Aristo, was hättest du getan, welchen Betrag hättest du eingesetzt?«

»Gar keinen, ich hätte meinem Land ein Geschenk gemacht.«

»Siehst du, genau das habe ich getan. Und weißt du, was dann geschah? Sie waren beleidigt. Das Festival habe keine Almosen nötig.«

»Die griechische Wirtschaft hätte derzeit ein bisschen weniger Stolz nötig«, entgegnete mein Vater kopfschüttelnd.

Meine Mutter hob die Schultern. »Du sagst es. Aber wie sie wollen, dachte ich, und habe denselben Betrag eingesetzt, den auch die Met bezahlt. Und die zahlen nicht besonders gut, musst du wissen. Daraufhin hieß es, ich sei maßlos. So geht es mir seit Jahren, Aristo: Ich gebe alles, versuche es jedem recht zu machen, erledige meine Arbeit besser und gewissenhafter als jeder andere, doch egal, was ich tue, es endet in einem Skandal. Das Leben meiner Opernheldinnen ist nichts im Vergleich zu meiner eigenen Tragödie.« Sie atmete tief durch, und mein Vater, der von den Opernheldinnen meiner Mutter nur die *Medea* kannte, beschloss zu schweigen.

»Aber es kam noch schlimmer«, erklärte meine Mutter. »Ich war gesundheitlich so angeschlagen, dass mein Arzt mir dringend von weiteren Auftritten abriet. Und er hatte recht, ich konnte einfach nicht mehr. Also habe ich Athen schweren Herzens um ein paar Tage verschieben müssen.« Sie sah meinen Vater eindringlich an. »Ich hätte einfach nicht singen können, verstehst du? Und was haben sie daraufhin getan? Nichts. Das Konzert war ausverkauft, aber sie haben einfach nicht annonciert, dass es verschoben würde. Ich weiß nicht, warum. Erst am Abend des Konzerts wurden die Gäste gebeten, wieder nach Hause zu gehen. Sie waren völlig aufgebracht. Und rate, an wen sie ihren Zorn adressiert haben?« Ohne eine Antwort abzuwarten, sprach sie weiter. »Ich bekam hässliche Briefe mit Beschimpfungen und Beleidigungen, natürlich anonym. In der Woche darauf bin ich dann aufgetreten, und es war fürchterlich. Du kannst dir nicht vorstellen, wie es ist, vor ein Publikum zu treten, das dich hasst.«

»Oh doch, Maria, das kann ich. Sehr gut.«

»Aber du hast niemals singen müssen!«

»Nein, dann wäre das Publikum erst recht aufgebracht gewesen.«

Sie sah ihn an, sah ihn grinsen und wusste nicht, ob sie lachen oder weinen sollte.

»Aber nach dem Konzert haben sie dich nicht mehr gehasst, oder?«

»Nein, ich bekam großartige Ovationen, aber ich kann das alles dennoch nicht vergessen. Ich bin kein Mensch, der so etwas leichtnimmt oder leicht vergisst. Und es war ja nicht das erste Mal ... Ach, das sitzt alles so tief. Die Wahrheit ist, dass ich zu viele solcher Erinnerungen an Griechenland habe. Ich ... Ach, Aristo, um ehrlich zu sein, habe ich Furcht, dass mich das alles einholt, wenn wir morgen dorthin zurückkehren.«

»Umso wichtiger ist es, davon zu erzählen. Erzähle es mir. Mir und dem Wind. Du weißt doch: Der Wind verweht es.«

Sie sah ihn an, ein Gefühl von Geborgenheit erfüllte sie, und am liebsten hätte sie sich an seine Schulter gelehnt, stattdessen tauschten sie nur einen langen, sehnsuchtsvollen Blick aus. »Es fing ja schon viel früher an«, fuhr sie schließlich fort. »Im Krieg, da haben alle nur versucht zu überleben, jeder auf seine Weise. Ich erhielt eine Anstellung an der Athener Oper, das war sozusagen unser Familieneinkommen, denn weder meine Mutter noch meine Schwester hielten es für zumutbar zu arbeiten. Und ja, natürlich haben während der Besatzung die Deutschen die Oper geleitet, wer sonst, und sie haben das Repertoire ausgewählt, ihr deutsches Repertoire, aber es gab immerhin eine Oper, und ich bin Künstlerin, also habe ich um der Kunst willen gesungen, damit habe ich mich auf meine Weise gerettet, verstehst du? Mit Kunst zu überleben ist leichter als ohne.« In ihrer Erinnerung tauchten Bilder auf von jenen Inszenierungen, *Tosca* hatte sie gesungen – unter italienischer Besatzung, denn zuerst hatte Mussolini Griechenland besetzt –, später *Fidelio* und *Tief-*

land; die Gedanken meiner Mutter schweiften durch die Zeit, und sie war unschlüssig, was sie meinem Vater alles erzählen sollte, erzählen konnte, wo ihn die Oper doch kaum interessierte. Sie dachte auch an die abendlichen Besuche der Soldaten in ihrer Wohnung – erst Italiener, dann Deutsche –, die Lebensmittel gebracht hatten, um meine Mutter singen zu hören, während Tausende von Athenern in dieser Zeit tatsächlich verhungert waren.

»Wie dem auch sei – kaum dass die Deutschen raus waren, wurde ich aus der Kompanie entlassen, und weißt du, mit welcher Begründung? Weil ich mit den Deutschen kooperiert hätte. Meine Güte, ich habe einfach meine Arbeit gemacht, wie meine Kollegen übrigens auch, ich habe gesungen, was hätte ich tun sollen? Mich verweigern? Man kann sich vorstellen, was dann mit mir geschehen wäre … Aber letztlich ging es darum gar nicht. Sie wollten mich loswerden. Ja, es war Neid, wie du gesagt hast. Ich war blutjung, hatte grandiose Erfolge, das kam im Ensemble nicht gut an. Mein Gott, was immer ich tue, im besten Ansinnen, es richtet sich am Ende gegen mich!«

»Alles lässt sich ändern, Maria. Die guten Dinge geschehen da, wo ihnen der Weg bereitet wird.« Mein Vater sah sie aufmerksam an. Etwas Schweres, Bedrücktes umgab sie, das er bereits während ihrer ersten Begegnungen bemerkt hatte, auch wenn es inmitten rauschender Feste weniger auffällig gewesen war als jetzt, und er verspürte den dringenden Wunsch, ihr zu helfen, sie ins Licht zu ziehen, in jene helle Leichtigkeit, in der er sein Leben verbrachte, seit er denken konnte, oder vielmehr, seit er denken wollte. Eine Helligkeit, die er für eine Eigenschaft hielt, tatsächlich war sie nur die Fähigkeit, derselben Schwere zu entfliehen, die er bei meiner Mutter sah. Der Schwere, die sein Leben ebenso prägte wie das ihre, nur dass mein Vater besser im Davonlaufen war.

Während meine Großmutter mütterlicherseits Ende der Dreißigerjahre mit ihren Töchtern von New York nach Europa zurückgekehrt war – allein das schon eine grandiose Idee, doch für weltpolitische Ereignisse interessierte meine Großmutter sich herzlich wenig –, hatte mein Vater den entgegengesetzten Weg eingeschlagen und die Kriegsjahre auf sehr angenehme Weise in Amerika verbracht. Die Schiffe, mit denen er erst wenige Jahre zuvor seinen Status als Reeder begründet hatte, vercharterte er gewinnträchtig an die Alliierten, vergnügte sich derweil in den Nachtklubs von New York und genoss die Tage an den schönsten Stränden der Ostküste. Bereits als sehr junger Mann, damals auf dem Weg nach Argentinien, hatte er die Entscheidung getroffen, sich auf der Sonnenseite des Lebens aufzuhalten. Jeder war seines Glückes Schmied, und wer dumm genug war, sich mit dem Schatten zufriedenzugeben, der hatte es nicht besser verdient. Meine Mutter jedoch, das spürte er immer deutlicher, war ein Sonderfall. Sie gab alles, mit einer Zähigkeit, die ihm imponierte, die aber an Verbissenheit grenzte, und er spürte auch, dass es genau diese Zähigkeit war, die sie spröde wirken ließ und ihre Flügel lähmte. Sie hatte ganz offensichtlich kein Talent zum Glücklichsein. Und auf einmal wusste er intuitiv, was er zu tun hatte: Er würde sich selber glücklich machen, indem er meine Mutter zum Glücklichsein verführte. Dass Verführung dabei eine Rolle spielte, machte die Sache noch angenehmer für ihn.

Dass Verführung im Spiel war, sah auch Tina, die sich inmitten der anderen Gäste so platziert hatte, dass sie meine Eltern unauffällig im Auge behalten konnte. Was sie sah, war nichts Neues, seit jeher machte mein Vater seinen weiblichen Gästen den Hof, aber das hier, das war etwas anderes, zutiefst Griechisches, und schon deswegen war es Tina suspekt. Und während meine Eltern, tief versunken in ihr Gespräch, meiner Zukunft den Weg bereiteten, erhob sich Tina aus ihrem Korbsessel, verabschiedete sich mit einem kleinen Winken von ihren Gästen und trat hinter meine Eltern. »Gute Nacht, meine Liebe«, sagte sie und legte meiner Mutter eine Hand an den Oberarm. Jeder, der sie dabei beobachten konnte, hätte bestätigt, dass sie es lächelnd und mit vollendeter Liebenswürdigkeit tat. Dabei markierte Tina mit dieser Geste nichts anderes als ihren Kriegseintritt. Sie hatte keine Lust, dieser Sängerin auch nur das kleinste Stück ihres Terrains zu überlassen.

Es wird Zeit, über Tina zu reden, immerhin war sie die Frau meines Vaters und die Mutter meiner Geschwister, und sie hatte mir, bis zu diesem Zeitpunkt, nichts getan, doch natürlich beziehe ich, angesichts des sehr kurzen Kriegs, den sie in jenen Tagen auf der *Christina* gegen meine Mutter geführt hat, Position.

Es war ein stiller, sehr weiblicher Krieg, der sich, gleichwohl er deutliche Spuren hinterließ, niemals beweisen ließ. Ein Krieg zwischen zwei Gegnern, die schon auf den ersten Blick kaum unterschiedlicher hätten sein können: Tina, oder korrekt Athina Onassis, geborene Livanos, später geschiedene Onassis, noch später geschiedene Spencer-Churchill und schließlich verstorbene Athina Niarchos, war zwar nur wenig jünger und kaum kleiner als meine Mutter, wirkte neben ihr dennoch wie ein Püppchen neben einer Matrone, zumindest solange meine Mutter kein Abendkleid trug, das ihre schweren Beine und großen Füße kaschiert hätte. Denn obwohl meine Mutter sich zu einer Wespentaille schlankgehungert hatte, war das Schwere, Massive ihres Körpers geblieben, zumindest von der Hüfte abwärts, heavy bones, wie Diana Sandys festzustellen pflegte. Tinas blondes Haar und ihre niedliche kleine Nase taten ein Übriges, sodass sich, vor allem für die Churchill-Damen, ein Bild ergab, das in deren klischeehaftes Weltbild bestens passte: die zarte, blauäugige Elfe gegen die große Dunkle mit der Hakennase. Wäre dies ein klassisches Märchen gewesen, so stünde außer Frage, wer welche Rolle besetzt hätte.

Doch es waren keineswegs nur Äußerlichkeiten, durch die sie sich unterschieden: Auch in ihren Wesen waren sie gegensätzlich, wobei allem äußeren Anschein zum Trotz

Tina die Robustere von beiden war, zumindest bis zu jenem Zeitpunkt im Sommer 1959, da Tinas Seele noch keinerlei nennenswerte Blessuren kannte und sie überdies überzeugt war, weiterhin ein Leben zu führen, in dem solche Blessuren nicht vorgesehen waren.

Athina Livanos war in eine wohlhabende und angesehene griechische Reederfamilie hineingeboren worden, in England, Frankreich und an der amerikanischen Ostküste aufgewachsen und hatte die Ausbildung der dortigen Upperclass genossen. Sie kannte die Regeln, wusste in jeder Situation, wie sie sich zu benehmen und vor allem, wie sie die Contenance zu wahren hatte, und so ergab es sich ganz natürlich, dass die Churchill-Damen sie, wenn auch nicht als ihresgleichen, so doch als respektabel betrachteten, ganz im Gegensatz zu meiner Mutter, deren Regeln aus einer vollkommen anderen Welt stammten, einer Welt, deren Existenz man in diesen Kreisen nur am Rande zur Kenntnis nahm.

Mein Vater war bereits vierzig, als er Athina heiratete. Nicht dass er sich zuvor für keine Frau interessiert hätte, das Gegenteil ist der Fall, aber das war nicht die Art von Frauen, die er zu heiraten gedachte. Mein Vater hatte ein Faible für schöne, selbstbewusste, autarke Frauen – das war seine authentische Seite –, doch der griechische Patriarch in ihm bedurfte einer Ehefrau mit anderen Qualitäten – Qualitäten, wie Tina Livanos sie mitbrachte: hübsch, von passender Herkunft und auf perfekte Weise dafür ausgebildet, einem Mann wie ihm an der Seite zu stehen. Dass sie dreiundzwanzig Jahre jünger war als er, schmeichelte seinem Ego und beförderte seinen Beschützerinstinkt.

Tina spielte ihre Rolle perfekt. Sie gebar ihm zwei Kinder, selbstverständlich zuerst einen Erben, dann eine Tochter, von weiteren Kindern wollte mein Vater nichts wissen, da er nicht vorhatte, sein Imperium auf mehrere Söhne aufzuteilen. (Es ist im Übrigen die Aufgabe des Schicksals, solche ehernen Prinzipien im Grundsatz zu erschüttern, was bei meinem Vater in jedem Fall gelingen würde, davon handelt diese Geschichte, doch davon später.)

Für die Erziehung meiner Geschwister blieb Tina nicht viel Zeit, sie war gerade zwanzig und vollauf mit ihrem eigenen Leben, also mit Partys, Bällen, Kreuzfahrten und sonstigen Vergnügungen beschäftigt, weshalb diese Aufgabe von diversen Säuglingsschwestern, Gouvernanten und Hauslehrern übernommen wurde, was auf die Seelen meiner Geschwister ungefähr denselben Effekt hatte wie anhaltende Dürre auf die Getreideernte. Aber auch dazu später mehr.

Mit einem Mann das Bett zu teilen, der älter ist als die eigene Mutter, kann ganz in Ordnung sein, solange er nett und man in irgendetwas verliebt ist, doch solche Dinge relativieren sich in aller Regel mit der Zeit, und da mein Vater es mit der ehelichen Treue in keiner Weise ernst nahm, erlaubte auch Tina, die selbstverständlich als Jungfrau in die Ehe gegangen war, sich amouröse Abenteuer, während derer sie schließlich bemerkte, dass ein Altersunterschied durchaus ein Unterschied ist. Der Rest gerann zu einem, zumindest nach außen, stabilen Arrangement, das genau in dem Augenblick aus dem Gleichgewicht geriet, als meine Mutter in Erscheinung trat.

Während des folgenden Tages, es war der 28. Juli, durchquerte die *Christina* das Ionische Meer und hielt auf den Peloponnes zu, jene Halbinsel im Südwesten des griechischen Festlands, die sich wie eine Hand ins Mittelmeer erstreckt, und obwohl für Stunden kein Land zu sehen war, verbrachte meine Mutter einen Gutteil des Tages damit, so lange auf das Wasser hinauszuschauen, bis sie glaubte spüren zu können, dass es sich um griechisches Wasser handelte. In der Tat fühlte sich alles irgendwie griechisch an, was natürlich vor allem daran lag, dass sie seit Jahren nicht so viel Griechisch gesprochen hatte wie in den vergangenen Tagen. Es tat ihr gut. Es war, als würde ein vernachlässigter Teil von ihr zum Klingen gebracht, und was da klang, war vertrauter als alles andere.

»Was für eine wunderbare Farbe!«, rief Nonie aus, sah auf die Zehennägel meiner Mutter und ließ sich in den Sessel neben ihr fallen. »Ist das Lachs? Oder eher Orange?«

»Saumon à l'orange«, warf mein Vater von der Seite ein.

»Gefällt sie Ihnen?« Meine Mutter hob ihre Füße und bewegte die Zehen. Sie war in der Lage, die Großzehe nach oben zu ziehen, während sich die restlichen Zehen nach unten bogen.

Nonie lachte auf. »Wie ulkig das ausschaut! Sie sind ja eine Akrobatin, Maria.«

»Ach, das ist nur ein bisschen Training«, entgegnete meine Mutter und musste an Elvira de Hidalgo denken, die ihr damals, während einer ihrer ersten Gesangstunden, befohlen hatte, Schuhe und Strümpfe auszuziehen. Irritiert war meine Mutter dem gefolgt und hatte gelernt, ihren Körper zu spüren, zu fühlen, wie er über die Füße mit dem Boden verbunden ist: Dein Körper ist ein Instrument, Maria, wenn du es nicht von Kopf bis Fuß spürst, kann es nicht klingen! Und so hatte meine Mutter in den darauffolgenden Tagen und Wochen nicht nur gelernt, ihren Körper mit dem Boden zu verankern, sondern auch, sich davon zu lösen, ohne die Körperbeherrschung zu verlieren, hatte gelernt, beim Singen sowohl auf Zehenspitzen zu tippeln, als auch fest aufzustampfen. Und nach und nach hatte meine Mutter, die ihre plumpen Füße aus Scham stets vollkommen missachtet hatte, gelernt, sie von der Zehe bis zur Ferse zu spüren und auf alle möglichen Weisen zu bewegen. Sie sah Nonie an. »Möchten Sie, dass ich Ihre genauso lackiere?«

»Das würden Sie tun?« Nonie nickte eifrig. »Oh Maria, das wäre wunderbar. Jetzt gleich?« Mit einem Blick auf ihren Mann sprang sie auf. »Kommen Sie, Maria. Unsere Kabine ist frei … Bis Anthony sich umziehen muss, sind wir lange fertig.«

»Ich werde in der Küche Bescheid geben, damit das Menü entsprechend angepasst wird«, rief mein Vater ihnen hinterher. »Hoffentlich ist ausreichend Lachs vorrätig.«

Wenige Minuten später fand sich Nonie Montague

Browne in einem Sessel in ihrer Kabine wieder und wurde sich mit Erstaunen bewusst, dass ihr Fuß auf dem Schoß der berühmtesten Sopranistin der Welt ruhte, die, munter plappernd, vor ihr auf dem Boden kauerte und ihr mit Hingabe Lack auf die Nägel pinselte. »Ich selbst wäre nie auf die Idee gekommen, eine solche Farbe zu kaufen. Alain vom Atelier Biki hat ihn ausgewählt, zu einem Hosenanzug, den er für mich gemacht hat. Ach, ich wüsste gar nicht, was ich ohne Alain täte – er besorgt mir nicht nur die passenden Schuhe und Taschen zu seinen Kreationen, sondern auch noch Lack und Lippenstift, ich kann mich wirklich darauf verlassen, dass alles passt und nichts fehlt. Reichen Sie mir bitte ein Kleenex, Nonie?«

»Um ehrlich zu sein, Maria, Sie beschämen mich ein wenig.«

»Ich beschäme Sie?« Meine Mutter sah überrascht auf.

»Nun ja, wie Sie hier vor mir auf dem Boden sitzen und meine Füße … Verstehen Sie?« Sie lächelte entschuldigend.

»Jesus hat seinen Jüngern vor dem letzten Abendmahl die Füße gewaschen«, erwiderte sie schulterzuckend. »Da kann ich Ihre durchaus lackieren.«

Nonie schwieg verblüfft, neigte nur leicht den Kopf, um das Gesicht meiner Mutter besser sehen zu können, suchte nach irgendeinem Anzeichen von Schalk oder Ironie, doch da war nur große Ernsthaftigkeit. Und Nonie begann zu ahnen, dass diese Frau, die da vor ihr auf dem Boden saß und es verstand, Tausende von Menschen zu

Tränen zu rühren, dringend vor sich selbst beschützt werden musste.

»Ich möchte auch etwas für Sie tun, Maria«, erklärte Nonie. »Aber Ihre Nägel sind bereits perfekt.«

»Sie könnten mir beim Bürsten meiner Haare helfen«, brachte meine Mutter zögernd hervor. »Allein tue ich mich ein wenig schwer damit.«

Nonie betrachtete die üppige Haarpracht meiner Mutter, die ohne Hilfe gewiss anstrengend zu bürsten war, vor allem, wenn man sich an die Regel der hundert Bürstenstriche hielt. Nonie nickte und überlegte, ob das üblicherweise Meneghinis Aufgabe war. Sie kam nicht umhin, sich diesen alten, hässlichen Mann, der wirkte, als sei er Marias Großvater, beim Haarebürsten vorzustellen. Seit Tagen erschien er fast ausschließlich zum Dinner, scheiterte an seinen linkischen Versuchen, Konversation zu machen, und verschwand nach dem Essen wieder in seiner Kabine, und Nonie fragte sich, ob er tatsächlich so seekrank war, wie er tat, und Marias Haare vielleicht deswegen nicht bürsten konnte, oder ob er doch mehr von dem mitbekam, was Anthony vermutete, und deswegen in einen Bürstenstreik getreten war. Unwillkürlich sah sie ihn als Karikatur vor sich: klein und untersetzt, sein Rumpf nur aus einem Bauch bestehend, über dessen dickster Stelle sich ein Gürtel spannte, und er verbarg mit trotzigem Gesicht eine Haarbürste hinter dem Rücken. *Bürstenstreik.* Nonie unterdrückte ein Schmunzeln. »Das tue ich sehr gern, Maria.«

Sie bürsteten sich nicht nur gegenseitig die Haare, sondern lackierten sich auch noch die Fingernägel und erschienen zum Dinner leicht beschwipst von dem Champagner, den sie sich in der Kabine hatten servieren lassen. Und brachen in kindisches Gelächter aus, als die Vorspeise serviert wurde: gebeizter Lachs an Orangensauce.

Für den folgenden Tag hatte mein Vater einen Besuch beim Orakel von Delphi geplant. Mittlerweile waren auch meine Tante Artemis und mein Onkel Theodoros an Bord gekommen, sodass sich die Gruppe bei ihrem Landausflug auf drei Autos verteilen musste. Natürlich hätte meine Mutter liebend gern bei meinem Vater gesessen, ja wäre am liebsten ganz allein mit ihm unterwegs gewesen, aber mein Vater chauffierte Sir Winston und Lady Clementine an den am Straßenrand winkenden Menschen vorbei. In solchen Momenten erinnerte er tatsächlich ein wenig an ein Kind, das sein Spielzeug herumzeigt, doch das sei nur am Rande erwähnt.

Meine Mutter, die sich mit Artemis, Theodoros und Meneghini einen Wagen teilte, hielt sich während des gesamten Ausflugs an meinen Onkel. Theodoros war ein wirklicher Opernenthusiast und somit Balsam für die Künstlerseele meiner Mutter. Von Meneghini dagegen hielt sie sich an diesem Tag fern. Sie schämte sich. Während so gut wie alle anderen Männer den Ausflug jackettlos, in legeren, kurzärmligen Hemden angetreten hatten, war Meneghini in einem tiefschwarzen Anzug erschienen.

»Das ist nicht dein Ernst«, hatte meine Mutter gesagt, als er sich vor dem Spiegel ein weißes Einstecktuch in die Tasche schob.

»Selbstverständlich. Ich werde mich den losen Sitten hier ganz sicher nicht anpassen.«

»Welchen losen Sitten? Da draußen herrscht eine Bullenhitze, und du siehst aus, als wolltest du zu einer Beerdigung.«

»Keineswegs. Bei einer Beerdigung würde ich eine Krawatte tragen.«

»So gehe ich nicht mit dir«, erklärte meine Mutter, doch Meneghini reagierte nicht. Stattdessen öffnete er die Kabinentür weit und wartete, dass meine Mutter hinausginge. Ihm war klar, dass sie es bei geöffneter Tür nicht auf einen Streit ankommen ließe.

Für den Rest des Tages versuchte sie ihn zu ignorieren, aber wann immer sie einen der anderen Männer sah, die in ihrer sommerlichen Garderobe allesamt attraktiv wirkten, wurde ihr seine Anwesenheit umso deutlicher bewusst. Während des gesamten Ausflugs brachte sie kaum ein Lächeln zustande, vielmehr hatte sie zuweilen das Gefühl, weinen zu müssen, doch meine Mutter wäre nicht La Callas gewesen, wenn sie solche Anwandlungen nicht ebenso rigoros ignoriert hätte wie ihren Ehemann. Wenn es ganz schlimm kam, hielt sie sich einfach am Arm meines Onkels fest. Theodoros war übrigens Arzt, Orthopäde, und zum großen Bedauern meiner Mutter würde er das Schiff bald wieder für einige Tage verlassen, weil seine Patienten ihn brauchten. Mit Artemis, seiner Frau, wurde meine Mutter dagegen nicht warm. Sie war die engste Verwandte meines Vaters und im Gegensatz zu meinen Tanten Merope und Kalliroe seine einzige Vollschwester. Als Penelope, meine Großmutter, nach einer Nierenoperation gestorben war, war mein Vater noch sehr klein gewesen, und die drei Jahre ältere Artemis hatte sich fortan besonders mütterlich um ihn gekümmert. Eigentlich hätte meine Mutter sich blendend mit ihr verstehen müssen, schließlich stammte auch Artemis aus urgriechischen Verhältnissen und hatte in ihren jungen Jahren so einiges gesehen, doch daran wollte sie nicht erinnert werden, sondern tat alles, damit man ihr statt dieser Herkunft ausschließlich den Jetset ansah. Auch für meinen Vater wollte sie das in ihren Augen Bessere, weswegen sie den Vertraulichkeiten meiner Eltern mit großem Argwohn begegnete. Eine Sängerin aus den staubigen Verhältnissen der griechischen Provinz war einfach indiskutabel.

Einen Tag später hielt die *Christina* durch den Golf und die Straße von Korinth auf Athen zu. Für den Abend hatte mein Vater den griechischen Ministerpräsidenten Karamanlis und den britischen Botschafter nebst Gattinnen zum Dinner gebeten, und da sich sowohl die Politiker als auch mein Vater in etwa gleichem Maß in der jeweiligen Ehre sonnten, wurde es ein sehr angenehmer, sehr griechischer Abend. Die *Christina* ankerte für die Dauer des Essens vor Kap Sounion, dem südlichsten Zipfel des griechischen Festlands. Man muss sich dieses mit Prominenz beladene Schiff einfach vorstellen, im glutroten Sonnenuntergang, davor die Silhouette der Insel Patroklos wie ein ins Meer geworfener Stein, die Schiffskapelle spielt griechische Weisen, als könne es an einem solchen Ort noch Sehnsucht geben.

Später, nachdem die Nacht hereingebrochen war, steuerte die *Christina* nach Norden, um die Gäste von Bord zu lassen und in Richtung des Golfs von Argos weiterzufahren.

Wie an jedem Abend blieben meine Eltern noch lange an Deck sitzen, dieses Mal begleitet von Nonie, während sich Artemis, Anthony und die Churchill-Damen in ihre Kabinen verabschiedeten. Einzig Celia, Churchills Enkelin, protestierte. »Ich möchte auch noch aufbleiben, ich bin überhaupt nicht müde. Und der Sternenhimmel ist so wunderschön.« Sie stellte sich an die Reling, sah allerdings nur kurz in den tatsächlich bemerkenswerten Himmel hinauf. Viel mehr schien sie zu interessieren, was sich am vorderen Deck abspielte.

»Du gehst zu Bett, Celia«, bestimmte ihre Mutter. »Wir haben morgen viel vor. Gute Nacht, allerseits.«

»Die Arme«, sagte Nonie mitleidig, nachdem die beiden verschwunden waren. »Ich glaube, sie hat sich in Alexanders Hauslehrer verguckt.«

»Du liebe Güte«, sagte meine Mutter, »sie ist doch noch so jung!«

Nonie hob die Schultern. »Sie ist im Juni fünfzehn geworden. Am siebzehnten. Ich kann mir das gut merken, weil sie exakt so alt ist wie die Republik Island, ihr Großvater erinnert gelegentlich daran. Ach, fünfzehn … das ist ein verwirrendes Alter.« Nonies Blick schien in die Ferne zu wandern.

»Es ist alles eine Frage der Einstellung«, erklärte mein Vater. »Habe ich euch von dem Mädchen in Schweden erzählt?« Er wartete keine Antwort ab, sondern fuhr fort: »Die Tochter eines Geschäftspartners, es liegt schon eine Weile zurück, ich war gerade ins Reedereigeschäft eingestiegen und dort zum Lunch geladen. Und wisst ihr, was nach dem Essen geschah?« Er sah seine beiden Zuhörerinnen herausfordernd an. »Die Gastgeberin stand auf und entschuldigte sich, sie müsse ihre Tochter zum Gynäkologen bringen. Ich hatte das Mädchen vor dem Lunch kennengelernt, sie war gerade vierzehn, also machte ich mir gewisse Sorgen, aber die Mutter erklärte, es sei nur eine Routine, es sollte ihr das Jungfernhäutchen entfernt werden, damit sie beim Sex keine Probleme hätte.« Er lachte auf. »Das nenne ich progressiv!«

»Soso,«, gab meine Mutter von sich. »Progressiv nennst du das?« Sie atmete tief, um der Verwirrung Herr zu werden, die sie erfasst hatte, ohne zu wissen, dass weniger die Geschichte sie verwirrte, die mein Vater erzählte, als die Freizügigkeit, mit der er Worte benutzte, die sie allenfalls zu denken wagte.

»Ich gebe zu, dass ich anfangs etwas irritiert war«, fuhr mein Vater fort, »doch schließlich dachte ich, dass es eine recht vernünftige Einstellung ist, wenn man bedenkt, wie viele Verbrechen aus Ehre wegen dieses kleinen Stückchens Haut begangen werden.«

»Oha, er denkt wirklich fortschrittlich«, sagte Nonie, hob allerdings die Augenbrauen.

»Ach was, fortschrittlich«, entfuhr es meiner Mutter. »Er ist Grieche! Egal, wie er redet, im tiefsten Inneren bleibt er ein Macho, wie alle Griechen. Deswegen garantiere ich, dass er es mit seiner Familie auch hält wie jeder andere Grieche.« Sie hob das Kinn in Richtung meines Vaters. »Oder würdest du deiner Tochter etwa erlauben, frühzeitig ihre Erfahrungen zu machen, bevor sie in die Ehe geht? So wie diese Schwedin?«

Mein Vater drehte gequält den Kopf zur Seite. »Nein, du hast recht, das würde ich nicht. Aber es wäre ja auch nur zu ihrem Besten. Die Ehe bietet einer Frau Sicherheit.«

»Sie bietet vor allem dem Mann die Sicherheit, dass seine Frau ihm nicht davonläuft«, entgegnete meine Mutter. »Während er tun darf, was er will.«

»Ach herrje«, sagte Nonie, stand auf und reckte sich. »Ich glaube, ich brauche eine Abkühlung.« Sie streifte ihre Schuhe ab, setzte sich an den Rand des Pools und ließ mit ihren lachsfarben lackierten Zehen das Wasser aufspritzen. Sie hätte jederzeit behauptet, eine glückliche Ehe zu führen, und tatsächlich liebte sie Anthony, aber sie wusste nur allzu gut, dass ihr ausgesprochen attraktiver Mann auch seine Affären pflegte. Ein Umstand, über den sie weder sprechen noch nachdenken wollte. Stattdessen betrachtete sie die Ornamente in den Seitenwänden des Pools und wunderte sich, dass sie sich trotz der vielen Male, die sie sich an diesem Pool aufgehalten hatte, nie gefragt hatte, ob sie Muscheln oder Korallen darstellen sollten.

»Meine Frau«, sagte mein Vater währenddessen zu meiner Mutter, »darf auch tun, was sie will. Wir beide dürfen das.« Was er nicht erwähnte, waren die Auseinandersetzungen, die er und Tina deswegen zuweilen führten und die in der Vergangenheit sogar zu Handgreiflichkeiten geführt hatten.

»Und Tina … tut es?« Meine Mutter sah meinen Vater ungläubig an.

Er erwiderte ihren Blick. »Gewiss tut sie es. Und wie du siehst, habe ich nichts dagegen.«

»Das kann ich nicht glauben!« Meine Mutter war aufrichtig entsetzt. Denn auch wenn sie meinen Vater für seinen Machismo kritisierte, so teilte sie doch seine Haltung und würde es bis an ihr Lebensende kundtun: Ein Mann durfte polygam sein, eine Frau niemals. Auf der Bühne der Frauenbewegung wäre meine Mutter pausenlos mit Tomaten beworfen worden.

»Er heißt Reinaldo, ist Südamerikaner, und vermutlich telefoniert sie gerade mit ihm.« Mein Vater hob die Schultern. »Du siehst, ich bin durchaus tolerant, ich lasse ihr das Vergnügen.«

»Wie kann sie das tun?« Meine Mutter schüttelte den Kopf. »Sie ist deine Ehefrau, die Mutter deiner Kinder …«

Mein Vater schwieg eine Weile, sah meine Mutter schließlich vielsagend an. »Ich lasse sie gewähren, sie lässt mich.« Mit einem knappen Blick vergewisserte er sich, dass Nonie noch immer abgewandt am Pool saß, dann strich er sanft mit zwei Fingern über den Arm meiner Mutter.

Sie reagierte in keiner Weise, verharrte unbeweglich, was jeder weniger erfahrene Mann als Ablehnung gedeutet hätte, mein Vater jedoch spürte genau, dass sie, eingeklemmt zwischen Moral und Begierde, einfach nicht zu reagieren wusste.

»Sag mir etwas, Maria«, bat er sie leise.

»Was willst du wissen?«

»Was, zum Teufel, macht eine Frau wie du mit diesem Langweiler von einem Ehemann?«

Er sah, wie sie langsam den Blick abwandte. Natürlich wusste er, dass er ihr zusetzte, doch es war seine Art, die Dinge in die Hand zu nehmen. Sie blieb ihm eine Antwort schuldig, aber er bemerkte, wie sich ihre Augen mit Tränen füllten. Wortlos reichte er ihr sein Taschentuch.

Das Liebesleben meiner Mutter zu diesem Zeitpunkt lässt sich mit drei Worten beschreiben: Sie hatte keines.

Natürlich war sie verheiratet, bedachte ihren Mann mit Kosenamen wie »Amore« und »Caro mio« und hatte, zumindest während der ersten Ehejahre, in ihren Briefen an Meneghini ihre Dankbarkeit für die einmalige, unbeschreiblich große Liebe beteuert, die sie beide verbinde. Und natürlich teilten sie das Bett, er im Schlafanzug und sie im Nachthemd und, an kühleren Tagen, der Stimme wegen, mit Strickjacke, und ebenso natürlich ließ sie über sich ergehen, was sie als Erfüllung ehelicher Pflicht bezeichnete, und sehnte sich danach, ein Kind in die Welt zu setzen.

Mit anderen Worten: Ihre Ehe war ein ziemlich vernünftiges und für eine Weile gut funktionierendes Arrangement mit dem Zweck, die Karriere meiner Mutter auf den Weg zu bringen. Genau dafür nämlich war Meneghini auf die Welt gekommen und für nichts anderes, es war der Sinn seines Lebens, mithin ein bedeutender Sinn, auch wenn es aus der beschränkten Perspektive einer einzelnen menschlichen Existenz heraus bedauerlich erscheinen mag, dass seinem Leben, nachdem dieser Zweck erfüllt war, keine weitere Bedeutung mehr zukam. Von einer übergeordneten – manche nennen es göttlichen – Warte aus wäre es vollkommen in Ordnung gewesen, wenn er sich im Sommer 1959 einen Strick genommen hätte. Für das Liebesleben meiner Mutter spielte Meneghini nur insofern eine Rolle, als er sie – zumindest bis zum Sommer '59 – vor der Entdeckung der Liebe bewahrte und somit dazu brachte, all ihre Energie in die Vervollkommnung der Callas zu legen. Man macht sich nicht klar, was es bedeutet hätte, wenn meiner Mutter die Liebe mit zwanzig begegnet wäre: Es hätte La Callas nie gegeben.

Jene Art von Liebe, die aus Leidenschaft, Hingabe und der Verschmelzung zweier Körper besteht und ohne die eine Opernbühne keinerlei Bedeutung hätte, kannte sie bis zu jenem Sommer 1959 nicht, und es gehört zu den bemerkenswerten Fähigkeiten meiner Mutter, dass sie dennoch davon zu singen verstand wie eine Expertin. Tatsächlich bestand das, was sie auf der Bühne zeigte, aus ihrer unermesslichen Sehnsucht nach jener Sinnlichkeit und dem, was die Musik ihr darüber vermittelte; ein synthetisches Konstrukt sozusagen, eine Sublimierung von Leidenschaft, so wie jede herausragende Kunst immer das Resultat von Sublimierung ist.

Leidenschaft, Sex, Fortpflanzung. Nüchtern betrachtet geht es in der Geschichte der Menschheit um nichts anderes, und die Lust, die dabei empfunden wird, dient, wie der Hunger, nur dazu, das Notwendige zu tun. Würde der Mensch weniger Theater darum machen, wäre es um die Menschheit einfacher bestellt. Aber der Mensch macht Theater, und die Lust ist eine fragile Angelegenheit. Schon meine Großmutter hatte, lange bevor ihre zweite Tochter geboren wurde, den Glauben an die Begierde aufgegeben, und so nimmt es nicht Wunder, dass meine Mutter niemals davon erfahren hatte. Weder in ihrem Elternhaus noch von den wenigen kläglichen Annäherungen, die sie als junges Mädchen erlebt hatte. Ein junges Mädchen, das in einem Körper steckte, der – davon hatte meine Großmutter sie frühzeitig in Kenntnis gesetzt – alles andere als begehrenswert war. Und so hatte meine Mutter diesen plumpen, schweren Körper jahrelang mit sich herumgeschleppt wie etwas Fremdes, Ungeliebtes, Beschämendes. In einem solchen Körper war selbstredend für Lust kein Platz.

Die absurdesten Spekulationen sind darüber angestellt

worden, auf welche Weise es meiner Mutter im Winter 1953/54 gelang, über sechzig Pfund zu verlieren und von einer Sängerin, der aufgrund ihrer Leibesfülle etliche Rollen vorenthalten blieben, zu einer grazilen, anmutigen Frau mit Wespentaille zu werden, die die Cover der Lifestyle- und Modemagazine zierte. Meneghini, der selbst nach dem Tod meiner Mutter nicht aufhören konnte, um Anerkennung zu betteln, ließ in seiner Biografie die Welt wissen, meine Mutter sei von einem Bandwurm befallen gewesen und nach der Befreiung von diesem Parasiten auf wundersame Weise erschlankt. Was für eine absurde Geschichte! Der Nudelhersteller Pantanella dagegen versuchte seinen Umsatz anzukurbeln, indem er in Werbeanzeigen behauptete, La Callas habe eine Diät mit seiner Pasta gemacht. (Woraufhin er von meiner Mutter verklagt wurde, aber das ist eine andere Angelegenheit.) Die simple Wahrheit ist, dass meine Mutter es satthatte, ihren Körper als Handicap mit sich herumzuschleppen. Wer sie je auf der Bühne gesehen hat, weiß, dass ihre Präsenz, ihr Magnetismus nicht nur aus ihrer Stimme kamen, sondern aus dem Zusammenspiel ihres Gesangs mit ihrem Körper. Wenn sie *Casta Diva* sang, dann WAR sie Norma, wenn sie *Vissi d'arte* sang, WAR sie Tosca, und wenn sie *O mio babbino caro* sang, dann WAR sie Lauretta, mit Stimme, Leib und Seele. Für ihre Stimme hatte sie keine Mühe gescheut, sie war ihr zu einem perfekten Werkzeug geworden, und genau das wollte sie nun mit ihrem Körper tun, wollte die Figuren, die sie darzustellen hatte, durch feinste

Nuancen der Mimik vervollkommnen – was mit einem Gesicht, dessen Konturen unter einer Maske aus Fett verschwammen, schlechthin nicht möglich war. So übertrug sie ihre Erfahrung, mit purer Willenskraft jedes Ziel erreichen zu können, auch auf diesen Bereich ihres Lebens, änderte ihren Speiseplan, verlor Pfunde und gewann an Kontur und verlieh ihren Figuren fortan tatsächlich noch mehr Anmut und Ausdruck. Im November 1955 schließlich sang sie die *Cio-Cio-San*, eine blutjunge, elfenhafte Geisha, die um alles betrogen wird, was sie hat, sodass sie sich selbst erdolcht.

Doch nicht nur ihr Publikum und die Öffentlichkeit fanden Gefallen an ihrer neuen Statur, auch meine Mutter begann ihren Körper als etwas ganz Neues zu erleben, eine Hülle, derer sie sich nicht schämen musste, sondern auf die sie Stolz empfand, sie rutschte gleichsam in ihren Körper hinein, stand vor dem Spiegel und wünschte sich nichts sehnlicher, als die Begeisterung über ihren eigenen Körper mit jemand anderem zu teilen. Dummerweise kam Meneghini dafür nicht infrage.

Mein Vater stellte sehr hohe Ansprüche an sich als Gastgeber. Dazu gehörte, seine Passagiere während der Kreuzfahrten mit perfekt organisierten Landausflügen zu unterhalten. Wenn die *Christina* in seinen griechischen Heimatgewässern kreuzte, genoss er es besonders, selbst den Reiseführer zu spielen, und während das Schiff den Golf von Ägina Richtung Westen durchquerte, erzählte er beim Cocktail mit theatralischen Gesten von der Bedeutung dieser Gegend für die europäische Kultur.

»Der Mittelpunkt der Welt«, sagte er und breitete beide Arme in einer Weise aus, nach der man leicht hätte vermuten können, dass er selbst Teil dieses Mittelpunkts war. »Handel, Götter, Künste, Heiligtümer, alles auf höchstem Niveau vereint. Die Menschen lebten in Wohlstand, aber wie das so ist …« Er zog an seiner Zigarette. »Wenn eine Kultur in solcher Blüte steht, sind die Begehrlichkeiten der Neider schnell geweckt.«

»Die Schlacht von Salamis«, murmelte Churchill mit abwesendem Nicken. »Eine weltentscheidende Schlacht.«

»Eine gigantische Schlacht«, bekräftigte mein Vater und nickte den Anwesenden zu, die ihm aufmerksam zuhörten. »Eine der bedeutendsten in der Antike, bei der sich gezeigt hat, dass nicht das stärkere, sondern das klügere Heer gewinnt. Dort oben«, er wies nach Norden, wo gerade nichts zu sehen war als Wasser, »in der Bucht von Eleusis haben sie angegriffen, die Perser unter Xerxes, um unser wunderbares Griechenland mit all seinen Schätzen zu unterwerfen.« Er sagte es, als sei es nicht im fünften vorchristlichen Jahrhundert geschehen, sondern irgendwann im vergangenen Jahr, als sei er selbst dabei gewesen, und tatsächlich stellte mein Vater sich manchmal, wenn er des Nachts allein an der Reling stand, vor, in längst vergangenen Zeiten zu reisen, denn das Meer bei Nacht gleicht dem Meer von damals ohne Unterschied. Dann sah er hinaus in die Weite und malte sich aus, wie es wäre, zu jener Zeit ein Seemann, der wirkliche Odysseus, gewesen zu sein.

»Wäre es ihnen gelungen, wäre die Welt heute eine andere«, warf Churchill ein, tonlos, aber mit etwas mehr Verve. »Und unsere westliche Kultur nur ein kleiner Teil der antiken Geschichte.« Dann wandte er den Blick aufs Meer hinaus.

»Sie waren weit in der Überzahl«, erklärte mein Vater, »eigentlich unbesiegbar, aber die Griechen waren schlauer. Sie haben das Orakel von Delphi konsultiert, das wir gestern besucht haben, und gefragt, wie sie vorgehen sollten. Und das Orakel antwortete, sie sollten sich hinter hölzernen Mauern verschanzen.« Er streckte einen Arm aus und klopfte gegen die Bordwand, die freilich aus Metall war. »Gott sei Dank wurde die Weisung richtig interpretiert, als Schiffswände, und die ganze Veranstaltung aufs Wasser verlegt.«

»Sehr viele entscheidende Schlachten sind zu Wasser geführt worden«, warf Churchill ein. »Ich erinnere an die Schlacht von Trafalgar, die anzuschauen wir unlängst das Vergnügen hatten. Apropos …« Er wandte den Kopf zu Anthony. »Vielleicht sollten wir heute Abend noch einmal …«

»Die Perser sind jedenfalls vernichtend geschlagen worden«, beeilte mein Vater sich zu sagen, »und sie haben ihre Idee, Griechenland zu besiegen, endgültig aufgegeben.«

»Es sollte auch angefügt werden, dass dieser Krieg am Ende die griechische Demokratie, mithin also die Demokratie an sich, befördert hat«, erklärte Anthony, »denn es war das einfache Volk, das in dieser Schlacht gekämpft hat, und das blieb nicht unbeachtet.« Er warf einen Blick auf Sir Winston, um sicherzugehen, dass die Bedrohung durch eine weitere Trafalgar-Schlacht gebannt war, und musste feststellen, dass der alte Mann eingenickt war.

»Als Nächstes«, fuhr mein Vater fort, »werden wir die Geschichte allerdings noch ein wenig weiter zurückverfolgen. Epidauros ist nämlich schon tausend Jahre vor dieser Schlacht erbaut worden.« Nun zeigte er nach Westen, hin zum östlichsten Zipfel des Peloponnes, dessen Küste vor Kurzem am Horizont aufgetaucht war und wohin sie der nächste Landausflug führen würde.

Am folgenden Mittag, am 30. Juli und eine Woche vor dem entscheidenden Ereignis, ging die *Christina* vor dem Hafen von Nauplion vor Anker. Von dort aus fuhren die Gäste ins Landesinnere nach Epidauros, um durch die Ruinen zu wandern, nur Sir Winston und Lady Clementine blieben an Bord.

Die Kultstätte Epidauros muss man sich als eine Art antikes Therapiezentrum vorstellen. Sie war zunächst Apollon, später vor allem dem Heilgott Asklepios geweiht, und Heilsuchende pilgerten in jenen Zeiten, da man an diese Götter glaubte, dorthin, um ihre diversen Leiden kurieren zu lassen, wobei sie durch Kultschlaf und in Hypnose selbst an der Diagnose beteiligt waren. Zur kulturellen Erbauung während des Aufenthalts gab es für die Kranken unter anderem ein Theater, das den vielen

Zerstörungen und Plünderungen im Laufe der Jahrhunderte entgangen war, da es ein wenig abseits lag. Es ähnelt sehr jenem Amphitheater in Athen, in dem meine Mutter zwei Jahre zuvor das unheilvolle Engagement durchstehen musste, von dem sie meinem Vater des Nachts erzählt hatte.

Für die Beziehung zwischen meinen Eltern hatten die Landausflüge, die sie in diesen drei Wochen unternahmen, übrigens eine besondere Bedeutung, denn sie gaben ihnen, denen es als Paar noch an Vergangenheit fehlte, die Möglichkeit, sich nach und nach eine Zukunft zu schaffen – wenn auch nur in ihrer Vorstellung.

»Dort drüben«, sagte mein Vater und wies auf ein paar Bäume am Rand der Anlage, »findet ihr das Theater. Es lag Jahrhunderte unter Schutt und Bewuchs verborgen, so hat es alle Kriege und Zerstörungen überdauert, anders als all diese Gebäude hier.« Er wies auf die Steinblöcke um ihn herum. »Besonders bemerkenswert an diesem Theater ist die spezielle Akustik«, dabei sah er meine Mutter bedeutungsvoll an. Auf dem Weg zum Theater ging er an ihrer Seite und blieb, als sie die anderen etwas hinter sich gelassen hatten und der Blick auf die Tribüne frei wurde, neben ihr stehen und ergriff ihren Arm. »Hier wirst du singen, Maria«, sagte er und wies mit einer Kopfbewegung auf das steinerne Rund. »Alles wird genau so sein, wie du es dir wünschst, wie du es dir vorstellst. Und ...« Jetzt wandte er ihr das Gesicht zu. »Du wirst willkommen sein. Das verspreche ich dir.«

Meine Mutter sah ihn an und glaubte ihm. Jedes Wort. Sie war gänzlich ohne Zweifel, dass dieser Mann, der hier vor ihr stand, einer der wenigen, wenn nicht der einzige Mensch auf Erden war, der alles zu erreichen vermochte, was er wollte. Und der Umstand, dass er ausgerechnet ihr zugetan war und für sie kämpfen wollte, erfüllte sie mit einem Gefühl, das sie mit Worten nicht hätte beschreiben, ja nicht einmal hätte singen können, weil dazu übermenschliche Töne vonnöten gewesen wären.

Die anderen schlossen auf, und gemeinsam überquerten sie die Ruinen, auf denen einst die Rückwand der Bühne gestanden hatte, und als der Blick meiner Mutter aus dieser Perspektive auf die steinerne Zuschauertribüne fiel, war ihr tatsächlich, als stehe sie wieder im Odeon des Herodes Atticus, vor all diesen Menschen, die sie schweigend und feindselig angestarrt hatten, wenn auch nur in ihrer Imagination, denn natürlich hatte meine Mutter keine Brille getragen, und die Erinnerungen an jenen Abend ließen sie für einen Moment starr werden. Sie versuchte tief zu atmen, zwang sich ein Lächeln ins Gesicht. In diesem Augenblick entdeckte sie die Blumen: Eine große Girlande aus Blüten war am Boden ausgelegt, in Form eines V, und irritiert fragte sie sich, ob die gerade gehörten Worte bereits Wirklichkeit wurden: Du wirst willkommen sein. Ihr Bühnenlächeln wich echter Freude, und sie sah sich nach meinem Vater um, doch der war nicht zu sehen. Stattdessen traf ihr Blick Anthony.

Diana Sandys biss die Zähne zusammen. Am liebsten hätte sie geflucht. Sie konnte förmlich spüren, wie die Sonne ihre Schultern verbrannte, und wünschte, sie hätte ein Tuch oder eine Jacke bei sich gehabt, um sie zu bedecken. Noch lieber wäre sie überhaupt nicht hier gewesen, sondern auf dem Schiff geblieben, hätte im Schatten am Pool gelegen, sich bei einem Drink entspannt und gedöst, statt zwischen diesen alten Steinen herumzulaufen und sich anzuhören, wie vor Jahrtausenden hier Menschen gelebt und ihre Wehwehchen kuriert hatten. Was gingen sie diese alten Griechen an, sie waren hundertmal tot, und wenn sie nicht bald aus dieser erbarmungslosen Sonne käme, würde sie ebenfalls sterben. Sie sah zu Tina, deren blütenweißes Kleid noch schmalere Träger hatte als ihres und der die Sonne dennoch nichts auszumachen schien. Ganz offenbar besaß sie die Haut der Südländer, auch wenn ihr blondes Haar das zuweilen vergessen machte. Endlich kamen sie zwischen einigen Bäumen hindurch, hinter denen das Theater liegen musste, Diana verlangsamte ihren Schritt und spürte die Kühle, die sich für einen Augenblick wie eine Salbe auf ihre Schultern legte. Was für ein Land, in dem alles nur karg, staubig und heiß war, die Menschen ärmlich und träge, obwohl ständig von Kultur und Schönheit die Rede war. Sie atmete tief durch. Als sie wieder aus dem Schatten trat, sah sie ihren Gastgeber mit der Sängerin, und Diana hätte zu gern gewusst, worüber sie sich mit so todernsten Gesichtern unterhielten. Im Gegensatz zu Tina sah diese Callas wirklich wie eine Griechin aus, schien es förmlich demonstrieren zu wollen in ihrem dunklen Kleid und dem dunklen Kopftuch. Entsetzlich. Wie eine der alten Frauen, die hier vor den Häusern hockten, dachte Diana und folgte mit dem Blick der Sängerin, die mit bedächtigen Schritten auf die Mitte des Theaters zusteuerte.

»Ist das nicht beeindruckend?«, rief Anthony neben ihr aus und machte eine weite Geste. Diana versuchte Begeisterung in ihre Stimme zu legen. »Oh ja, sehr beeindruckend.« Die hohe steinerne Tribüne war in der Tat imposant, doch viel mehr faszinierte sie die Callas, die nun ganz allein inmitten der runden Bühne stehen geblieben war, den Kopf leicht erhoben, als sonne sie sich in einem imaginären Applaus. Während Diana noch überlegte, ob sie Anthony auf diese Beobachtung aufmerksam machen sollte, hellte das Gesicht der Callas sich jäh auf, sie sah sich um, sah Anthony und zeigte auf etwas am Boden.

»Sehen Sie nur, Anthony, Blumen für mich. Ist das nicht schön?«

In der Tat waren Blumen am Boden arrangiert worden, ein V aus Blüten, irgendjemand musste das Schiff gesehen und gefolgert haben, dass die Reisegesellschaft sich nach Epidaurus begeben und ihr Daddy mit von der Partie sein würde. Unwillkürlich schüttelte Diana den Kopf. Diese Sängerin war wirklich unerträglich in ihrer Eitelkeit. Sie beobachtete, wie Anthony die Brauen hob, von der Callas zu den Blumen und wieder zur Callas sah. »Ja, sehr schön«, antwortete er nüchtern.

»Aber warum ein V und kein M, Anthony?«

»Ach, es sollte gewiss ein M werden, Maria, wahrscheinlich sind sie nicht fertig geworden.«

Diana unterdrückte ein Prusten. Mit Genugtuung sah sie, wie das Gesicht der Callas erstarrte, sie schien ihren Fauxpas begriffen zu haben, wandte sich brüsk um und rauschte davon, machte im letzten Moment einen Schlenker, um nicht auf die Blumen zu treten. Instinktiv ahnte Diana, dass sie geradewegs zu Ari laufen würde. Wo war eigentlich der Ehemann dieser Callas? Sie wandte sich um, sah ihn allein und mit verschränkten Armen abseits stehen. Was für ein fader Mensch er doch war. Diana hätte jede andere Frau zutiefst bemitleidet, aber diese beiden, so dachte sie, hatten sich irgendwie verdient. Es war das Beste, sich weitestgehend von ihnen fern zu halten.

»Wer kommt mit nach oben?«, rief mein Vater, streckte, ohne weitere Antworten abzuwarten, die Hand nach meiner Mutter aus und half ihr die Stufen hinauf. Willig folgte sie ihm, spürte seine warme, feste Hand. Es fühlte sich wie eine Rettung an.

»Ich zeige dir etwas, du wirst begeistert sein«, erklärte er, als sie auf der Hälfte angelangt waren.

Meine Mutter sah hinauf. »Ziemlich heiß für einen solchen Aufstieg«, erwiderte sie, »ich hoffe, es lohnt sich.«

»Allemal. Aber wenn es dir zu viel wird, können wir auch hierbleiben.« Er sah meine Mutter lächelnd an, und sie wünschte sich nichts sehnlicher, als dass alle dort unten verschwinden würden und nur sie beide hier stünden, mutterseelenallein, von niemandem gestört.

»Was wolltest du mir denn zeigen?«, fragte sie, und mein Vater legte zur Antwort einen Finger auf die Lippen. Sie lauschten. Das allgegenwärtige Zirpen der Zikaden war zu hören, darüber, viel lauter, klangen Schritte, als gehe jemand direkt neben ihnen. Mein Vater deutete mit dem Kopf nach unten, wo die anderen auf und ab liefen. »Die Akustik ist so großartig, man kann eine Stecknadel fallen hören.«

Sie horchte. Tatsächlich war sogar das Knirschen unter Anthonys Schuhen zu hören, als sei ein Mikrofon neben seinen Füßen installiert. Jähe Freude überkam sie, als ihr klar wurde, dass mein Vater seine Ankündigung, sie hier singen zu lassen, nicht einfach nur dahingesagt hatte, offenbar wusste er genau, wovon er sprach, worauf es ankam. Am liebsten wäre sie in seine Arme gesunken.

»… sich nicht schämt.« Die Stimme von Diana Sandys. Es war unglaublich. Gleichwohl sie mindestens vierzig Meter von ihnen entfernt stand, war sie klar und deutlich zu verstehen.

»Das tut sie gewiss.« Anthony. »Sei ein bisschen milde mit ihr.«

»Milde?« Diana. »Eine unerträgliche Person. Für wen hält sie sich denn? Und wie sie sich an Ari hängt … Die arme Tina.«

Meine Mutter erstarrte. Instinktiv schloss sie die Augen, als könnte sie damit die Welt von sich trennen, sie verschwinden lassen oder selbst verschwinden, doch wie immer war alles, was ihr blieb, den Rücken zu straffen und den Kopf zu heben. Dem Blick meines Vaters wich sie aus, aber als sie seine Hand an ihrem Ellbogen spürte, hatte sie für einen Moment mit den Tränen zu kämpfen.

»Sie hasst mich.«

»Hass würde ich das nicht nennen. Eher Verzweiflung.«

»Verzweiflung?«

»Ja, es ist ihre Art, sich gegen das Unbehagen zu wehren, das du in ihr auslöst. Eine Frau wie du, die so viel erreicht hat, nur aus eigener Kraft und gegen jeden Widerstand, und die ihr Leben auf ihre eigenen Verdienste aufbauen kann. Was hat sie dagegen vorzuweisen? Bei allem Respekt, aber alles, was sie hat, sind ihre Herkunft und die Prominenz ihres Vaters. Nicht einmal mehr einen Ehemann hat sie, der ist ihr gerade abhandengekommen.« Er wandte den Blick nach unten zu der Gruppe, die sich nun um das Blumenarrangement versammelt hatte.

»Aber sie hat drei Kinder. Ich wünschte, ich hätte wenigstens eins.«

»Kaum jemand ist da, wo er gern sein möchte«, antwortete mein Vater. »Doch wenn man versucht zu begreifen, wo die Menschen herkommen, was sie ersehnen, was ihnen fehlt, ist es leichter, mit ihnen umzugehen. Wer sollte das besser wissen als du? Was wäre deine *Medea* ohne diese Fähigkeit?«

»Du hast ja recht. Aber auf der Bühne hilft mir die Musik. Alles, was man über *Medea* wissen muss, liegt in der

Musik. Mit echten Menschen tue ich mich schwerer.« In dem Augenblick, da sie es sagte, wurde ihr bewusst, dass es die Wahrheit war. Am liebsten hätte sie wieder nach seiner Hand gegriffen.

Es ekelte sie an. Sie wandte den Kopf, um nicht hinschauen zu müssen. Er war einfach unfähig, einer Frau zu begegnen, ohne sofort sein Verführungsprogramm abzuspulen, was hier in Epidaurus stets bedeutete, Hand in Hand mit dem jeweiligen Objekt die Stufen nach oben zu steigen; eine gotterbärmliche Farce. Es war jedes Mal dasselbe. Sie hätte die Augen verdrehen mögen, stattdessen schlenderte sie lächelnd auf Nonie zu, die zwischen den Ruinen des Bühnenhauses stand und interessiert die Steinblöcke betrachtete, derer sie selbst seit Langem überdrüssig war. Sie überlegte, wie oft sie diese Besichtigung bereits unternommen hatte, mit wechselnden, sich jedes Mal begeisternden Gästen, doch für sie war es zu einer lästigen Routine geworden. Während Nonie begann davon zu plaudern, dass sie sich am Nachmittag im Wasserskifahren versuchen wollte, wagte Tina einen knappen Blick zur Tribüne, wo Ari auf halber Höhe mit der Sängerin stand, die Hand auf ihren Arm gelegt, dem Anschein nach sehr vertraut ins Gespräch vertieft. Sie spürte, wie Zorn in ihr aufwallte, und überprüfte ihr Lächeln. Es wurde Zeit, dass sie ihn zur Rede stellte. Schließlich war er es, der ihr die Scheidung verweigert und strikt darauf bestanden hatte, ihre Ehe zumindest zum Schein fortzuführen, also hatte er sich auch an die Regeln zu halten und den Schein zu wahren. Es würde den Gästen nicht länger entgehen, wie ungeniert er sich an diese Frau heranmachte, die ganz offensichtlich Gefallen daran fand – was Tina, angesichts dieses Crétins von einem Ehemann, den sie im Stillen Meningitis getauft hatte, nicht verwunderte. Die Callas war nicht die erste und sie würde nicht die letzte sein, Ari sammelte Frauen wie Trophäen, je wichtiger und berühmter sie waren, desto besser schien er sich dabei zu fühlen. Sie hob in Gedanken die Schultern. Nun gut, wenn sein Ego danach verlangte, sollte er eben auch diese Eroberung verführen – oder flachlegen, wie er zu sagen pflegte, wenn er alkoholisiert war –, doch solange er auf ihre Ehe bestand, hatte er gefälligst Diskretion walten zu lassen. Sie hatte nicht die Absicht, sich von ihm lächerlich machen zu lassen.

Eine gute Stunde später stand sie an der Reling der *Christina* und gab vor, Nonie zu beobachten, wie sie unter großem Gelächter immer wieder ins Wasser fiel, von Alexander mit dem Speedboot aufgefischt wurde, um sich gleich erneut auf die Skier zu stellen. Sie versuchte sich ihren Ärger über Ari nicht anmerken zu lassen, der keinerlei Anstalten machte, sich endlich um Churchill zu kümmern, wie es seine Pflicht als Gastgeber gewesen wäre. Zwar hatte er Lady Clementine und Sir Winston nach dem Ausflug kurz begrüßt und sich nach ihrem Wohlergehen erkundigt, war seither jedoch verschwunden. Auch die Sängerin ließ sich nicht blicken. Unter dem Vorwand, nach ihrer Tochter sehen zu müssen, wandte Tina sich ab und ging davon. Sie brauchte nicht lange zu suchen. Die beiden saßen in Liegestühlen auf dem Oberdeck, neben sich eine Flasche Ouzo, als ginge der Rest der Welt sie nichts an.

Es gehörte zu Tina Onassis' grundlegendsten Fähigkeiten, in jeder Lage ein liebenswürdiges Lächeln aufzusetzen. »Ah, hier seid ihr«, sagte sie so beiläufig sie konnte. »Ich hoffe, es fehlt euch an nichts.« Gerade als sie überlegte, ob sie meine Mutter wohl mit einer Frage nach Meneghini brüskieren könnte, lieferte mein Vater ihr eine wesentlich bessere Gelegenheit, den Dingen ihren Lauf zu geben.

»Unten kann man die Sterne nicht aufgehen sehen«, erklärte er und meinte damit die Markise, die zum Schutz vor Sonne und Wind stets über dem Achterdeck gespannt war. »Das wäre einfach schade um den wunderbaren griechischen Himmel, es ist nämlich ein sehr griechischer Tag heute, deswegen hätte ich heute zum Dinner auch gern etwas Griechisches. Ich habe Hunger.«

»Oh ja«, seufzte meine Mutter zustimmend. »Wir essen immer französisch, das wäre eine schöne Abwechslung.«

»Ich fürchte, das Dinner ist bereits vorbereitet, aber ich könnte in der Küche Bescheid geben, dass ihr zum Aperitif ein paar Weinblätter bekommt.« Als sie sich auf den Weg zur Küche machte, war ihr Lächeln vollkommen echt.

Die *Christina* verfügte über zwei Köche, einen französischen und einen griechischen, deren Niveau den besten internationalen Restaurants gerecht wurde. Aus Rücksicht auf Churchills Gewohnheiten wurde während der

Reise nur Haute Cuisine serviert, doch der bodenständige Grieche in meinem Vater bedurfte von Zeit zu Zeit zumindest einiger griechischer Kleinigkeiten wie gefüllter Weinblätter, gebackenen Käses und kleiner Fleischstücke, die er »griechischen Dreck« nannte und mit der Hand zu essen pflegte.

Tina orderte eine umfangreiche, sehr griechische Tafel nebst passender Getränke für zwei, gleichzeitig wies sie den Chef de Rang an, das Dinner im Speisesaal um zwei Gedecke zu reduzieren. Hochzufrieden kehrte sie auf das Achterdeck zurück, wo man inzwischen den Cocktail servierte, und nahm, wiederum mit einem Lächeln, neben Lady Clementine Platz.

Sie verehrte und bewunderte die etwas sittenstrenge alte Dame, die an der Sorbonne studiert und für das Frauenwahlrecht gekämpft hatte und ihr auf eine Art und Weise klug erschien, die Tina zuweilen scheu werden ließ. Dabei hätte sie sich liebend gern mit ihr über Gleichberechtigung unterhalten, vor allem über die Frage, warum sich Ari hier an Bord mit aller Selbstverständlichkeit seinen Liebschaften widmen durfte, während es einem Skandal gleichgekommen wäre, hätte sie ihrerseits Reinaldo auf eine der Kreuzfahrten mitgebracht, doch Tina ahnte vage, dass Lady Churchills Auffassung von Gleichberechtigung eine vollkommen andere und wesentlich übergeordnetere war als die ihre. Sie nippte an ihrem Champagner und überlegte, welches Kleid sie zum Dinner anziehen sollte. Selbstredend kam nur ein weißes infrage. Über die Wirkung von Weiß in Verbindung mit blondem Haar war sie schon in sehr jungen Jahren von ihrer ersten Gouvernante aufgeklärt worden, und sie hatte diesen Vorteil oft genug gegen ihre dunkelhaarige Schwester Eugenia zu nutzen gewusst. Wenn ihr also in dieser Angelegenheit etwas zugutekam, dann war es die Neigung der Sängerin, sich in schwarze Roben zu kleiden und wie eine Megäre zu schminken. Panisches Geschrei riss sie aus ihren Gedanken. Es war Nonies Stimme. Anthony sprang auf, Tina erhob sich ebenfalls, sah aufs Wasser hinaus, wo Nonie kreischend mithilfe von Alexander an Bord des Motorboots kletterte, das daraufhin Kurs auf die *Christina* nahm. Wenige Minuten später stand sie vor ihnen, tropfnass in einem Bademantel, ließ sich ein Glas Champagner einschenken und stürzte es hinunter. »Das habe ich jetzt nötig«, erklärte sie stöhnend, beschrieb dann mit ausgebreiteten Armen etwas Gigantisches. »So eine riesige Feuerqualle, ich sage es euch, direkt neben mir, meine Güte, was hatte ich Angst!«

»Vermutlich hatte sie weit größere vor dir«, entgegnete Anthony, »immerhin plumpst du seit einer Stunde mit viel Getöse in ihr Revier.« Er legte ihr den Arm um die Schultern. »Komm, du bist ja vollkommen durchgefroren.« Damit verabschiedete er sich bis zum Dinner und brachte seine Frau in die Kabine.

Tina lächelte den beiden nach und wartete, bis auch die Churchills sich zum Umkleiden zurückgezogen hatten. Als alle fort waren, stellte sie sich allein an die Reling und zündete sich eine Zigarette an. Noch war der Horizont im Westen zu erkennen, doch bald würde der Himmel ganz und gar mit der See verschmelzen. Die ersten Sterne waren aufgegangen. Eine Mischung aus Beklommenheit und Schadenfreude überkam sie, als ihr klar wurde, dass Ari und die Sängerin tatsächlich nicht zum Essen erscheinen, sondern stattdessen auf dem Oberdeck den Abendhimmel betrachten würden.

Die Ersten, die im Speisesaal eintrafen, waren Sir Winston und Lady Clementine, gefolgt von Diana und Celia.

»Fühlt sich jemand nicht wohl?«, fragte Churchill, während er, unterstützt von zwei Kellnern, Platz nahm und die Tafel inspizierte.

»Nein, nein«, antwortete Tina so entspannt wie möglich, »aber Maria und Ari haben schon gegessen.«

»Wie, sie haben schon gegessen?«, fragte Lady Clementine konsterniert. »Hier?«

»An Deck«, erklärte Tina und registrierte den pikierten Blick von Diana. »Maria hat für sich und Ari dort ein Essen bestellt, sie wollte heute griechisch essen.«

Lady Clementine ließ ein »Aha« vernehmen, und Tina entging nicht, wie alle untereinander Blicke tauschten. Es war an der Zeit, ihr Lächeln mit einer kleinen Prise Betroffenheit zu würzen, was prompt Wirkung zeigte. »Maria hat Essen bestellt?«, echote Diana und sah Tina mitleidsvoll an.

Als Letzter erschien Meneghini, sah verwirrt in die Runde. Es war ihm anzusehen, dass er nach Worten suchte oder zumindest nach jemandem, den er auf Italienisch hätte ansprechen können. »My wife?«, brachte er schließlich hervor, und Tina spürte, dass auch ihm nun trotz aller Aversionen Mitleid zuteilwurde.

»Dinner with Ari«, erklärte sie und zeigte nach oben. »Outside.«

Offenbar verstand er. Auf der Stelle sprang er auf, wurde jedoch von Nonie zurückgehalten. Wortlos bedeutete sie ihm, sich wieder zu setzen. Demonstrativ erhob Churchill sein Glas: »Also nutzen wir die Gelegenheit, auf unsere charmante Gastgeberin zu trinken!«

Die Reaktion war erwartungsgemäß überenthusiastisch, alle beeilten sich, Tina zuzuprosten und ihre Solidarität durch mitfühlende Blicke zu bekunden. Einzig Artemis schüttelte den Kopf, als wollte sie Tina einen Vorwurf machen. »Das wirst du dir ja wohl nicht gefallen lassen«, raunte sie ihr auf Griechisch zu.

Der Rest des Dinners verlief in jener behutsamen Freundlichkeit, mit der man sich in einem Krankenzimmer aufhält, aus dem jeder Misston fernzuhalten ist; Tina spielte die perfekte Gastgeberin, und es war klar, dass bis auf Celia und deren Großvater, der mit seinen Erzählungen über seine Zeit als Reporter im Burenkrieg beschäftigt war, jeder zwangsläufig darüber nachdachte, wo meine vollkommen unbeaufsichtigten Eltern sich gerade befanden und vor allem, was sie wohl taten.

In erster Linie tranken sie. Der am späten Nachmittag auf nahezu nüchternen Magen genossene erste Schluck

Ouzo hatte meiner Mutter genau das beschert, wonach sie sich seit dem Besuch in Epidaurus am meisten gesehnt hatte: Leichtigkeit. Alles wurde leicht, ihre Gedanken, ihr Herz, ihr Mut und auch ihre Zunge. Sie begann von Dingen zu sprechen, die sie noch niemandem erzählt hatte, und mein Vater, der ein guter Zuhörer sein konnte, tat genau das: Er hörte zu. In einer Weise, die aufrichtig war und die meiner Mutter das Gefühl gab, dass jedes einzelne Wort, das sie ihm anvertraute, bei ihm in sicheren Händen war, als nehme er ihre Worte wie Goldstücke in Obhut: mit dem Versprechen, sie nicht nur zu verwahren, sondern auch zu vermehren.

Sie erzählte von ihrer Zeit in Griechenland, in der ihre Karriere ihren Anfang genommen hatte, erzählte vom Athen jener Jahre, sie suchten nach gemeinsamen Orten und gemeinsamen Bekannten, und weil diese Jahre nicht allzu lang zurücklagen, sprachen sie auch vom Krieg und spekulierten, was in ihrer beider Leben wohl anders gelaufen wäre, wenn es diesen Krieg nicht gegeben hätte, und während zwei Kellner einen kleinen, weiß gedeckten Tisch brachten und ihn mit Unmengen von Köstlichkeiten beluden, erinnerte meine Mutter sich an die Sorgen, die ihnen die Lebensmittelbeschaffung seinerzeit bereitet hatte.

»Damit werden wir allerdings mehr als satt«, entfuhr es ihr.

Mein Vater nickte. »Der Koch hat es gut gemeint mit uns.« Auch mein Vater spürte die Leichtigkeit, die meine

Mutter erfasst hatte, er nahm eine Olive, steckte sie in den Mund, atmete tief die warme Seeluft ein, und der Gedanke, sich in Kürze aus diesem Sessel erheben, in einen Smoking kleiden und im klimatisierten Speisesaal ein Chateaubriand essen zu müssen, erschien ihm unerträglich, und so tat er genau das, was Tina vorhergesehen hatte.

»Maria, es bleibt uns nichts anderes übrig, als das Dinner zu schwänzen.« Er winkte dem Kellner. »Richten Sie meiner Frau bitte aus, dass wir nicht zum Abendessen kommen werden. Und dann lassen Sie uns in Ruhe.« Natürlich dachte er an Sir Winston und Lady Clementine, die er nie zuvor auf solche Weise brüskiert hatte, doch auch dieser Gedanke war längst ganz leicht geworden. Gewicht hatte nur noch die Aussicht, für ein, zwei Stunden vollkommen ungestört neben meiner Mutter zu sitzen, die polierten Planken der *Christina* unter den nackten Füßen, über ihnen der klare Abendhimmel. Er wartete, bis der Kellner verschwunden war, dann reichte er meiner Mutter die Hand, und gemeinsam schwebten sie eine Weile still über den Dingen.

»Sie werden uns vermissen«, stellte meine Mutter fest, spürte den Daumen meines Vaters zärtlich ihren Handrücken streicheln, spürte, wie diese Berührung ihren ganzen Körper erfasste, und dachte an Meneghini wie an etwas Fernes, Verschwommenes. Bisher hatte er an ihren ausgedehnten nächtlichen Gesprächen mit meinem Vater keinerlei Anstoß genommen, vermutlich nicht einmal etwas davon geahnt. Er war es gewohnt, dass sie lange aufblieb, und falls er einmal nachgefragt hatte, so hatte sie stets Nonie oder Anthony erwähnen können. Heute aber würde es niemandem entgehen, dass sie mit meinem Vater allein war. Und während sie sich Meneghinis Gesichtsausdruck vorstellte – eine Mischung aus Zynismus und Weinerlichkeit –, wurde ihr plötzlich klar, dass sie keinerlei Scheu mehr vor einer Auseinandersetzung hatte, im Gegenteil, sie ersehnte eine Klärung, denn meine Mutter bevorzugte klare Verhältnisse.

Es ist müßig zu erwähnen, dass dieser Abend für mein Leben von entscheidender Bedeutung war. Ein erster Kuss, selbst ein überfälliger, ist stets Überraschung, ist Frage und Eingeständnis, Verheißung und – so dachte meine Mutter – Versprechen. Meine Mutter war nie zuvor derart erregend geküsst worden, und sie erschrak über das, was der Kuss mit ihrem Körper tat. Mit einem Schlag verstand sie auf ganz neue Weise, welche Qualen Amelia und Tosca litten (meine Mutter unterstellte ihrer Tosca immer ein Begehren gegenüber Scarpia, und in den späteren Aufführungen mit Tito Gobbi stellte sie sich in Scarpia immer meinen Vater vor, was im Übrigen der wahre Grund für die Magie ihrer Schlussszene war, doch das sei nur am Rande erwähnt). Sie spürte plötzlich, was es bedeutete, seiner Lust widerstehen zu müssen, und jetzt hatte sie dieser Lust zu widerstehen, unbedingt hatte sie zu widerstehen, sie war eine verheiratete Frau, eine ehrbare Frau, unter keinen Umständen würde sie sich hinreißen lassen, niemals, und dann spürte sie die Hand meines Vaters an ihrer Brust, hätte beinahe gestöhnt und erlaubte sich einen letzten, winzigen Moment, ehe sie sich ihm entzog. »Nein, Aristo«, entfuhr es ihr, und sie kam sich dabei vor wie Amelia, die sich Riccardo entzieht. *Me difendi dal mio cor*, dachte sie, und für einen Augenblick wusste sie nicht zu unterscheiden, was real war und was Bühne.

»Ich bin verheiratet«, sagte sie entschlossen, platzierte seine Hand auf der Armlehne seines Sessels und griff beherzt nach einer frittierten Sardine. Irgendwie musste sie dieser Verwirrung Herr werden.

Das Erste, was sie spürte, war matte Dumpfheit. Ihr Kopf schmerzte. Dann fiel ihr alles wieder ein, und sie öffnete die Augen. Dämmerlicht umgab sie, außerdem das schabende Atemgeräusch von Meneghini. Nichts in dieser Kabine deutete darauf hin, dass sich etwas Unerhörtes, Unaufhaltsames ereignet hatte. Der Wecker zeigte fünf Uhr. Sie schloss die Augen und wiederholte in ihrer Erinnerung Aristos Kuss, ließ behutsam Moment für Moment wieder aufleben, seine Worte, seinen Blick, bis sie seine Lippen wieder auf ihren fühlte. War sie je so geküsst worden? Sie wusste es nicht, wollte sich nicht erinnern, schon gar nicht an die schlabberige Angelegenheit, die Meneghini unter Küssen verstand, und empfand Abscheu, als sie dennoch daran dachte. Erst jetzt erkannte sie, wie unbeholfen er stets gewesen war, dabei hielt er sich für unwiderstehlich. Sie warf einen Blick auf die Silhouette neben ihr. Nichts lag ihr ferner, als diesen Mann je wieder zu berühren, und bei dem Gedanken wurde ihr klar, dass dies tatsächlich das Ende ihrer Ehe war. Sie wollte mit Aristo leben, mit ihm oder keinem, Zärtlichkeit überkam sie, und hätte mein Vater just in diesem Moment in ihren Kopf schauen können, so hätte er über ihre Aufrichtigkeit gestaunt. Er hätte festgestellt, dass meine Mutter die erste und einzige Frau auf der Welt war, die ihn unabhängig von all seinem Reichtum liebte. Das allerdings hätte ihm Angst eingeflößt, denn mit Reichtum waren Menschen viel leichter zu beherrschen.

Meine Mutter stand auf, trank Wasser, fiel in ihr Bett zurück. Ein neues, ein anderes Leben. Wie das Leben an der Seite meines Vaters aussehen könnte, wusste sie allerdings nicht. Die Bilder und Erlebnisse der vergangenen Tage umkreisten sie, Eindrücke einer Welt, die so ganz anders schien als ihre, leichter, verheißungsvoller, größer. Kein einziges Mal seit dem Ablegen in Monte Carlo hatte sie das Bedürfnis verspürt zu singen, hatte nicht einmal an Arbeit gedacht, weder mit gutem noch mit schlechtem Gewissen, und sie wunderte sich, wie vollkommen gleichgültig all das wurde, was bislang ihr Denken beherrscht hatte. Sie schloss die Augen, träumte sich in ein noch unentdecktes Leben hinein. Als sie erneut erwachte, war sie allein. Der Nachmittag war angebrochen.

Sie orderte Kaffee und Orangensaft, kleidete sich an, jede gewohnte Bewegung schien ihr unvertraut, erstmalig, wie eine noch nie gespielte Rolle. Sie nahm die Zeitung, die Meneghini liegen gelassen hatte, setzte ihre Sonnenbrille auf und verließ die Kabine. Die Churchills saßen auf dem üblichen Platz am Achterdeck, Sir Winston schien eingeschlafen. Meine Mutter blieb stehen, grüßte, aber niemand grüßte zurück, als existiere sie nicht, nur Diana wandte kurz den Kopf in ihre Richtung und schien die Augenbrauen zu heben.

Meine Mutter, die in solchen Situationen stets mit hoheitsvoll starrem Gesicht reagierte, ging auf die Sitzgruppe an der Reling zu, wo meine Tante Artemis saß, doch noch ehe sie sie erreicht hatte, stand Artemis kommentarlos auf und entfernte sich. Irritiert beschloss meine Mutter, sich nicht einschüchtern zu lassen, nahm in einem der Sessel Platz und schlug die Zeitung auf. Ihr Blick glitt planlos über die Zeilen, ohne dass sie deren Sinn erfasst hätte. Sie konnte sich keinen Reim auf diese Ablehnung machen.

Es gehört zur Tragik im Leben meiner Mutter, dass sie sich selbst für liebenswert hielt. Tatsächlich wäre sie für jeden liebenswert gewesen, dem sie erlaubt hätte, sie so kennenzulernen, wie sie sich selbst kannte. Aber man muss sich meine Mutter vorstellen wie den Mond: Kaum jemand brachte es fertig, ihre verborgene Seite zu entdecken. Mein Vater war einer der wenigen, der sich diese Mühe machte.

Ab und an sah sie sich verstohlen nach meinem Vater um, den sie zu sehen hoffte, oder nach Meneghini, den sie keinesfalls sehen wollte, doch keiner von beiden erschien, später schaute sie aufs Meer hinaus, konzentrierte sich auf den Kontrast zwischen den lichtweißen und den schwarzen Flächen, die die Sonne auf das Wasser malte und die bei längerem Hinsehen immer wieder die gleichen Formen anzunehmen schienen. Ab und an schloss sie die Augen, träumte von der vergangenen Nacht und wäre am liebsten auf das Oberdeck gegangen, um sich genau dort hinzusetzen, wo sie mit meinem Vater gesessen hatte. Schließlich erschien Nonie und blieb neben meiner Mutter stehen, um sie zu begrüßen.

»Wollen Sie sich nicht zu mir setzen?«, lud meine Mutter sie ein. Sie bemerkte durchaus, dass Nonie zögerte, ehe sie schließlich Platz nahm und meiner Mutter von der Massage erzählte, die sie gerade in Anspruch genommen hatte. »Ich glaube, ich brauche heißen Tee, mein Hals schmerzt.«

»Nonie«, antwortete meine Mutter, ohne darauf einzugehen, »ich wurde heute ziemlich unhöflich behandelt.« Sie deutete mit ihrem Blick zu der Sitzgruppe der Churchills. »Ich kann mir das nicht erklären.«

Nonie sah meine Mutter eine Weile schweigend an. »Wirklich nicht?«, fragte sie endlich. »Sie hätten sich doch denken müssen, dass sie alle brüskieren, wenn Sie für sich und Ari Essen bestellen und dann nicht zum Dinner erscheinen. Das ist Tina gegenüber ...«

»Ich?«, fiel meine Mutter ihr ins Wort. »Ich habe kein Essen bestellt. Niemals würde ich mich erdreisten. Aristo hat Tina gegenüber erwähnt, dass er sich über ein paar Knabbereien freuen würde, woraufhin Tina in die Küche gegangen ist – und anschließend wurde uns ein umfangreiches Dinner serviert. Das ist ja wirklich ...« Meine Mutter schnaubte. »Was sagen Sie dazu, Nonie?«

Nonie hob die Schultern. »Ich mische mich da lieber nicht ein. Ich mag Sie, Maria, aber ich bin hier zu Gast und möchte nicht zwischen die Fronten geraten. Sie können sich doch vorstellen, dass Tina missbilligt, was hier …« Sie sprach nicht zu Ende.

Meine Mutter schwieg eine Weile. Auch sie war zu Gast auf diesem Schiff, aber erstens war sie als Ehrengast geladen und zweitens hatte der Mann, dem dieses Schiff gehörte, dem diese ganze Welt gehörte, sie in der vergangenen Nacht nicht nur geküsst, sondern ihr sein Begehren und ebenso seine Liebe gestanden. Und meine Mutter, die ihm erklärt hatte, dass sie diese Liebe zwar erwidere, die Rolle einer Geliebten für sie aber absolut inakzeptabel sei, betrachtete sich daher durchaus als privilegiert. Sie dankte Nonie für ihre Offenheit, wünschte ihr gute Besserung, entschuldigte sich, stand auf und beauftragte den nächstbesten Kellner, nach meinem Vater zu suchen und ihn umgehend in die Bibliothek zu bitten.

Zehn Minuten später war mein Vater von den Vorkommnissen in Kenntnis gesetzt worden, und es blieb ihm nichts anderes übrig, als seinerseits Tina um eine Unterredung zu bitten.

Es war ihm lästig. Wieso mussten Frauen immer derartiges Aufheben um solche Dinge machen, anstatt sich, wie es jeder vernünftige Mann getan hätte, diskret zu verhalten und schweigend die Vorteile zu genießen, die die Situation für jeden brachte? »Ich lasse dir deinen Reinaldo«, herrschte er Tina an, »lass du mir gefälligst meine Angelegenheiten!«

»Deine ›Angelegenheit‹ gerät mittlerweile zum Tagesgespräch auf diesem Schiff!«

»Weil du sie mit diesem Abendessen verleumdet hast! Warum tust du das?«

»Du hältst dich nicht an die Spielregeln. Ich lasse mir nicht bieten, dass du mich in aller Öffentlichkeit kompromittierst, ich bin schließlich deine Frau und ...«

»Dann verhalte dich auch wie meine Frau, wo bleibt deine Souveränität?«

»Ich wünschte, du wärest souverän, aber das bist du nicht, du musst fortwährend deine Eroberungen machen, um dich männlich zu fühlen. Wenn du es wenigstens nicht in Gegenwart all dieser Menschen tun würdest. In zwei Wochen sind wir wieder an Land, bis dahin wirst du ja wohl warten können, sie wird früh genug merken, was für ein lausiger Liebhaber du bist!«

Das saß. Gleichwohl mein Vater niemals Zweifel an seinen Qualitäten als Liebhaber zugelassen hätte, schnitt die Vorstellung, dieser Südamerikaner könnte ein besserer sein, in seine Ehre. Er schüttelte verächtlich den Kopf und verließ das Zimmer.

Er hatte keinen Schneid. Nicht den geringsten. Das erkennen zu müssen, erfüllte meine Mutter mit Fassungslosigkeit. Den ganzen Tag hatte sie an Deck verbracht und damit gerechnet, dass er auftauchen und sie in irgendeiner Form zur Rede stellen würde, hatte in Gedanken ihre Rechtfertigung formuliert, bis sie ihr brillant vorkam, doch Battista war nicht erschienen. Als sie sich für das Abendessen umziehen und notgedrungen die Kabine betreten musste, lag er im Bett, schlafend, ihrer Vermutung nach tat er nur so, also nahm sie ein Kleid – das schulterfreie schwarze, in dem sie sich am unverwundbarsten fühlte – und schloss sich im Badezimmer ein. Ihre Toilette hatte absolut makellos zu sein angesichts der Feindseligkeit, die ihr am Tisch gewiss entgegenschlagen würde. Ihr war übel. Beim Richten der Frisur zitterten ihre Hände, und den Lidstrich zu ziehen geriet beinahe zu einer Unmöglichkeit, sie fühlte sich exakt so, wie sie sich vor jenem Auftritt an der Scala im April '59 gefühlt hatte, dem ersten Auftritt in Italien nach dem Desaster in Rom. Mit Polizeischutz war sie zur Scala und sogar bis auf die Bühne gebracht worden, vor ein feindseliges Publikum, das nur darauf wartete, sie einen Fehler machen zu sehen. Unter größter Anspannung hatte sie jene Aufführung bestanden und am Ende der Vorstellung ihr Publikum mit einer dramatischen Geste ihren Zorn spüren lassen. Damals hatte das Publikum sich besonnen und ihr schließlich Achtung gezollt – aber heute? Hier auf diesem Schiff konnte sie nicht zu ihrer Verteidigung singen, nicht einmal etwas dazu sagen konnte sie. Sie musterte sich von allen Seiten im Spiegel, verließ dann das Bad. Er lag noch immer reglos im Bett, doch sie sah, dass er seine Position verändert hatte.

»Battista?«

Prompt schlug er die Augen auf, ließ eine scheinbar unkontrollierte Kopfbewegung folgen. Er war ein miserabler Schauspieler. Für einen Augenblick lag er dort, offenbar unschlüssig, was er tun sollte, und meine Mutter empfand Verachtung, als sie merkte, dass er Angst hatte. Eine lächerliche Angst, die eigentlich ihr zustand, schließlich hatte sie in der vergangenen Nacht Dinge getan, die mit ihrer Vorstellung von Ehe nicht vereinbar waren. Und als sie das begriff, begriff sie, dass ihre gesamte Ehe auf diese Weise funktioniert hatte: Nicht er war der Herr im Haus, sondern sie. Sie hatte Macht über ihn und dennoch in all den Jahren geglaubt, das Gegenteil sei der Fall.

»Du wirst das Abendessen versäumen«, erklärte sie betont sachlich und nahm ihre Abendtasche von der Kommode. »Soll ich dich entschuldigen?«

»Nein, nein, ich …«, er richtete sich auf, bis er auf der Bettkante saß, eine jämmerlich gekrümmte Figur, das Gesicht verzerrt von all den Fragen, die er nicht zu stellen wagte. »Ich komme gleich nach.«

Meine Mutter sah ihn einen Atemzug lang an, wandte sich dann kommentarlos ab und verließ die Kabine.

Heroisch und schweigend überstand sie das Abendessen, niemand richtete das Wort an sie, fast alle schienen sie zu ignorieren, sodass sie für Augenblicke wünschte, sie wäre gar nicht erst erschienen, doch das wäre einer Kapitulation gleichgekommen, und eine Kapitulation kam für meine Mutter nicht infrage. Es geschah übrigens während jenes Dinners, dass sie zu halluzinieren glaubte, als sie in Battistas Gesicht sah. In Wirklichkeit halluzinierte sie keineswegs, sondern sah die Dinge klarer denn je zuvor. Es war der Kronleuchter, der an diesem Abend gedämpfter war als sonst, dafür standen mehr Kerzen auf dem Tisch, deren unstetes Licht tiefe Schatten erzeugte und die Konturen unbarmherzig hervortreten ließ. Und es war die Seele meiner Mutter, die zu spüren begann, dass meine Zeit gekommen war und mein Weg bereitet werden musste. Die Aufregung, die sie darüber empfand, hielt sie für unerfüllte Sehnsucht nach meinem Vater, eine absolut menschliche und unausweichliche Illusion, die im Fall meiner Mutter allerdings zu ebenso unausweichlichen Komplikationen führen würde, aber davon später.

Giovanni Battista Meneghini bekam von alldem natürlich nichts mit, er wich ihrem Blick aus und versuchte stattdessen, mit Nonie anzubandeln, indem er unter dem Tisch seinen Fuß gegen ihren rieb und ihr dabei mit seinen frisch gewichsten Schuhen nicht nur das Abendkleid, sondern auch die Laune versaute. Es lag in seiner Natur, dass er davon nichts bemerkte.

Neben meiner Tante Artemis hatte mein Vater, wie erwähnt, noch zwei Halbschwestern, Kalliroe und Merope. Kalliroe war auf Rhodos verheiratet, wo ihr Ehemann Patronikolos erst vor Kurzem ein Luxushotel eröffnet hatte. Natürlich hatte mein Vater das Ganze finanziert, und da er sich bestens darauf verstand, das Angenehme mit dem Nützlichen zu verbinden, ließ er die *Christina* am letzten Julitag Rhodos ansteuern und werbewirksam vor der Nordwestküste der Insel ankern. Unter den Augen der Presse brachte er seine Gäste schließlich an Land, zu einem festlichen Dinner mit Tanz in das Hotel seines Schwagers. Da noch weitere Verwandte und Freunde der Familie anwesend waren, kann die Atmosphäre an diesem Abend als einigermaßen gelöst bezeichnet werden, wenngleich meine Mutter sich in einer Art Ausnahmezustand befand, alles um sie herum schien zu vibrieren, Farben, Gerüche, Musik und Stimmen traten stärker hervor, als habe sie Drogen genommen, und hätte man damals bereits eine Ahnung von der Wirkungsweise jener Hormone gehabt, die in meiner Mutter tobten, so hätte dies nicht verwundern müssen. Dennoch vermied sie es, mit meinem Vater zu tanzen, weil sie spürte, dass der Zustand, in dem sie sich befand, dem Stehen an einer Klippe entsprach.

»Bleib nachher mit mir an Deck«, hatte mein ziemlich alkoholisierter Vater ihr ins Ohr geraunt, als sie nach dem Essen aufgestanden war, um sich frisch zu machen. »Ich will dich«, ergänzte er, und ließ meine arme Mutter, die weder zu einer Ehebrecherin werden noch ihren Ehemann zu Bett begleiten wollte, in völliger Verwirrung zurück, zumal Nonie sich bei ihren Wasserskiexperimenten so stark erkältet hatte, dass sie im Bett geblieben war und als Anstandsdame ausfiel. Als die Passagiere später zur *Christina* zurückgebracht wurden, rang meine Mutter noch immer mit sich. Sie wollte nichts lieber, als den Abend allein mit meinem Vater an der Reling ausklingen zu lassen.

Dinge, die den Segen der Ehe erforderten, wollte sie dabei um keinen Preis tun. Und sie wusste nur zu gut, dass alle an Bord sie streng im Auge behielten.

Es war Anthony, der, kaum dass sie einen Fuß auf das Schiff gesetzt hatten, verkündete, er werde rasch nach Nonie sehen und sich anschließend noch etwas im Pool abkühlen. Ob jemand ihm Gesellschaft leisten wolle?

Natürlich hatte mein Vater ihn dazu gebracht, doch auch wenn Anthony sich mit einem Augenzwinkern sofort bereit erklärt hatte, ihm wäre ohnehin keine andere Wahl geblieben, als seinem Gastgeber diesen Gefallen zu tun. Niemand sprach es aus, aber keiner der britischen Gäste an Bord wäre ohne meinen Vater in der Lage gewesen, eine derartige Reise zu unternehmen; die noch immer von Nachkriegsrestriktionen beeinflussten Devisenbestimmungen der britischen Regierung ließen das einfach nicht zu. Anthony wusste also nur zu gut, wie sehr er meinem Vater verpflichtet war, wobei sein Nachtdienst durchaus unangenehmer hätte ausfallen können: Mit einem Glas Champagner watete Anthony eine Weile im Pool umher, wickelte sich anschließend in eines der großen gelben und mit dem Emblem der *Christina* bestickten Handtücher, die stets bereitlagen, nahm in einem Sessel Platz, trank noch mehr Champagner und döste schließlich ein.

»Komm mit«, sagte mein Vater und zog meine Mutter am Arm, doch sie schüttelte den Kopf.

»Nein, Aristo, ich habe dir gesagt, dass ich das nicht tun werde. Nicht, solange unsere Ehen offiziell bestehen.« In dem Moment, da sie es sagte, kam sie sich tollkühn vor, und sie erkannte erstaunt, dass sie auch meinem Vater gegenüber Macht besaß. Es sollte allerdings das letzte Mal sein, dass sie davon Gebrauch machte.

»Aber ich liebe dich, Maria. Was willst du, dass ich tue?«

»Du wirst einen Weg finden, Aristo.« Sie sah ihn bedeutungsvoll an. »Und ich werde ihn mit dir gehen.« Noch während sie ihn aussprach, merkte sie, dass der Satz in seiner Theatralik jeder Oper gerecht würde, und ihr wurde flau, weil die meisten Opern für die weiblichen Heldinnen tödlich ausgehen, doch dann verjagte sie diesen Gedanken, der in Wirklichkeit eine Vorahnung war.

Einen weiteren Tag noch ankerte die *Christina* in Mandraki, dem Hafen von Rhodos, den einst der antike Weltwunderkoloss dominiert hatte. Jetzt war es die Jacht meines Vaters, die den Anblick beherrschte und wie ein Weltwunder Reporter und Schaulustige anzog. Wie schön sie war! Strahlend weiß glänzte der Schiffsrumpf im Wasser, das zur Mittagszeit türkisfarben leuchtete, darüber der hellgelbe Schornstein. Wer hätte sich nicht danach gesehnt, Teil dieser Welt zu sein, dieser Welt voller Pracht, Überfluss und Müßiggang?

Fast alle, die am Morgen des 2. August 1959 im Hafen die elegante, irgendwie desinteressiert wirkende Reisegesellschaft bei ihrem Landgang bestaunten, hielten das, was sie sahen, für den Inbegriff von Zufriedenheit und Glück. Keiner von ihnen hätte geahnt, dass diese anscheinend so beneidenswerten Menschen, die unter normalen Umständen niemals aufeinandergetroffen wären und nun buchstäblich in einem Boot saßen, sich gegenseitig das Leben zur Hölle machten. Jeder von ihnen hätte, wenn er aufrichtig gewesen wäre, die Stimmung an Bord als unerträglich spannungsgeladen bezeichnet, und jeder hätte unumwunden meiner Mutter die Schuld dafür gegeben. Es ist nur die halbe Wahrheit. Tatsächlich rührte jene Spannung, die alle spürten, daher, dass etwas Bedeutendes unmittelbar bevorstand: Nur wenige Tage noch, und ich werde dabei sein!

Was ist ein einzelnes Leben angesichts der Unendlichkeit der Zeit? Nichts. Ein flüchtiger Moment ohne Bedeutung. Für die einsame Seele jedoch, die sich in ein solches Leben begibt, nimmt es allen Raum, alle Vorstellung ein, bestimmt, was Zeit ist. Es bedarf guter Gründe, sich für ein Leben zu entscheiden. Aber sind diese Farben kein Grund? Das Türkis des ägäischen Meeres, das Azurblau des Himmels, der weiße Schaum der anbrandenden Wellen, die funkelnde Gischt am Heck des Schiffes? Wer hätte sich davon nicht mitreißen lassen?

Während mein Vater auf Rhodos seine Schar durch das Tal der Schmetterlinge führte, eine von Wasserfällen durchzogene Schlucht, deren Vegetation unzählige Falter anzieht, fühlte meine Mutter sich wie eine Außenstehende. Was ihr nicht viel ausmachte, es war ein Zustand, der ihr bestens vertraut war, der aber dieses Mal dadurch verstärkt wurde, dass Nonie noch immer mit einer fiebrigen

Halsentzündung das Bett hütete und also niemand mit meiner Mutter sprach. Sie spürte sehr wohl, dass über sie getuschelt wurde, versuchte sich nichts anmerken zu lassen und fand in dem Gedanken Zuflucht, dass die Dinge, sobald sie die Frau meines Vaters geworden wäre, ganz anders liegen würden, malte sich aus, wie sie dann ihrerseits einer Diana Sandys oder einer Artemis begegnen würde. Die Vorstellung erfüllte sie mit Genugtuung. Es brauchte einfach Geduld. Einstweilen beobachtete sie Tina, die ihr noch vor wenigen Tagen wenn auch nicht fremd, so doch in gewisser Weise gleichgültig gewesen war, und meine Mutter staunte, dass sie nun im Begriff war, den Platz dieser Frau einzunehmen.

Aber war sie das wirklich? Immer wieder fiel ihr Blick auf meinen Vater, der sich vollkommen unbeschwert seinen Gästen widmete, lässig scherzte, als gäbe es zwei Wirklichkeiten, von denen eine gerade ausgeschaltet schien, als habe er mit alldem, was in den vergangenen Nächten im Verborgenen geschehen war, nichts zu tun. Obwohl er ihr seine Liebe gestanden und seine Ehe für längst gestorben erklärt hatte, überfielen sie in diesen Momenten Zweifel, für welche Wirklichkeit er sich entscheiden würde. Mit den Jahren sollte sie sich an diese Zweifel gewöhnen.

Wer meinen Vater kannte, selbst wer ihn etwas näher kannte, hätte darauf bestanden, dass er ein Mann jenseits allen Zweifels war. In Wirklichkeit gehörte die Erfahrung, dass Zweifel und Verzagtheit einen Mann das Leben kosten können, zu den ersten Lektionen, die das Leben ihn gelehrt hatte, und seinerzeit hatte er sich geschworen, dass er dem niemals Macht einräumen würde, denn natürlich gehörten Zweifel zu seiner Natur, wie im Übrigen zur Natur jedes vernünftigen Menschen. Mein Vater war nicht nur vernünftig, er hatte auch einen außerordentlichen Verstand, mit dem er in seinen langen, durchwachten Nächten alles gründlich durchdachte, was ihm eine Entscheidung abverlangen könnte, sodass er im entscheidenden Moment scheinbar ohne Zögern das Richtige zu tun wusste.

Er hatte nicht gezögert, Athina Livanos zu heiraten, war sogar derart entschlossen gewesen, dass er sie seinem erzkonservativen Schwiegervater, der darauf bestanden hatte, erst seine ältere Tochter Eugenia zu verheiraten, gleichsam abgetrotzt hatte. Eine Verbindung mit der Familie Livanos war für einen Mann wie meinen Vater damals nicht nur ein hübsches Vergnügen, sondern auch eine sehr vernünftige Entscheidung gewesen. Diese Entscheidung wieder rückgängig zu machen bescherte meinem Vater einiges Kopfzerbrechen, und das beinahe im wörtlichen Sinn.

Am liebsten hätte er sich eine Weile zum Nachdenken in die Stille der Nacht zurückgezogen, in der die Welt so unendlich war, dass alle Gedanken Raum fanden, doch das hatte sich seit Tagen – ironischerweise seit meine Mutter an Bord war – nicht ergeben. Die fehlende Ruhe und das unerfüllte Verlangen nach meiner Mutter machten ihn auf eine Weise nervös, die nicht selten zu Unfällen führt.

Zur Freude meiner Geschwister hatten sich unter den Verwandten auf Rhodos einige Spielkameraden gefunden, die am Nachmittag, als alle wieder zum Schiff zurückkehrten, mit an Bord kamen. Mein Vater liebte es, mit Kindern zu spielen, auch wenn er sich für seine eigenen kaum Zeit nahm, aber an jenem Nachmittag war es ihm eine willkommene Abwechslung, mit seinen zahlreichen Nichten und Neffen übermütig zu sein. Er war tatsächlich übermütig, tollkühn sogar, denn obwohl er die Abmessungen seines Pools bestens kannte, ließ er sich zu einem Kopfsprung hinreißen, der ein weitaus tieferes Becken erfordert hätte. Bereits in dem Moment, in dem er ins Wasser eintauchte, wusste er, dass er einen Fehler beging, aber er wusste auch, dass dieser Fehler unausweichlich war. Der Schmerz, der ihn durchfuhr, war heiß und schneidend und dauerte nur einen Augenblick, doch in den existenziellen Momenten des Lebens sieht der Mensch plötzlich klar. Und mein Vater sah meine Mutter und bedauerte, sein Leben, sollte es denn ausgerechnet jetzt vorüber sein, nicht mit ihr verbracht zu haben. Dann verlor er das Bewusstsein.

Als er wieder zu sich kam, sah er verschwommene Gesichter, Menschen, die sich über ihn beugten, hörte, wie sie aufgeregt durcheinandersprachen, und da meine Mutter nicht unter ihnen war, wurde er zornig. Er richtete sich auf, verjagte die besorgten Stewards, ließ sich widerwillig von meinem Onkel Theodoros untersuchen und verlangte nach einem Drink. Er trank den ganzen Abend, litt unter Kopfschmerzen und Schwindel, außerdem war ihm

schlecht. Er war, was selten vorkam, für alle sichtbar missgelaunt. *Du wirst einen Weg finden, Ari*, hörte er meine
Mutter wieder und wieder sagen. Am liebsten hätte er die
ganze Gesellschaft vom Schiff gejagt und wäre mit ihr
allein weitergereist. Er schwor sich, einen Weg zu finden.

Die Schwiegereltern meines Vaters unterhielten ihren
Sommersitz auf der Insel Chios und hatten die Gäste der
Christina für den folgenden Abend dorthin zum Dinner
eingeladen. Unter griechischen Reedern herrschte durchaus Konkurrenz, und so war ein Besuch von Winston
Churchill für Stavros Livanos eine sehr willkommene
Möglichkeit, sich zu profilieren. An diesem Tag geschah
es zum ersten Mal, dass die Beziehung meiner Eltern
außerhalb des Schiffs zum Thema wurde – zwar nur im
Verborgenen, aber Tina ließ es sich nicht nehmen, sich bei
ihrem Vater über die Vorgänge und insbesondere über das
Benehmen meiner Mutter zu beschweren, was sie damit
untermalte, dass diese exaltierte Sängerin das Glockenge-
läut, das zu Ehren von Sir Winston veranstaltet worden
war, als die *Christina* in den Hafen von Chios einlief, auf
sich bezogen hatte. Tina schüttelte angewidert den Kopf.
Was aussah wie die erbitterte Beschwerde einer verzweifelten Tochter, war in Wirklichkeit nichts als ein
Schachzug. Tina hatte begonnen ihre Waffen in Stellung
zu bringen, denn für den Fall einer Scheidung, die Tina im
Übrigen alles andere als ungelegen gekommen wäre, wollte sie ihre Eltern hinter sich wissen. Ein griechischer Mann

jedoch ist ein griechischer Mann, weswegen mein Vater von Stavros Livanos später, als alle auf der *Christina* tanzten, der Form halber eine Zurechtweisung erhielt, die im Wesentlichen daraus bestand, dass er seine Angelegenheiten gefälligst diskret handhaben solle. Meine Mutter indes wurde von Tinas Eltern keines Blickes mehr gewürdigt und beim Abschied schlichtweg ignoriert.

Mein Vater schlief nicht in dieser Nacht, sondern lag grübelnd im Bett, allerdings war es nicht die Strafpredigt seines Schwiegervaters, die ihm Sorge bereitete, sondern die Frage, wie ein Weg aussehen könnte, den meine Mutter als gangbar annehmen würde, ohne dass deswegen gleich die gesamte Ordnung seines Lebens über den Haufen geworfen würde. Beim Zubettgehen hatte er versucht, sich Tina zu nähern, irgendwo musste er hin mit seinem angestauten Verlangen, und er war sich sicher gewesen, dass der Gedanke an meine Mutter ihm die Kraft bescheren würde, die ihn bei Tina tatsächlich seit längerer Zeit verließ, doch Tina hatte sich fluchend zur Seite gedreht und ihm unter der Decke einen Tritt verpasst. Also lag er wach, während die *Christina* Kurs auf das türkische Festland nahm. In wenigen Stunden würden sie den Hafen von Smyrna anlaufen, seine Geburtsstadt, die zu besuchen meinen Vater jedes Mal stark aufwühlte. Bei der Planung dieser Reise hatte er die Route Sir Winstons wegen gewählt, es war ihm ein Anliegen gewesen, dem alten Herrn die Orte zu zeigen, die ihm am meisten bedeuteten. Mittlerweile jedoch lagen die Dinge anders, er spürte, dass es nun meine Mutter war, deretwegen er dorthin wollte, der er seine Heimat, seine Vergangenheit und auch seine Schmerzen zeigen wollte. Und während er sich ausmalte, wie er mit ihr durch die Straßen lief, in denen er aufgewachsen war, seine Erinnerungen mit ihr teilte und ihr von den entsetzlichen Ereignissen berichtete, die ihn zur Flucht gezwungen hatten, wusste er nicht nur, dass sie ihn bis ins tiefste Innere verstehen würde, sondern er wusste plötzlich auch, wie er ihren Widerstand beseitigen konnte. Es bedurfte nur eines Telefonats nach Istanbul.

Er stand auf, kleidete sich an und trat hinaus an Deck, um die Sonne über seiner Heimat aufgehen zu sehen, jener Provinz an der türkischen Küste, deren Hauptstadt Smyrna zu Beginn des Jahrhunderts, als mein Vater geboren wurde, eines der kosmopolitischsten Handelszentren Kleinasiens gewesen war, bevor die Türken einen Großteil der dort lebenden Griechen vertrieben hatten. Um sich in meinen Vater hineinzuversetzen, muss man bedenken, dass nicht nur die Westküste der Türkei, sondern das gesamte Kleinasien einst Teil des antiken Griechenlands gewesen waren. Die kulturelle Bedeutung jener Epoche hat das Selbstbewusstsein der dort lebenden Griechen nachhaltig geprägt: Über die jahrhundertelange Herrschaft der Osmanen hinweg bezeichneten sie sich hartnäckig als Griechen, und viele hielten an der Megali Idea, der »Großen Idee« fest, nach der die gesamte Westküste der Türkei zu Griechenland gehören sollte. Als nach dem ersten Weltkrieg das Osmanische Reich zerbrach, sah es kurzzeitig so aus, als würde diese Idee Wirklichkeit, doch die Zankereien um das Gebiet führten 1919 gleich in den nächsten, den Griechisch-Türkischen Krieg, auf dessen Höhepunkt es im September 1922 in Smyrna zu dem kam, was als kleinasiatische Katastrophe bezeichnet wird. Ein tagelanges Massaker, dem vierzigtausend Menschen zum Opfer fielen – darunter viele, die mein Vater kannte –, und während dem die griechischen Teile der Stadt vollständig niedergebrannt wurden. Wessen Körper dieses Inferno überlebte, der wurde vertrieben und musste mit dem klarkommen, was von seiner Seele übrig war.

Mein Vater hatte in jenen Tagen mehr erlebt, als eine Seele ertragen kann, er hatte unzählige verstümmelte Leichen in den Straßen liegen und an den Haaren zusammengebundene Frauenköpfe im Hafenwasser treiben sehen, hatte die Schreie der Halbtoten gehört und die in der Stadt wütenden Feuer miterlebt, die auch das Lagerhaus meines Großvaters und damit beinahe das gesamte Vermögen meiner Familie zerstörten. Mein Großvater Sokrates hatte gerade noch dafür sorgen können, dass die Frauen der Familie dieser Hölle entkommen konnten, ehe er von den Türken verhaftet worden war. Vollkommen auf sich allein gestellt hatte mein Vater versucht, ihn zu retten, hatte gelogen und bestochen und begriffen, dass nur Gerissenheit und beherztes Handeln im rechten Moment ihm das eigene Leben bewahrten. Damals hatte er zum ersten Mal falsche Angaben zu seinem Alter gemacht, indem er behauptete, erst sechzehn zu sein, damit man ihn verschonte, später in Argentinien hatte er sich als älter ausgegeben, um seinen Geschäften nachgehen zu können, und da sämtliche Urkunden, die sein Leben betrafen, in den Feuern Smyrnas vernichtet worden waren, einschließlich der Schulzeugnisse (mein Vater hatte die Schule nicht bestanden, behauptete aber stets das Gegenteil), wurde ihm immer geglaubt.

Viele seiner Landsleute sind über die Vertreibung aus der Heimat nie hinweggekommen, doch mein Vater hatte sich einfach angewöhnt, überall auf der Welt zu leben – zuerst in Argentinien, später in den USA und in Frankreich, eine Zeit lang liebschaftsbedingt in Skandinavien. Ein Zuhause hatte er erst wieder gefunden, als er die *Christina* erwarb – einen Ort, der zwar pro forma unter libyscher Flagge fuhr, faktisch jedoch keine territoriale Zugehörigkeit kannte, sodass ihm nie wieder jemand den Boden unter den Füßen streitig machen konnte. Es wird oft behauptet, dass er derart stolz auf sein Schiff war, dass es mit peinlicher Sorgfalt pflegte und zum Beispiel stets persönlich darauf achtete, dass die Messinggeländer makellos poliert wurden – er konnte ungehalten werden, wenn dem nicht so war. Tatsächlich war es kein Stolz, sondern Heimatliebe, die sich darin zum Ausdruck brachte, und wenn er Gäste auf sein Schiff einlud, dann tat er es nicht, um seinen Besitz zu präsentieren, auch wenn es danach aussehen mochte, er tat es, um sie an seinem Leben teilhaben zu lassen. Philoxenia, Gastfreundschaft.

Um Sir Winston nicht allzu sehr der Hitze auszusetzen, brachen sie zeitig am Morgen zum Landgang auf, und mein Vater führte seine Gäste zu jenen Orten seines Lebens, mit denen sich die schönsten, aber auch die grausamsten Erinnerungen verbanden. Er zeigte ihnen das Gelände seiner alten Schule, die seinerzeit die bedeutendste Schule der Stadt gewesen war, und erzählte von der archäologischen Sammlung, die sie enthielt, verschwieg allerdings, dass er dort mehr als einmal so viel Schabernack getrieben hatte, dass er sich einen Schulverweis einhandelte. Anschließend brachte er seine Gäste zu dem Haus, in dem er bis 1922 gewohnt hatte, und als sie vor dem geschmiedeten Tor standen und er auf den wunderbaren Blick aufmerksam machen wollte, den das Haus über den Hafen gewährte, da tat er dies wortlos, nur mit einer Geste, und meine Mutter, die ihn aus nächster Nähe ansah, begriff voller Zärtlichkeit, dass er außerstande war zu sprechen. Im Nachhinein betrachtet war dies einer der wichtigsten Momente in der Beziehung meiner Eltern, denn jenes Gefühl von Zugehörigkeit, das mein Vater meiner Mutter gegenüber empfand, wuchs an diesem Tag ganz entscheidend. Schon einige Male hatte er hier gestanden, vor dem Haus, in dem ihn niemand mehr kannte, und hatte die Bilder wieder aufsteigen sehen und mit den Bildern die Gefühle. Es war immer unbemerkt vonstattengegangen, immer hatte er seine Regungen niedergekämpft, denn er hatte sie mit niemandem teilen können. Weder mit denen, die seinen Erzählungen mit touristischer Neugier lauschten und ein »Ah, wie interessant« von sich gaben, noch mit jenen – meist Frauen –, die Betroffenheit heuchelten, deren »Oh, wie schrecklich« aber so unecht war wie die Farbe in ihrem Gesicht. Selbst Tina war nicht wahrhaft bei ihm gewesen, als er ihr diesen Ort zum ersten Mal gezeigt hatte. Sie hatte etwas gesagt, woran er sich nicht mehr erinnerte, aber es hatte geklungen, als dächte sie an etwas ganz anderes. Erst mit meiner Mutter, die ihm in diesem Moment, da sie seinen Schmerz spürte, sachte die Hand auf den Arm legte, hatte er das Gefühl, verstanden zu werden. Wäre nicht die ganze Reisegesellschaft bei ihnen gewesen, so hätte er hier und auf der Stelle geweint.

»Ich musste gerade an die Musik denken«, sagte er stattdessen leise auf Griechisch zu ihr, den Blick auf das Meer gerichtet. »Die Musik, die wir abends vor dem Haus gehört haben, mit dem Trichtergrammofon, oft haben wir den Zeibekikos dazu getanzt.« Er sah sie an, und als er sah, dass sie wusste, wovon er sprach, erzählte er von den Gerüchen der Zitronenblüten und des Jasmins, vom Geschmack des Honigs, des Ziegenkäses und der Gewürze, die seine Kindheit und Jugend geprägt hatten, und als meine Mutter wissend nickte, deutete er mit dem Kopf zu den anderen. »Sie kennen das nicht.« Er sah meine Mutter an. »Nicht einmal Tina kennt das.« Dann gab er sich einen Ruck, wandte sich um und rief alle zur Weiterfahrt zusammen, und als sie den griechisch-orthodoxen Friedhof erreicht hatten, auf dem meine Großmutter Penelope begraben liegt, schien er meiner Mutter wie ausgewechselt.

In blumigen Worten schwärmte er von der Schönheit seiner Mutter, an die er sich in Wirklichkeit nicht erinnern konnte, denn die vage, verschwommene Erinnerung, die er an sie hatte, war längst überdeckt von dem Porträt, das er nach dem einzigen, unscharfen Foto, das er von ihr besaß, hatte anfertigen lassen, das aber so schlecht gemacht war, dass es meiner Großmutter nicht im Geringsten ähnelte. Auf dem Rückweg zur *Christina* begann er schließlich seine vermeintlichen Erinnerungen an die Massaker von 1922 auszubreiten, erzählte, dass er dabei gewesen sei, wie der Erzbischof Chrysostomos auf grausamste Weise gelyncht wurde, erzählte, dass er seine beiden Lieblingsonkel habe hängen sehen, und dass er sich schließlich in Sicherheit gebracht habe, indem er im Kugelhagel durch das Hafenwasser geschwommen sei, in dem zahlreiche Leichen trieben. Nichts davon stimmte, tatsächlich hatte mein Vater sich trickreich eine Vielzahl von Privilegien gesichert und Smyrna in amerikanischer Uniform und unter dem Schutz des amerikanischen Vizekonsuls verlassen, was durchaus ein heldenhaftes, berichtenswertes Verdienst gewesen wäre, doch mein Vater war an diesem Tag darauf bedacht, das Licht von anderer Seite auf sich fallen zu lassen.

Beim Lunch, den alle zusammen an Deck einnahmen, fuhr er fort, seinen Gästen von seinen Jugendjahren in Smyrna zu erzählen, nur dass er sich jetzt auf die angenehmeren Ereignisse konzentrierte und von seinen frühen Liebesabenteuern sprach. Wie immer wurde reichlich getrunken, und auch wenn man meinem Vater den Alkohol nicht anmerkte, wurden seine Anekdoten immer schlüpfriger, bis er schließlich nur noch griechisch sprach, um die Familie Churchill nicht zu brüskieren.

Für einen Außenstehenden – wie zum Beispiel mich – war diese Tischgesellschaft ein grotesker Haufen. Da war mein durch Alkohol ziemlich in Fahrt geratener Vater, der von seinen Lieblingsbordellen im Smyrna der Zwanzigerjahre berichtete, was am Tisch natürlich nur seine betreten schweigenden, griechisch sprechenden Verwandten und meine Mutter verstanden, mit der ihn, wie bis auf Sir Winston inzwischen alle ahnten, eine amouröse Eskapade verband. Da war Meneghini, der kein Wort verstand und meinem Vater deswegen noch gröbere Obszönitäten unterstellte, da war Tina, die von »Meningitis« ebenso genervt war wie von den Worten meines Vaters, die aber dennoch mit Meneghini eine Art Schicksalsgemeinschaft bildete, weswegen sie betont freundlich zu ihm war. Da war Lady Clementine, die würdevoll die Contenance bewahrte, während ihre Tochter Diana sich resigniert dem Alkohol hingab.

Meine Mutter, meinem Vater gegenübersitzend, spürte ebenfalls den Champagner, den sie, die so gut wie niemals frühstückte, auf nahezu nüchternen Magen getrunken hatte. Er schien ihre Sinne zu schärfen, statt sie abzustumpfen, was unbestreitbar der Verliebtheit geschuldet war, aber daran dachte sie nicht. Sie dachte gar nicht, sondern fühlte, was für ihre Tischgenossen aussah, als hinge sie meinem

Vater unterwürfig an den Lippen, dabei nahm sie einfach nur die Diskrepanz wahr, die zwischen dem empfindsamen Aristo des Vormittags und dem ausufernd frivolen Mann bestand, der nun am Tisch saß, und sie spürte genau, dass seine wilden, irdischen Geschichten nichts als eine Kompensation seiner Sprachlosigkeit am Morgen waren. Am liebsten hätte sie ihn besänftigend in die Arme geschlossen, doch je länger er sprach, desto mehr spürte sie noch etwas anderes, eine unbekannte, unverschämte Erregung, die sich in ihrer Fantasie festbiss wie ein schmarotzerhaftes Tier, und sie wusste nicht, was sie mehr erotisierte: was er sagte oder die Unverblümtheit, mit der er von seinen Bordellbesuchen erzählte. Sie begann zu ahnen, dass das, was sie mit ihm erwartete, etwas vollkommen Unbekanntes sein musste, und die Möglichkeit, dass auch sie Freude daran haben könnte, versetzte sie in genau den Zustand, den mein Vater hatte erzeugen wollen.

Es war die Arbeit, die meinen Vater dazu brachte, den denkwürdigen Lunch zu beenden und für seine Gäste die Siesta einzuläuten, doch wer geglaubt hätte, er sei nach mehr als einer Flasche Dom Pérignon nicht mehr in der Lage, seinen Geschäften nachzugehen, der hätte sich gewundert, mit welcher Brillanz er an diesem Nachmittag seine Telefonate führte, während meine Mutter sich in ihre Kabine zurückzog. Meneghini, der sich ebenfalls als Geschäftsmann präsentieren wollte, erklärte allen in seinem löchrigen Englisch, er werde vom Deck aus telefonieren, international call, you know, important, und der

Kontrast zwischen beiden Männern hätte an diesem Tag nicht größer sein können.

»Hier«, sagte Meneghini später, als er in die Kabine kam, entnahm seiner Jacke ein zusammengefaltetes Papier und versuchte es wie eine Trophäe auf die Kommode zu werfen. Was misslang, der Zettel segelte an der Möbelkante vorbei zu Boden.

»Was ist das?«, fragte meine Mutter und weitete die Nasenlöcher.

»Engagements! Ich habe mehrere Auftritte ausgehandelt.« Er bückte sich, hob den Zettel auf und streckte ihn meiner Mutter entgegen. »Und wie ich gehandelt habe! Niemand erzielt solche Gagen. Sie zittern alle, wenn sie nur hören, dass ich am Apparat bin!«

»Und für wen hast du die ausgehandelt?«

»Für wen?« Er sah sie verständnislos an.

»Falls du sie für mich ausgehandelt hast: Ich habe dich nicht darum gebeten, und ich werde sie nicht wahrnehmen.«

»Wie bitte?«

»Du hast richtig gehört. Ich wurde nicht gefragt, und deshalb werde ich sie auch nicht wahrnehmen, ich habe …«

»Nicht gefragt? Seit wann habe ich dich zu fragen, ich bin dein Manager, und ich …«

»Du warst mein Manager. Ich werde unter so miserablen Bedingungen, wie du sie aushandelst, nicht mehr auftreten.«

»Meine Bedingungen sollen auf einmal miserabel sein?

Haben die Millionen dieser Leute hier dir jetzt so den Kopf verdreht, dass dir die Verhältnismäßigkeit vollkommen abhandengekommen ist?«

»Oh nein, Battista, mir ist nichts abhandengekommen, aber unsere Perspektiven sind vollkommen verschieden. Du hast dich um Verhältnismäßigkeit nie gekümmert, weil du kein Gefühl für Kunst hast, du brüstest dich zwar damit, doch in Wirklichkeit geht es dir nur ums Geld, etwas anderes hat dich niemals interessiert.«

»Das Geld ist ...«

»Es interessiert dich auch nicht, wie dein sensationelles Verhandlungsgeschick bei anderen ankommt. Nein, Battista, ich habe keine Lust mehr, das auszubaden, was du anrichtest.«

Der Umstand, dass er sie mit offenem Mund anstarrte, bewies meiner Mutter, dass sie ins Schwarze getroffen hatte: Ihm fehlte jedes Gespür. »Und damit du es weißt: Sie zittern nicht, wenn du anrufst«, fuhr sie fort, »sie sind genervt. Ihren Missmut bekomme immer ich zu spüren. Ich bin es, deren Nerven vor jedem Auftritt bis zum Äußersten strapaziert werden, weil dein ach so großartiges Verhandlungsgeschick alle gegen uns aufgebracht hat.« Sie stockte, weil ihr das Wort »uns« herausgerutscht war, am liebsten hätte sie es nachträglich aus ihrer Rede entfernt. »Ich feuere dich hiermit als meinen Manager, Giovanni Battista Meneghini, ich werde mich zukünftig selbst um meine Engagements kümmern. Und ich werde auf meine Rechnung arbeiten.«

Er starrte sie an, und meine Mutter erkannte deutlich den Moment, in dem er begriff, dass es ihr ernst war: Sein Gesicht sackte in sich zusammen, während seine Stimme sich erhob. »Das kannst du überhaupt nicht, ich bin schließlich dein Ehemann! Du wirst deine Verträge erfüllen und … und … Ich habe sowieso genug von alldem hier, von diesem ordinären Halunken, wir gehen jetzt von Bord, wir …!«

»Sei still, du schreist ja alle zusammen! Wenn du von Bord gehen willst, dann kannst du das gern morgen in Istanbul tun, mal schauen, wie weit du kommst.« Damit drehte sie sich um und verließ die Kabine. Erst als sie die Tür hinter sich geschlossen hatte, bemerkte sie, wie stark sie zitterte. So rasch sie konnte, eilte sie durch den Gang, und die Ahnung, dass hinter den Türen der anliegenden Kabinen ihre Mitfahrer standen und sensationslüstern versuchten etwas von dem Streit mitzubekommen, ließ ihr Herz noch heftiger schlagen. Erst als sie das Deck erreichte, hielt sie inne. Die Dämmerung zog gerade herauf und tauchte die Szene in ein unpassend schönes, blaurotes Licht. Von der Reling hinter dem Swimmingpool hob sich die einsame Silhouette meines Vaters ab. Meine Mutter atmete erleichtert aus.

Sie ging auf ihn zu und stellte sich neben ihn. Ihr Körper bebte noch immer vor Empörung. Natürlich gehörte es zu ihren grundlegenden Fähigkeiten, ihren Atem so zu beherrschen, dass es ihr in vielen Situationen allein durch Atemtechnik gelang, sich zu besänftigen, doch die Gegenwart meines Vaters ließ ihre Anspannung wie von selbst von ihr abfallen. Für eine Weile standen sie ruhig beieinander, nur das Rauschen des Kielwassers war zu hören, ehe mein Vater auf die in einiger Entfernung liegende Insel Lesbos zeigte.

»Mytilene«, sagte er versonnen. »Dort habe ich damals die Flüchtlingslager nach meinen Verwandten abgesucht, nachdem ich aus dem brennenden Smyrna entkommen war.«

»Und? Hast du sie gefunden?«

Er nickte. »Meine Stiefmutter und meine Schwestern, ja. Aber meine Großmutter fand ich nicht. Sie hatte Smyrna später verlassen als die anderen, weil sie meinte, einer so alten Frau würden sie nichts tun.« Er schüttelte den Kopf. »Wir mussten sie förmlich dazu zwingen, und weißt du, worum sie mich anflehte, als sie schließlich ging? Ich musste ihr schwören, immer die Kerzen auf dem Familienaltar anzuzünden.«

Meine Mutter musste unwillkürlich schmunzeln, sah ihn an, doch er machte eine Kopfbewegung hin zu der Insel vor ihnen. »Ich habe sie übrigens nie wiedergesehen. Ihr Schiff kam zwar hier bei Mytilene an, aber als sie ins Ruderboot stieg, wollte ein Dieb ihr die Goldstücke stehlen, die sie in ihren Kleidersaum eingenäht hatte, und vor Aufregung blieb ihr Herz stehen.«

»Das tut mir leid.« Meine Mutter legte ihre Hand auf seine. Sie schwiegen beide, und so wie sie in der Lage war, den Schmerz der Figuren, die sie auf der Bühne verkörperte, am eigenen Leib zu spüren, so fühlte sie jetzt den Schmerz meines Vaters. Ebenso wie die Verbundenheit zwischen ihnen, die weder sie mit Meneghini teilte noch mein Vater mit Tina.

»Wir sollten bald zum Essen gehen …«, sagte er gedankenverloren.

»Ja, das müssen wir wohl.« Meine Mutter stöhnte auf. »Ich hoffe, er bleibt in seiner Kabine.« Ihr Ton war so unvermittelt scharf, dass er sie fragend ansah.

Sie atmete hörbar ein. »Ich habe ihn gefeuert.«

»Als Manager oder als Ehemann?«, fragte mein Vater belustigt, wurde aber sofort wieder ernst.

»Ich werde mich in Zukunft selbst managen. Ich weiß zwar noch nicht wie, aber schlechter als er kann ich es gar nicht machen.«

»Was ist passiert?«

»Ach, er sagte, er habe neue Engagements vereinbart, Engagements, die ich überhaupt nicht will. Über meinen Kopf hinweg macht er irgendwelche Verträge, aber das ist noch nicht einmal das Schlimmste. Wirklich schlimm ist die Art und Weise, wie er es tut, unverschämt, aggressiv und unfreundlich. Er legt sich mit jedem an, stellt vollkommen überzogene Forderungen und behauptet, ich sei es, die darauf besteht. Kannst du dir vorstellen, in welcher Atmosphäre ich dann meine Arbeit machen muss? Dabei habe ich oftmals gar keine Ahnung, welche Gagen er ausgehandelt hat, wenn ich auf der Bühne stehe, das interessiert mich auch nicht, mich interessiert die Kunst, und ich brauche einfach die richtigen Bedingungen, um arbeiten zu können, aber das begreift er nicht.«

»Was genau brauchst du?«

»Ach, in erster Linie brauche ich Menschen, denen es wirklich um die Sache geht, um großartige Kunst; die dafür brennen, sie zu verwirklichen, und nicht nur allabendlich mehr schlecht als recht einen Job zu machen, so wie in New York ...« Sie schnaubte. »Um wirklich Kunst zu erschaffen, braucht es Zeit. Es braucht Herausforderungen und Partner, die in der Lage sind, sie zu meistern. Ein Ensemble nur aus den Besten. Man muss etwas wagen, muss über Grenzen gehen, nur dann kann das Besondere entstehen. Gagen sind dabei zweitrangig.«

Mein Vater sah eine Weile aufs Meer hinaus. »Die Oper in Monte Carlo könnte ein bisschen frischen Wind vertragen«, sagte er schließlich. »Du könntest dir ein Ensemble zusammenstellen, das Repertoire aussuchen, und dann lässt du die Dirigenten zu dir kommen.«

Meine Mutter wandte den Kopf und sah ihn mit weiten Augen an. »Aristo, das wäre ...«

Er grinste. »Wenn alle nach Monaco kommen, um dich zu hören, ist das für mich einfach bloß ein gutes Geschäft. Man müsste nur ein bisschen Geld in die Hand nehmen und ein paar Seilschaften kappen.«

Sie sog tief den warmen Abendwind ein. Ein Opernhaus, das ihr alle Möglichkeiten eröffnete, das sich nicht gegen sie stellte, nicht gegen die Kunst stellte, sondern nur dem Gesang diente, was für eine paradiesische Vorstellung! Die Oper von Monte Carlo war zwar recht unbedeutend, doch das hatte für ganz Monte Carlo gegolten, bevor Aristoteles Onassis sich dort engagiert hatte. Wenn er sich also hinter sie stellte, um eine Oper ganz nach ihren Vorstellungen aufzubauen, was hätte sie sich mehr wünschen können? Wie oft hatte sie davon geträumt? Gleichzeitig überfiel sie tiefe Furcht: Würde sie sich dem denn überhaupt noch stellen können? Würde sie ihren eigenen Ansprüchen noch gerecht? Vor ein paar Jahren hatte ihr Enthusiasmus alle Ängste überwunden, aber jetzt, nachdem sie so oft an ihre eigenen Grenzen gestoßen war … Tief in ihrem Inneren wusste sie, dass sie ihrem Körper nicht mehr vertrauen konnte, und die Resignation darüber löste – wenn sie ganz ehrlich zu sich selbst war – nur den Wunsch aus, sich zur Ruhe zu setzen. Wieder sah sie meinen Vater an, sah seine tiefdunklen Augen, und das Gefühl, das sie warm durchströmte, war so viel stärker als alles andere, ja, sie stellte fast erschrocken fest, dass ihr Wunsch zu singen nahezu verebbt war. Sie wollte für diesen Mann da sein, nichts anderes hatte mehr Gewicht.

Am nächsten Tag, dem 5. August, erreichten meine Eltern das östlichste Ziel ihrer Reise, den Bosporus. Fast darf ich sagen: Wir erreichten, denn es bleiben nur noch wenige Stunden, bis sich alles fügt und auch ich am Ziel sein werde. Majestätisch liegt das Schiff vor Istanbul, umringt von den unzähligen Booten der Journalisten und Schaulustigen, die immer präsent sind, sobald die *Christina* in

Erscheinung tritt. Alles scheint zu funkeln, zu glänzen, der türkische Ministerpräsident kommt zum Lunch, er ist den Griechen verhasst, aber so ein Mann ist mein Vater, ein Diplomat. La Callas mit dem Ministerpräsidenten auf der Titelseite der türkischen Tageszeitung, so eine Frau ist meine Mutter, die berühmteste der Welt. Motorengeheul. Das Speedboot meines Bruders, das Gaspedal am Anschlag, mein Bruder ist ein schneller Mensch, bis zum Schluss, auch dieses Bild geht um die Welt.

Am Nachmittag durchquerten sie die Meerenge, die Europa von Asien trennt. Auch meine Mutter befand sich zwischen zwei Kontinenten, doch eigentlich wusste sie längst, dass der Kontinent Meneghini für sie unbewohnbar geworden war. Während der Stadtbesichtigung, die von Regierungsvertretern begleitet und von Menschenansammlungen gesäumt wurde, hielt sie sich von ihm fern, als gäbe es keinerlei Verbindung zwischen ihnen. Erst als sie zum Cocktail wieder an Bord zurückkehrten und meine Mutter sich umkleiden musste, kam sie nicht umhin, ihn in die Kabine zu begleiten. Sie hatte vorgehabt, seine Anwesenheit zu ignorieren, doch er begann wieder von vorn, sprach von Engagements, die sie annehmen müsse, bis sie herumfuhr.

»Hör zu, Battista, ich wiederhole es zum letzten Mal: Ich habe nicht vor, diese Engagements anzunehmen, ich werde eine Zeit lang überhaupt nicht mehr arbeiten, ich brauche Ruhe und Erholung, und damit basta!«

»Aber das kannst du nicht machen, Maria, wir brauchen das …« Er hielt inne.

»Was brauchen wir? Geld?« Sie gab einen verächtlichen Laut von sich. »Ich habe genug Geld verdient in den vergangenen zehn Jahren, Millionen habe ich verdient, das wird für eine Weile reichen.«

»Es … ähm … hat aber auch Ausgaben gegeben.«

»Was willst du damit sagen?« Sein Tonfall irritierte sie.

»Ziemlich hohe Ausgaben.« Sein Blick irrte am Boden umher. »Die Häuser, die Reisen …«

»Für meine Spesen kommen die Veranstalter auf, und die Häuser sind bezahlt.«

»Nun ja … nicht ganz, und es gab ja noch andere Kosten. Viele Kosten.«

»Battista, was soll das heißen?«

Obwohl er ohnehin keinen Hals hatte, sackte sein Kopf noch tiefer zwischen die Schultern. »Battista, ich rede mit dir!« Sie sah ihn scharf an. »Wie viel Geld befindet sich auf unseren Konten?«

Er machte eine hilflose Geste.

»Oh mein Gott!«

»Es gibt überhaupt keinen Grund, sich so aufzuregen, ich habe alles Finanzielle immer gut geregelt, und die neuen Engagements …«

»Wie bitte? Verstehe ich das richtig? Du erklärst mir gerade, dass ich arbeiten muss, weil du alles ausgegeben hast, und das nennst du gut geregelt? Das kann nicht wahr sein! Und ich Idiotin habe dir vertraut!« Sie ließ sich auf das Bett sinken. Alles hätte sie für möglich gehalten, aber nicht das. Im Geist überschlug sie die Summen, die sie in den vergangenen, guten Jahren eingenommen haben musste. Natürlich hatten sie Ausgaben gehabt und Anschaffungen getätigt, doch erstens hatte sie stets auf Verhältnismäßigkeit geachtet, zweitens hatte Meneghini selbst ein beträchtliches Vermögen mit in die Ehe gebracht, das den Wert der Immobilien bei Weitem überstieg. »Was zum Teufel hast du mit meinem Geld gemacht?«

Es war sein Pech, dass meine Mutter in diesem Moment ihre Brille trug, denn so entging ihr nicht, dass sein Kiefer zitterte. »Es ist auch mein Geld.«

»Gewesen, Battista Meneghini. Gewesen.«

Damit griff sie nach ihrer Stola, verließ die Kabine und betrat allein den Speisesaal. Sie wirkte vollkommen ruhig, tatsächlich zitterte alles in ihr. Sie wünschte, sie wäre in der Lage gewesen, während des Dinners lächelnd Konversation mit den anderen zu machen, aber während Sir Winston wortreich von seiner gescheiterten Dardanellen-Invasion im Ersten Weltkrieg berichtete, überschlugen sich ihre Gedanken. Ihr wurde klar, wie wenig Aufmerksamkeit sie der wirtschaftlichen Seite ihrer Arbeit geschenkt hatte. Aber war das nicht richtig so? War sie nicht immer froh gewesen, all das Battista zu überlassen, um sich ausschließlich ihrem Gesang zu widmen, hatte sie nicht genau das vorhin Aristo erklärt? Sie versuchte sich zu erinnern, welche Summen in ihren Schallplattenverträgen gestanden hatten: Wie stand es um die Verkäufe? Wie hoch waren

die Tantiemen? Wie viel brachten die kommenden Auftritte ein? Sie würde sich, sobald sie zu Hause war, um
all das kümmern müssen, doch bei dem Gedanken, genau
so wieder nach Mailand zurückzukehren, wie sie zwei
Wochen zuvor abgereist war, verweigerte sich ihre Vorstellungskraft. Alles verschwamm. Die Stimmen am Tisch,
das Klirren des Bestecks auf dem Porzellan, das Gelächter,
die Schritte des Kellners, der Wein nachschenkte – all diese Geräusche verwoben sich zu einem Gebilde, aus dem
die Stimme meines Vaters hervorstach wie ein Licht. Sie
richtete ihren Blick auf ihn. Am liebsten wäre sie einfach
mit ihm auf diesem Schiff geblieben.

Der 6. August! Ein besonderer, ein denkwürdiger, ein hei-
liger Tag, der Höhepunkt der Reise. Weder mein Vater
noch meine Mutter haben diesen Tag je vergessen. Und
ich, wie könnte ich!

Schon zeitig am Morgen gingen sie an Land. Mein
Vater hatte seine englischen Gäste zum Lunch mit dem
britischen Konsul verabredet, um währenddessen mit den
Griechen – also mit meiner Mutter, seinen Verwandten,
Tina und dem Kapitän – den Patriarchen Athenagoras zu
besuchen. Der Patriarch ist für orthodoxe Griechen ungefähr das, was der Papst für die katholischen Christen
darstellt, entsprechend aufgeregt waren alle. Meneghini
indes bestand darauf, meine Mutter zu begleiten, statt mit
den Engländern zu gehen.

»Was willst du dort, du wirst kein Wort verstehen?«

»Das ist mir egal.«

»Du wirst dich langweilen.«

»Ich komme dennoch mit.«

Sie hob die Schultern, drehte sich um und ließ sich von meinem Vater in eins der kleinen Chris-Craft-Motorboote helfen, mit denen die Passagiere ans Ufer gebracht wurden. Auf einmal war es ihr vollkommen egal, wie die anderen es kommentieren würden, dass sie mit meinem Vater allein im Boot saß. Tatsächlich startete mein Vater sofort den Motor und fuhr Richtung Ufer, wo eine Unmenge von Schaulustigen bereits darauf wartete, die Passagiere der Jacht aus der Nähe bestaunen zu können. Man konnte den Eindruck gewinnen, die *Christina* sei ein exotisches Raumschiff, aus dem nach und nach die Außerirdischen krabbelten, so groß war das Aufsehen, das sie erregten.

Doch kaum dass sie sich ein Stück von der *Christina* entfernt hatten, korrigierte mein Vater das Steuer, sodass das Boot in einem weiten Bogen in die entgegengesetzte Richtung drehte und auf den Leanderturm, eine kleine Leuchtturminsel inmitten des Bosporus, zusteuerte. »Was tust du, Aristo?«, rief meine Mutter gegen den Lärm des Motors an.

»Ich lasse den anderen den Vortritt«, antwortete er grinsend. »Sie laufen uns gewiss nicht davon.« Er steuerte das Motorboot um den Turm herum, sodass sie von der *Christina* aus nicht mehr zu sehen waren, und hielt an. Während das Boot noch ausschaukelte, legte er meiner Mutter den Arm um die Schultern. »Ist das nicht ein großartiger Anblick?« Er wies auf die in der Morgensonne glänzenden Dächer der Stadt, ließ meiner Mutter jedoch nicht viel Zeit zum Schauen, bevor er sie an sich zog und küsste. Sie leistete keinen Widerstand. Zum ersten Mal waren sie vollkommen allein miteinander, und sie genoss den Schauder, der sie durchlief. Sie begehrte alles an ihm, uneingeschränkt, sog den Geruch seiner Haut ein und wünschte, die restliche Welt würde sie hier einfach übersehen und vergessen, und dann wünschte sie sich, sie wären beide vollkommen normale Menschen, die niemand beachtete.

Ehe sie wieder losfuhren, entfernte sie sorgfältig die Spuren ihres Lippenstifts von seinem Gesicht. »Meine Güte, was wir hier tun ...«, sagte sie und kicherte wie ein Kind. »Und das auf dem Weg zum Patriarchen.« Kopfschüttelnd richtete sie ihr Kleid.

Man kann meine Mutter als sehr religiös bezeichnen, doch sie war es auf ihre eigene Weise. Gott war wichtig, aber es kam durchaus darauf an, wer ihn repräsentierte. Als sie einige Jahre zuvor mit Meneghini eine Audienz beim Papst gehabt hatte, hatte sie kaum Ehrfurcht empfunden, ja hatte dem Papst, dessen Neffe in die Affäre mit der Pastawerbung verwickelt war, sogar die Bitte abgeschlagen, ihre Klage zurückzuziehen. Das sollte man sich auf der Zunge zergehen lassen: Meine Mutter verweigerte dem Papst einen Gefallen! Aber so war sie, meine Mutter, sehr entschieden, wenn es um Recht und Ordnung ging.

Der Patriarch Athenagoras indes war eine ganz andere

Angelegenheit, und als sie seinen Empfangsraum betrat, fühlte sie sich in einer Weise beseelt, die sie vollkommen verstummen ließ. Man muss sich Athenagoras als eine sehr imponierende Figur vorstellen: Groß, mit langem Bart, in einen schwarzen Talar gewandet schien er ihr tatsächlich die Vertretung des Höchsten persönlich zu sein. Mein Vater wusste genau, was diese Audienz für meine Mutter bedeutete. Sie war, trotz ihrer katholischen Ehe, immer eine orthodoxe Griechin geblieben.

Mein Vater war zwar ebenfalls gläubig, wie die meisten Griechen sogar abergläubisch, doch er war auch ein sehr pragmatischer und vor allen Dingen ein außergewöhnlich zielstrebiger Mann. Wenn Gott ihm bei der Erreichung seiner Ziele helfen konnte, nahm er das ohne Zögern in Anspruch.

Nachdem sich alle im Empfangsraum versammelt und die einleitenden Worte des Patriarchen angehört hatten, bat Athenagoras meine Eltern vorzutreten, um seinen Segen zu empfangen. Für meine Mutter nahm es nicht Wunder, dass aus der Gruppe nur sie beide gesegnet wurden, denn der Teil ihrer Seele, der energisch auch den kleinsten Anflug von Selbstzweifeln niederkämpfte, hielt eine solche Art von Sonderbehandlung nicht nur für angemessen, sondern für ein Anrecht. Ein Charakterzug, der sie zwar nicht beliebter machte, für ihr Überleben aber notwendig geworden war. Nun also stand sie neben meinem Vater und spürte, wie der Vertreter Gottes höchstpersönlich seine Hand auf ihren Kopf legte.

»Maria«, sagte er, natürlich mit einer Stimme, die perfekt zu seiner Erscheinung passte, »du bist die beste Sängerin der Welt, und du, Aristoteles, bist der berühmteste Seefahrer der modernen Welt, ein moderner Odysseus. Ihr beide gereicht eurem Vaterland zu großer Ehre, nehmt dafür meinen Dank und meinen Segen entgegen.« Obwohl sie sich nicht berührten, spürte sie die Präsenz meines Vaters neben sich wie etwas Körperliches, und ihr war, als stellte der Patriarch mittels seiner beiden Hände eine neue, noch tiefere Verbindung zwischen ihnen her.

»Aber … sie ist doch schon verheiratet!« Meneghini. Sie hörte ihn wohl, war jedoch viel zu absorbiert von dem feierlichen Ton, mit dem Athenagoras seine Segensformel sprach, als dass sie seine Worte hätte wahrnehmen wollen. Vielmehr war es, als ginge sie die jammernde Stimme ihres Ehemannes nichts mehr an, als ginge sie dieser Ehemann nichts mehr an, ihre Kontinente waren so weit auseinandergedriftet, dass kein Zusammenhang mehr zwischen ihnen bestand. Es war mein opernenthusiastischer Onkel Theodoros, der ausreichend gut Italienisch sprach, um Meneghini zuzuraunen, dass es sich keineswegs um eine Trauung, sondern nur um einen Segen handle.

Man muss ein bisschen Mitleid mit dem armen Meneghini haben, der die Erklärung meines Onkels ebenso hinzunehmen hatte wie die Zeremonie, und hätte ihm jemand erzählt, dass das Trauungsritual, mit dem mein Vater und Tina von Athenagoras dreizehn Jahre zuvor getraut worden waren, diesem Segen ziemlich ähnlich sah, so wäre er noch verzweifelter gewesen. Natürlich dachten alle dasselbe, und vielleicht muss man es dem kleinen Italiener zugutehalten, dass er es als Einziger aussprach. Möchte jemand wissen, was Tina dachte? Nun, sie war keineswegs so betroffen, wie man hätte meinen mögen. Religion bedeutete ihr nicht viel, außerdem verstand sie sich mehr als westliche Christin denn als Orthodoxe, und die ganze Veranstaltung, die sie im Übrigen tatsächlich an ihre eigene Hochzeit erinnerte, langweilte sie zutiefst. Sie wünschte, es sollte so schnell wie möglich vorübergehen, die ganze Kreuzfahrt sollte vorübergehen, und es war genau in dem Augenblick, da Athenagoras seinen Segen murmelte, dass Athina Onassis einen einigermaßen kühnen Plan fasste. Zu ihrer Überraschung sollte er gelingen.

Für meine Mutter jedoch war diese Zeremonie buchstäblich ein Segen, denn nun war Gott mit im Boot, hielt seine Hand über sie beide, und wenn Gott etwas guthieß, dann konnte kein Mensch, nicht einmal meine Mutter, mehr etwas dagegen haben. Sie war bereit! Und ich war es auch.

Es sollte einer der bedeutendsten Augenblicke ihres Lebens bleiben, und das wahrhaftig bis an ihr Ende, denn es war diese Zeremonie, an die sie als Letztes dachte, als sie am Morgen des 16. September 1977 auf dem Weg ins Badezimmer zusammenbrach und das Bewusstsein verlor. Doch was macht das noch für einen Unterschied?

Die Konsequenz, die meine Mutter an den Tag legen konnte, wurde von Außenstehenden, zum Beispiel von Kollegen, Dirigenten oder Opernimpresari, nicht selten mit Sturheit verwechselt. Dabei wusste sie meist einfach nur genau, was sie wollte – in musikalischer Hinsicht stets das Beste –, und manchmal hielt sie an Prinzipien fest. Für einen Menschen, der sich immer wieder allein durch Stürme kämpfen muss, kann ein Prinzip die Rettung sein.

Am Prinzip der ehelichen Treue hielt meine Mutter mit einer so unerschütterlichen Konsequenz fest, dass es andere erschütterte, zum Beispiel Ingrid Bergman, der sie einige Zeit zuvor die Freundschaft hatte kündigen wollen, nachdem die Schauspielerin sich einen Liebhaber zugelegt hatte; und natürlich brachte die Liebe zu meinem Vater meine Mutter in einen Konflikt, hinter dem sich, man darf das ruhig so sagen, die Begierde zweier Wochen angestaut hatte. Der Segen des Patriarchen aber wog in den Augen meiner Mutter mehr als ihre vor einem katholischen Geistlichen geschlossene Ehe, und so kam es, dass sie am Mittag des 6. August 1959 als vollkommen veränderte Frau auf die *Christina* zurückkehrte. Sie hatte ein ehernes Prinzip ihres Lebens radikal über Bord geworfen und war nun wild entschlossen, ein anderes zu errichten.

Selbstverständlich kam Athenagoras mit auf das Schiff, mein Vater hatte ihn zum Lunch eingeladen. Alexander würde mir gegenüber später einmal spotten, dass es irgendwo auf dem Schiff eine verborgene Wand geben müsse, in die unser Vater die Namen der Berühmtheiten, die er an Bord brachte, einritzte wie in eine Kerkerwand. Eine solche Wand hatte mein Vater natürlich nicht nötig, es genügte, dass die Presse alles in ihre Zeitungen ritzte, was offensichtlich auf der *Christina* geschah.

Als der Patriarch am Abend wieder von Bord gebracht wurde, fotografierten die Journalisten zuerst ihn, dann näherten sie sich, wie sooft, mit kleinen Booten der Jacht, um der Welt zu berichten, wie glamourös und ausgelassen diese Luxusgesellschaft zu feiern verstand. Denkwürdige Aufnahmen sind dabei entstanden, denn sie zeigen die Welt in einem der letzten Augenblicke, bevor mein Leben begann. Die letzten Momente ohne mich.

In der Tat wurde an diesem Abend viel getanzt, und es war meine Mutter, die es am hingebungsvollsten tat. Fast ausschließlich mit meinem Vater, und bereits beim ersten Tanz teilte sie ihm ihren Entschluss mit. Es war passenderweise die orchestrale Version von Doris Days *It's Magic*, zu der sie tanzten, denn für meine Mutter fühlte sich das alles ziemlich magisch an, entsprechend magisch war der Blick, mit dem sie ihm in die Augen sah. »Ich habe mich entschieden, Aristo. Meine Ehe ist beendet. Ich werde ab sofort mit dir zusammen sein.«

Mein Vater zuckte zusammen, so wie man es immer tut, wenn einen die eigenen Wünsche wie ein Bumerang einholen, und um seinen Schreck zu kaschieren, fasste er meine Mutter noch beherzter um die Taille. »Keine Vorbehalte mehr?«

»Keine Vorbehalte.« Der Blick, den sie tauschten, in den sie gleichsam versanken, war nichts anderes als Ausdruck jener universellen Begierde, die die Menschheit aufrechterhält, aber natürlich fühlte er sich für meine Eltern einzigartig an. Die Liebe ist eine reichlich irrationale Angelegenheit. »Ich vertraue dir, Aristo.«

Natürlich begann mein Vater sofort, konkrete Pläne zu schmieden. Während das Orchester Frank Sinatras *Love Is Here to Stay* spielte, eilte er in Gedanken durch jeden Winkel des Schiffs, doch es gab praktisch keinen Platz, an dem sie unbeobachtet gewesen wären, erst recht keinen, der ihm für eine erste Liebesnacht mit meiner Mutter komfortabel genug erschien. Eine freie Kabine zum Beispiel, aber da Sir Winston nicht nur seinen Sekretär, sondern auch seinen Leibarzt mit sich führte und außerdem ein Wohnzimmer brauchte, waren alle Passagierkabinen besetzt. Er legte seine Wange so nah an die meiner Mutter, dass es für die Umstehenden gerade noch so aussah, als flüsterte er ihr etwas ins Ohr, doch es war ohnehin nicht mehr zu verheimlichen, dass sie Gefühle füreinander hegten. Als einige Zeit später Alma Cogan von ihrem *Dreamboat* zu singen begann – *I would sail the seven seas with you* –, wusste mein Vater plötzlich, wo er mit meiner Mutter allein sein konnte. Was heißt allein … Er konnte ja nicht ahnen, dass ich längst überall dabei war.

Niemand blieb nüchtern an diesem Abend, nicht einmal Lady Churchill, und wenn es nicht die Aura des Patriarchen war, dann war es der Alkohol, der alle nachsichtig stimmte. Selbst Meneghini versuchte sich in einer Art Nachsicht zu üben, indem er sich konsequent einredete, dass das, was er da sah, nicht die größte Romanze im Leben meiner Mutter, sondern lediglich Ausdruck ihrer zunehmenden Entspannung war. Die Erholung zeigte Wirkung, La Callas amüsierte sich, wenn auch leider ohne ihn.

»Geh ins Bett, Battista«, sagte sie bald nach Mitternacht zu ihm, »du brauchst deinen Schlaf.« Ihre Stimme schlingerte. Seit Stunden tanzte sie mit diesem griechischen Emporkömmling, Meneghini hatte längst die Hoffnung aufgegeben, sie würde ihm wenigstens einen Tanz gönnen. Also trollte er sich in die Kabine. Sollte sie ihren Spaß haben: Sobald sie dieses Schiff in einer Woche wieder verließen, würde ihre Entspannung ihm zugutekommen.

Es sollte die schlimmste Woche seines Lebens werden.

Es war drei Uhr morgens, als meine Eltern und die Montague Brownes, die wie immer bis zuletzt aufgeblieben waren, sich gegenseitig eine gute Nacht wünschten. Kurz vor ihrer Kabine erklärte meine Mutter, sie habe ihren Schal liegen gelassen, kehrte zum Achterdeck zurück und tat eine Weile, als suchte sie den Boden ab. Anschließend stieg sie die Treppe zum Oberdeck empor. Im selben Moment erschien mein Vater, in der Hand eine Flasche Champagner und zwei Gläser. Wortlos hob er die Persenning des größten der Rettungsboote an, und meine Mutter schlüpfte hindurch.

Ich erspare mir das Weitere. Kein Mensch will sich seine Eltern dabei vorstellen, und ich war in diesem ersehntesten aller Augenblicke im Begriff, einer zu werden.

Es war gegen sechs Uhr am Morgen – Sonnenstrahlen fielen bereits seit einer Stunde auf den Schornstein der *Christina* und ließen ihn in noch wärmerem Gelb leuchten –, als mein Vater meine Mutter behutsam mit einem Kuss weckte. In der Dämmerung war sie in seinen Armen eingeschlafen. Er selbst war wach geblieben und hatte zugesehen, wie die Sterne verschwanden und der Himmel sich allmählich erhellte, hatte auf die vertrauten Geräusche des Meeres und des Schiffs gelauscht, hatte den Geruch der Seeluft und der von der Liebe erhitzten Haut meiner Mutter eingeatmet, dabei erstaunt bemerkt, dass ihr kaum wahrnehmbarer Geruch ihm so vertraut war, als sei es sein eigener, hatte ihren Arm gestreichelt, dabei seine eigene Haut berührt und mit noch größerem Erstaunen festgestellt, dass er so gut wie keinen Unterschied fühlte, die Struktur ihrer Haut glich seiner, als teilten sie sich ein und denselben Körper. Während er so all seine Sinne weit öffnete, überkam ihn Ergriffenheit: Diese Frau, deren Brustkorb sich in seinem Arm ruhig hob und senkte, schien jene zweite Hälfte seines Selbst zu sein, nach dem seine Seele, wenn er der griechischen Mythologie glaubte (was er natürlich tat), sich seit jeher verzehrt hatte, und er wurde sich plötzlich bewusst, dass meine Mutter die einzige Frau war, deren Anwesenheit ihn nicht daran hinderte, die große, aber flüchtige Weite in seinem Inneren zu spüren, die ihn in seinen stillen Nachtstunden an Deck überkam, die aber sofort verflog, sobald sich jemand näherte. Versonnen strich er ihr das zerzauste Haar aus der Stirn. Wie anders sie wirkte ohne ihre strenge Frisur. Ohne auf die Uhr zu sehen, wusste er, dass es Zeit war, sie wach zu küssen. Es war ihm nicht verborgen geblieben, dass er sie bereits in der Nacht buchstäblich wach geküsst hatte. Im Laufe der Jahre hatte es ein paar junge Dinger gegeben, die er entjungfert hatte, was ihn mit einem gewissen männlichen Stolz erfüllt hatte, körperlich betrachtet aber niemals ein besonderes Vergnügen gewesen war. Eine gereifte Frau jedoch, die trotz ihrer Erfahrungen zum ersten Mal von Lust überwältigt wurde, das war eine ganz andere Sache, die er am liebsten sofort wiederholt hätte. Sie schlug die Augen auf, und er genoss die winzige Verzögerung, mit der sie sich zurechtfand, ehe sie erschrak. »Oh Gott, wie spät ist es?«

»Guten Morgen«, erwiderte er, küsste sie nochmals. »An der Zeit, hier zu verschwinden, bevor der Morgenappell beginnt.« Er zog sie an sich, ließ sie spüren, dass er schon wieder Lust auf sie hatte, ehe er ihr half, ihr Kleid anzuziehen. Nachdem sie das Rettungsboot verlassen hatte, lag er noch eine Weile ruhig dort und war froh, dass die *Christina* sich bereits wieder auf der Rückreise befand. Bis zur Ankunft in Monaco würde er sich ein bisschen um Sir Winston kümmern müssen, er hatte dem alten Herrn in den letzten Tagen viel zu wenig Aufmerksamkeit geschenkt.

Endlich war eine Ahnung von Tageslicht zu sehen, doch er spürte keinerlei Erleichterung. Seit Stunden starrte er ins Dunkel, die Zeit hatte sich so sehr gedehnt, dass ihn irgendwann die absurde, apokalyptische Angst überfallen hatte, die Sonne werde überhaupt nicht mehr aufgehen, nie wieder, und seine Fantasie hatte ihm wüste Szenerien von einem dem Untergang geweihten, vollkommen dunklen Planeten Erde präsentiert. Er hatte ins Bad gehen und ein Glas Wasser trinken wollen, war jedoch unfähig gewesen, sich zu bewegen, hatte seinen Herzschlag bis in die Ohren gespürt und für einen Augenblick tatsächlich gehofft, es werde ihn jetzt und auf der Stelle der Schlag treffen, die größtmögliche Gnade angesichts des bevorstehenden Weltuntergangs. Aber dann war es hell geworden, und sie war immer noch nicht da. Er wusste nicht, was schlimmer war: das panische Entsetzen, das ihn angesichts der eingebildeten Katastrophe gepackt hatte, oder die tatsächliche Katastrophe, an die er nicht zu denken wagte.

Nach und nach waren die Konturen des Mobiliars hervorgetreten, hatten Farbe angenommen, schließlich war der erste Sonnenstrahl zwischen den Vorhängen hindurch auf die Bettdecke gefallen, und die Beklommenheit hatte sich wie ein Panzer um seine Brust gelegt. Natürlich fielen Gedanken über ihn her, doch er ließ sie an sich abprallen, starrte auf das Bild an der Wand gegenüber und immer wieder auf die Uhr. Er wusste nicht weiter.

Als die Kabinentür sich öffnete, fingen seine Hände an zu zittern. Er schob sie unter die Bettdecke.

Sie war barfuß, hielt ihre Schuhe in der Hand und über dem Arm ihren Schal. Das eigentlich Entsetzliche aber war, dass sie ihre Haare offen trug. Der perfekte Sitz ihrer Frisur war ihr so wichtig, dass sie Unmengen von Haarspray verwendete, was beim Lösen der Haare zu einer medusenhaften Erscheinung führte. Nun war sie obendrein noch vollkommen zerzaust. Ohne ein Wort öffnete sie die Badezimmertür.

»Es ist sechs Uhr vierzig«, brachte er hervor.

»Schlaf weiter.«

»Ich kann nicht weiterschlafen, weil ich noch gar nicht geschlafen habe. Ich warte seit Stunden auf dich. Wo warst du?«

Sie antwortete nicht.

»Maria, ich habe dich etwas gefragt!«

Sie stellte ihre Schuhe auf den Badezimmerboden, richtete sich auf und sah ihn geradeheraus an. »Was geht es dich an?«

»Ich bin dein Ehemann.«

Sie hob die Schultern. »Nun gut, wenn du meinst, es unbedingt wissen zu wollen: Ich war mit Aristo zusammen, die ganze Nacht.«

Es traf ihn wie eine gigantische Welle. Für einen Moment sah und hörte er nichts, spürte auch nichts, ehe ihn Verzweiflung und Atemnot überkamen. Er hatte ihre Fähigkeit, schonungslos die Wahrheit zu verkünden und sich dabei ganz offensichtlich gut zu fühlen, immer geachtet, die wenigsten Menschen waren dazu in der Lage.

Jetzt spürte er zum ersten Mal, wie barbarisch diese Fähigkeit wirken konnte. »Wie du aussiehst«, brach es aus ihm heraus, demonstrativ schüttelte er den Kopf und wandte ihn dann zum Fenster, als könnte er ihren Anblick nicht ertragen. Er konnte ihn tatsächlich nicht ertragen. Er hörte, wie sie etwas aus dem Schrank nahm und die Badezimmertür hinter sich schloss. Nach einer Weile kam sie wieder heraus, das Haar war gekämmt, fiel ihr aber immer noch offen über die Schulter. Ohne ein weiteres Wort verließ sie die Kabine. Alles, was im Raum zurückblieb, war der Geruch ihres Parfums.

Noch immer erwachte sie mit dem ersten Tageslicht, eine Gewohnheit, die von der Regelmäßigkeit des Internatslebens rührte, wo ein Liegenbleiben im Bett nicht vorgesehen war, nicht einmal ein Räkeln war erlaubt, und sie fürchtete zuweilen, die Fähigkeit zum Ausschlafen gänzlich verloren zu haben. Sie warf einen Blick auf ihre Mutter, die über diese Fähigkeit in hohem Maße verfügte, stand auf, zog sich leise an und verließ die Kabine. Als sie in den Gang trat, war ihr, als habe sich gerade gegenüber eine Tür geschlossen, was sie verwunderte, denn sie hatte während der gesamten Reise niemals jemanden zu dieser Tageszeit an Deck angetroffen. Wie fast jeden Morgen ging sie auf das Oberdeck, wo sie für eine Weile das Meer beobachtete und schließlich zusah, wie die Besatzung des Schiffs sich zum Appell auf dem Vorderdeck versammelte. Sie liebte diese Morgenstunde, während der ihre Mutter und Großeltern noch schliefen und sie ein Gefühl von Freiheit und Unabhängigkeit empfand. Außerdem, aber das gab sie nicht einmal vor sich selbst zu, hoffte sie unermüdlich, den Hauslehrer des kleinen Alexander anzutreffen, eine Begegnung, die sie sich jeden Abend vor dem Einschlafen ausmalte, die aber nie stattfand, weil auch Kostas für gewöhnlich jede Minute Schlaf auskostete.

Selbst nach zwei Wochen an Bord genoss Celia noch jeden Moment dieser Reise, die fremdländischen Orte, die sie bisher nur aus Erzählungen ihres Großvaters kannte, die Schönheit der Landschaft, die Weite des Meeres und den märchenhaften Luxus auf diesem Schiff, konnte noch immer kaum glauben, dass sie daran teilhatte. Am meisten faszinierte sie die Selbstverständlichkeit, mit der Mr. Onassis und seine Frau sich mit diesem Luxus umgaben. Nun war die dritte und letzte Woche angebrochen, und Celia spürte bereits Bedauern über das nahende Ende. Während sie den leichten, noch morgenfrischen Wind fühlte, hörte sie plötzlich ein Geräusch, wieder ähnlich einer sich schließenden Tür, und in der jähen Hoffnung, Kostas möge erscheinen, wandte sie sich um. Zu ihrer Verwunderung sah sie nicht Kostas, sondern Mr. Onassis, der über den Rand des großen Rettungsbootes an Deck sprang. Sie war sich nicht sicher, ob er sie bemerkt hatte, er entfernte sich rasch und ohne sich umzusehen, in der Hand trug er eine Champagnerflasche. Erst jetzt fiel ihr auf, dass die Persenning des Bootes geöffnet war. Hatte Onassis dort geschlafen? Sie fand absolut keine Erklärung, warum er das getan haben sollte, schließlich gehörte ihm das Schiff, und er verfügte über eine Kabine, die so unfassbar prunkvoll ausgestattet war, dass sie bei der Führung zu Beginn der Reise aus dem Staunen nicht herausgekommen war. Allein die verspiegelte Toilette, in die man zwar nicht hineinsehen, aus der man aber in den Raum hinausschauen konnte – eine Extravaganz jenseits jeder Vorstellung. Vielleicht, überlegte Celia, gehörte es ebenfalls zu seinen Extravaganzen, ab und an in der Kabine des Rettungsbootes zu schlafen. Dass ein ehelicher Zwist jemanden wie Aristoteles Onassis aus seinem Schlafzimmer vertrieben haben könnte, so wie es bei ihren Eltern oft genug der Fall gewesen war, ehe sie sich endgültig getrennt hatten, konnte Celia sich beim besten Willen nicht vorstellen. Mit einer so bewundernswert hübschen und charmanten Frau wie Tina Onassis würde kein Mann sich je streiten wollen. Sie wandte den Blick aufs Vorderdeck, wo die Mannschaft sich mittlerweile versammelt hatte und ihr morgendliches Ritual begann. Sie liebte den Anblick der in makelloses Weiß gekleideten Matrosen auf dem in der Morgensonne glänzenden Holzdeck, das blitzende Messing der Reling, all das war wie ein Traum, und sie genoss es, darin vorzukommen. Anschließend schlenderte sie zum Achterdeck, setzte sich in einen der Sessel und absolvierte ihr eigenes Morgenritual. Nachdem sie entdeckt hatte, dass zu jeder Tageszeit ein Kellner aufkreuzte, sobald sie Platz genommen hatte, und nach ihren Wünschen fragte, hatte sie den Mut gefasst, ohne ihre Familie, die traditionell im

Bett frühstückte, ein kleines, heimliches Frühstück, bestehend aus einer Tasse Tee und einem Glas Orangensaft, einzunehmen, zu dem ihr stets unaufgefordert ein paar unfassbar köstliche Kekse gebracht wurden. Sie kam sich angenehm erwachsen dabei vor.

An diesem Morgen des siebten August, dem sechzehnten Tag der Reise, schien alles etwas ungewöhnlicher zu verlaufen als sonst, denn kaum dass Celia genüsslich in den ersten Keks gebissen hatte, erschien die Echse, die sonst niemals vor dem Lunch aufkreuzte, in einem für sie ungewöhnlich legeren Aufzug, der nur aus einem bunten Bikinioberteil und einem dazu passenden langen Rock bestand. Noch ungewöhnlicher aber war, dass die Callas auf sie zukam und ihr so herzlich einen guten Morgen wünschte, als seien sie die besten Freundinnen. Celia antwortete knapp, zu ihrer eigenen Überraschung hörte sie sich jedoch »hübscher Rock« sagen und war erleichtert, dass die Sängerin sich in einen Sessel auf der anderen Seite des Pools verzog, ihre Sonnenbrille aufsetzte und aufs Meer hinaussah. Nach einer Weile sackte ihr Kopf zur Seite.

Der Morgen über der Ägäis ist von klarem, entschlossenem Blau, das Meer glänzt. Die Inseln, so sie vom Schiff aus denn zu sehen wären, hätten scharfe Konturen, schroff wie ihre Felsen, deren karger Bewuchs aus der Ferne üppig erscheint. Das Licht umspannt alles, verbindet alles, sodass sich ein jeder behütet und unverwundbar fühlt, trotz der scheinbaren Endlosigkeit des Meeres. Es ist die irdischste Zeit des Tages, und das in diesen Breiten so überwältigende Band des Sternenhimmels, das von der tatsächlichen, Furcht einflößenden Endlosigkeit spricht, ist verschwunden wie die Nacht. Doch das Unsichtbare entfaltet seine Wirkung, während die Helligkeit immer gleißender wird, bis auf allen Dingen eine Haut aus Licht zu liegen scheint. Die Passagiere der *Christina* haben erst vor Kurzem ihre Kabinen verlassen und lungern nun auf den Sesseln um den Pool herum. Kaffee wird serviert, dazu die ersten Drinks, Sir Winston hat seinen Brandy gleich nach dem Frühstück eingenommen, die Gespräche sind träge, die Blicke matt.

Die berühmteste Sängerin der Welt, die zugleich die berühmteste Griechin der Welt ist, döst noch immer in ihrem gepolsterten Sessel, als die Sonne den Zenit erreicht. Lieber läge sie ausgestreckt im Bett, noch lieber auf einem Liegestuhl am Oberdeck, den Blick schwelgend auf das große Rettungsboot gerichtet, doch auf dem Oberdeck weht der Wind so stark, dass kein Sonnenschirm ihm standhält.

Kurz bevor sie einnickt, ist es, als bäumten sich die Stimmen und Geräusche an Deck auf, um sie in ihre kurzen, absurden Träume zu begleiten, ehe sie wieder erwacht. Wachen und Schlaf kommen und gehen in Wellen, und die Sinne unterscheiden nicht zwischen beiden Zuständen. Wenn sie ohne Kraft die Lider hebt, ist alles Licht. Einmal ist ihr plötzlich, als überkomme sie das Licht, fülle sie aus, sie hat die Vision einer riesigen Kugel, als dringe die Sonne selbst in sie. Das bin ich. Der Beginn meiner menschlichen Existenz, von niemandem bemerkt, während die *Christina* ihre Schneise aus Gischt in die Ägäis zieht. Nun gehöre auch ich dazu.

Die Sonne steht, wie es heißt, im Zeichen des Löwen, als es geschieht.

»Daddy?«

Es musste Diana sein. Er tat, als höre er nichts. Wieso konnte sie nicht sehen, dass er gerade jetzt nicht gestört werden wollte?

»Sieh nur, Daddy, wie schön!«

Er machte eine abwehrende Handbewegung. Natürlich sah er! Was zum Teufel glaubte sie, dass er tat? Seit einer halben Stunde hielt er den Blick auf das Meer gerichtet, betrachtete die Reflexion des Sonnenlichts auf dem Wasser, die sich nach und nach zu einer immer schmaler werdenden Spur verdichtete, das letzte Sonnenlicht des Tages; er registrierte die Veränderung der Farben, die heute ziemlich deutliche Rotverschiebung, und versuchte zu schätzen, zu welcher Art von Violett es kommen würde, ehe das Dämmerungsblau alle anderen Farben vertilgte. Jede Nuance wollte er auskosten, von der Schwärze der Nacht würde er schließlich noch lange genug zehren. Er nahm einen Schluck Brandy und zog an seiner Zigarre.

Sonnenuntergänge hatte er gar nicht so viele gemalt, wie man hätte annehmen können, erst recht nicht solche. Postkartenkitsch, doch seltsamerweise spürte er auf einmal Bedauern, diesen einen hier nicht malen zu können, überhaupt nicht mehr malen zu können, das Atlasgebirge fiel ihm ein, und in Cannes hatte er einmal einen Sonnenuntergang gemalt, aber nur, weil es ein besonders unspektakulärer, farbloser gewesen war. Wieso war ihm auf einmal nach Kitsch zumute? Ach, er wurde melancholisch. Und alt. Vor allem alt. Altersmelancholie. Wie alt war er eigentlich? Er überlegte, doch in seinem Kopf verschwammen die Zahlen, er war des Denkens müde. Dabei hatte er immer gedacht, ständig. An alles denken, über alles nachdenken, es hatte ihm Freude gemacht, war ihm ein Bedürfnis gewesen, eine Notwendigkeit gar, ohne die er sich tot vorgekommen wäre, neuerdings erst wurde es ihm zuweilen zur Anstrengung, und er fragte sich, ob er darüber auch Bedauern spürte, aber er spürte nichts. Es war so angenehm, einfach auszuruhen.

»Guten Abend, Sir Winston.« Aris Stimme. Er konnte hören, wie er einen Sessel direkt neben den seinen schob und wortlos Platz nahm. Nur noch ein kleines Stück, ehe die Sonne das Meer erreichen würde. »Guten Abend, Ari«, murmelte er, hob sein Glas in Richtung der Sonne, trank, dankbar, dass sein Gastgeber ihm einen Kommentar ersparte. Der Mann konnte reden wie ein Wasserfall, aber er wusste glücklicherweise auch, wann es Zeit war, den Mund zu halten. Eine ganze Weile saßen sie schweigend beieinander, und ihm war, als ginge etwas von Ari aus, das er so an ihm nicht kannte. Winston sah ihn für einen Moment an. Sonnenuntergangslicht lag auf seinem Gesicht, auch das ein kitschiges Detail, aber es schien nicht der Grund für das Leuchten zu sein. Da war etwas in Aris Blick, das er kannte, das Wort »entrückt« kam ihm in den Sinn, und plötzlich spürte Winston, welche Art von Entrückung es war. Er sah ein drittes Mal hin. Ohne Zweifel. Und nun sah er auch, wem diese Entrückung galt. Sie lehnte ein paar Schritte entfernt an der Reling und tat, als genieße sie den Sonnenuntergang, doch Winston sah deutlich, dass sie immer wieder zu Ari blickte, mit einem Lächeln, das eindeutiger nicht hätte sein können.

Nachdenklich betrachtete Winston seine Zigarre. Kalamitäten, das war es, wonach es aussah. Dabei hatte Ari doch diese überaus entzückende Frau. Zauberhaft war sie, daran bestand überhaupt kein Zweifel. Er seufzte vernehmlich. Fragte sich, ob er mit Ari reden sollte, und schüttelte unwillkürlich den Kopf. Es ging ihn nichts an, und außerdem hatte er wenig Erfahrung in solchen Dingen. Er warf einen Blick auf Clemmie, mit der er sein Leben verbracht hatte, und ihm war, als wäre es tatsächlich das ganze Leben gewesen, für einen Augenblick glaubte er sich sogar zu erinnern, bereits seine Kindheit mit ihr verbracht zu haben. Was schlechthin nicht sein konnte, sie waren sich erst nach der Jahrhundertwende begegnet, doch in seiner Erinnerung war es seltsamerweise so.

Natürlich hatte es im Laufe der Jahre Avancen gegeben. Junge, ehrgeizige, auf einen Vorteil hoffende Damen, die sich ihm mehr oder weniger diskret angeboten hatten.

Nicht ein einziges Mal war er darauf eingegangen. Wieso eigentlich nicht? Tugendhaftigkeit? Treue? Bequemlichkeit? Die Wahrheit war, dass ihn keine von ihnen interessiert hatte, gleichwohl die eine oder andere sicherlich recht ansehnlich gewesen war, aber was hätte er sich davon versprechen können? Was wäre sein Vorteil gewesen? Noch ein Kopfschütteln. Keine von ihnen hatte sich für ihn, Winston, interessiert. Das tat nur Clemmie. Alle anderen hatten den Premierminister im Visier gehabt, und bei dem Gedanken überkam ihn Wehmut. Er atmete tief ein. Vor ihm tauchte die Sonne ins Wasser, und die Geschwindigkeit, mit der sie das tat, verblüffte ihn jedes Mal. Alles war glutrot. In ein paar Momenten würde alles blau werden, und er bedauerte, dass es nicht möglich war, beide Zustände in einem Bild zu vereinen. Zumindest nicht ihm. Er räusperte sich. »Ich habe Hunger«, sagte er zu Ari.

Atemlos fuhr sie aus dem Schlaf. Ihr Herz pochte. Unfähig, die Hand nach dem Lichtschalter auszustrecken, lauschte sie auf Geräusche, auf Stimmen, aber nichts war zu hören, natürlich nicht, schließlich war alles nur ein Traum gewesen. Erst nach und nach beruhigte sich ihr Atem. Sie tastete zur anderen Bettseite, doch das Laken war glatt und kalt.

Sie musste das Licht anschalten, die Bilder aus ihrem Kopf vertreiben, alles nur ein Traum, aber wie konnte ein Traum sie in einen derartigen Zustand versetzen? Sie erinnerte sich nicht, jemals so von Angst erfüllt gewesen zu sein. Endlich gelang es ihr, das Licht anzuschalten.

Die Kabine war natürlich unversehrt, ebenso wie Aris Bettseite. Sie sah zur Uhr, halb zwei, leichter Seegang war zu spüren. Dass Ari um diese Zeit noch nicht im Bett war, war in keiner Weise ungewöhnlich, dennoch verstärkte es ihre Unruhe. Was an diesem Traum lag, aus dem sie noch immer nicht recht entkam. Behutsam setzte sie sich auf, sah sich nochmals gründlich um und lauschte, ehe sie aufstand und ins Bad ging. Zum ersten Mal war sie dankbar für Aris überspannte Toilettenkonstruktion. Sollten sich tatsächlich Eindringlinge auf dem Schiff befinden, würde sie zumindest nicht dort überrascht werden. Ihr fiel auf, dass den Männern in ihrem Traum die Farbe gefehlt hatte, abgesehen vom Grün ihrer Armeekleidung. Für einen Moment fielen die Bilder nochmals über sie her, Kriegsbilder, mit Fallschirmen waren sie auf der *Christina* gelandet, dabei hatte sie in ihrem ganzen Leben keine solchen Szenen erlebt. Vielleicht, überlegte sie, waren Sir Winstons Erzählungen schuld, er wurde nicht müde, beim Abendessen von diesen ganzen schrecklichen Kriegserlebnissen zu sprechen.

Sie nahm ein Beruhigungsmittel, feuchtete ein Handtuch an und legte es auf ihr Gesicht. Sie befand sich auf der *Christina*, die friedlich durch die Nacht fuhr, von einer Mannschaft bewacht, die ihr Leben für sie geben würde, sie war in Sicherheit. Doch die Unruhe blieb.

Sie verließ das Badezimmer. Es schien kühler geworden

zu sein, oder war das nur die Aufregung? Sie öffnete ein Fenster, leichter Wind blies ihr ins Gesicht, die Temperatur war tatsächlich deutlich gesunken, sie zog sich einen Morgenmantel an und setzte sich in einen Sessel, starrte auf die Staubgefäße der Lilien vor ihr, wartete auf die Wirkung des Medikaments. Es war ihr unmöglich, ins Bett zurückzukehren. Endlich breitete sich Ruhe und jene sonnige Zuversicht in ihr aus, in der die Traumbilder zerrannen. Ihr Blick fiel auf die unbenutzte Bettseite, und sie stellte sich vor, dass Reinaldo da wäre, um auf diese wunderbare Weise ihren Nacken zu küssen, und für einen Moment war sie versucht, ihn anzurufen, was sie natürlich unterließ, schließlich konnte Ari jeden Moment in die Kabine kommen. Sie hörte die kleine Uhr zweimal schlagen. Vermutlich saß er wieder mit der Sängerin an Deck. Nein, dazu war es zu kalt. Trotz der Wirkung des Medikaments überfiel sie eine Anspannung, die sie aufspringen und zu der verborgenen Tür gehen ließ, die in Aris Büro führte. Der Raum war dunkel und leer. Sie atmete tief durch, straffte den Rücken. Entschlossen warf sie einen Blick in den Spiegel, kehrte zurück und verließ die Kabine.

Erneut pochte ihr Herz spürbar. Leise stieg sie die Treppe nach unten. Schon bevor sie die Bibliothek erreichte, roch sie das Kaminfeuer. Sie blieb stehen. Licht brannte keines, doch sie hörte Aris Stimme, er sprach leise, sie kannte den Tonfall. Sie schlüpfte aus den Pantoffeln und schlich barfuß näher, sah die beiden Silhouetten gegen das Licht des leise knisternden Feuers. Sie hörte die Callas kichern, und ein Gefühl von Triumph machte sich in ihr breit.

Auf direktem Weg lief sie zu Meneghinis Kabine, er öffnete nach einmaligem Klopfen, und in seinem Gesicht mischten sich Überraschung und Entsetzen.

»Darf ich hereinkommen?« Sie flüsterte, um die anderen Passagiere nicht zu wecken, instinktiv untermalte sie ihre Worte mit Gesten, damit er verstand. Mit einem Nicken ließ er sie ein. Er trug einen karierten Schlafanzug, schlüpfte rasch in einen Morgenmantel und zog den Gürtel über seinem Kugelbauch zusammen. Was für ein abstoßendes Bild er doch abgab. Irgendwie konnte sie verstehen, dass die Sängerin nichts mehr von ihm wissen wollte, gleichzeitig spürte sie Abscheu vor einer Frau, die sich einen solchen Mann aussuchte, was für eine Frau musste man sein, um sich für einen derart alten, unsympathischen und nicht einmal wohlhabenden Mann nicht zu schade zu sein. Der Wert einer Frau maß sich am Wert ihres Gatten. Mit einem theatralischen Seufzer ließ sie sich in einen Sessel sinken und sah Meneghini vielsagend an, ehe sie begann, ihm mit Gesten und wenigen Worten verständlich zu machen, wo seine Frau sich gerade befand. Und mit wem. Zu ihrer Verwunderung schien er weit mehr zu verstehen, als sie erwartet hatte.

»Wir werden beide betrogen«, erklärte sie in demonstrativer Solidarität. »Sie müssen in die Bibliothek gehen!«, forderte sie ihn auf, musste jedoch enttäuscht feststellen, dass ihre Worte nicht die erwünschte Wirkung zeigten.

Statt mit geballten Fäusten die Bibliothek zu stürmen, sackte er auf seiner Bettkante in sich zusammen. »No, no«, murmelte er und ließ ein resigniertes Kopfschütteln folgen. Dann begann er zu sprechen, ein monotones Lamento auf Italienisch, das sie nur teilweise verstand. Sie nickte anteilsvoll, ließ ihn reden und sah sich in der Kabine um, registrierte die Gegenstände, die von der Anwesenheit jener Frau Zeugnis gaben, die in diesem Moment mit Ari vor dem Kamin saß, versagte sich die Frage, wie weit sie dort gingen, und war froh, als Meneghini endlich still wurde.

Mit einem Händedruck verabschiedete sie sich, kehrte in ihre Kabine zurück. Auf dieses italienische Weichei war nicht zu zählen, sie musste die Angelegenheit selbst in die Hand nehmen. Sie schluckte eine weitere Tablette, setzte sich ins Bett und wartete.

Er erschien gegen halb fünf, es war offensichtlich, dass er sich sein Erstaunen nicht ansehen lassen wollte. »Kannst du nicht schlafen?«

»Nein, ich möchte noch telefonieren.« Herausfordernd griff sie nach dem Apparat, den sie zu diesem Zweck neben sich auf dem Bett platziert hatte. »Ich nehme an, du hast nichts dagegen, wenn ich Reinaldo auf die Fahrt nach Venedig mitnehme.«

Er sah sie wortlos an, sein Kopfschütteln wirkte unentschieden, fast wie eine Frage; während sie wählte, ging er ins Bad, ließ die Tür jedoch offen.

Bei Reinaldo war es Mitternacht, er nahm sofort ab.

»Hast du geschlafen, Sweetheart?«, säuselte sie. »Habe ich dich geweckt?«

Er lachte, nein, er sei wach gewesen, begann ihr sogleich von seinem Abend im Poloklub zu erzählen, seine Stimme klang deutlich angeheitert. »Du fährst mit nach Venedig«, unterbrach sie ihn. »Ari wird auch dabei sein«, fügte sie überlaut hinzu, ehe er etwas erwidern konnte. »Er freut sich sehr, dass du an Bord sein wirst.« Sie machte eine kurze Pause, während der Reinaldo sprachlos schwieg. »Doch, doch, das ist völlig in Ordnung. Wir werden viel Spaß haben.«

»Tina?« Reinaldo klang ehrlich überrascht. »Ist das dein Ernst?«

»Schön, es ist also abgemacht. Nimm am besten einen Flieger am dreizehnten, da sind wir wieder zurück in Monaco. Gute Nacht, Sweetheart.« Ohne eine weitere Antwort abzuwarten, legte sie auf. Das alles fühlte sich großartig an. Wenn Ari eins wichtig war, dann den Frieden an Bord zu bewahren; er würde so ziemlich alles schlucken.

Die letzten Tage an Bord. Meer und Himmel sind grau, die Luft klamm. Es locken keine Ziele mehr, die Tage verschwimmen. Die Abende vergehen im Kinosaal, ein letztes Mal *That Hamilton Woman*. Die letzten Höflichkeiten werden ausgetauscht, ehe man froh ist, sich manierlich aus den Augen zu verlieren. Dem Anschein nach ruhige, gleichförmige Tage. Auch mein Vater scheint gelöst, keine Ausflüge, keine Partys mehr, keine diplomatischen Schachzüge. In Wirklichkeit ist seine Diplomatie gefordert wie nie. Zwei Frauen hat er jetzt an Bord, und er ist – was selten geschieht – ratlos. Die eine will ihn nicht mehr, die andere ist verrückt nach ihm, aber mein Vater ist auch ein traditioneller Mensch, und eine Scheidung ist der Schmutz jeder Biografie. Diskretion über alles, immerhin hat er Churchill an Bord. Doch auch der wird es früh genug erfahren.

Zwei Tage zuvor, in Glyfada, hat meine Tante Artemis zum Abschied an seine Ehre appelliert, ihn in aller Eindringlichkeit an das Gewicht erinnert, das der Name Livanos in die Waagschale wirft. An einen gesellschaftlichen Niemand wie diesen George Callas – sie hat Erkundigungen eingezogen – ist als Schwiegervater noch nicht einmal zu denken.

Mein Vater sitzt an Deck, rauchend, trägt einen Pullover gegen die Kälte. Er kann doch beide haben, denkt er, der immer alles haben kann. Nach einer Weile werden sie sich schon daran gewöhnen.

Natürlich ahnt er nichts von mir. Ahnt nichts von der Beharrlichkeit, die mir innewohnt, auch wenn ich mich gerade erst in den Leib meiner Mutter zu krallen beginne. Wie sollte er auch? Schließlich weiß er um ihre vergeblichen Bemühungen, ein Kind zu bekommen. Ihre Unfruchtbarkeit kommt ihm mehr als gelegen, er hat Schwierigkeiten genug.

Die letzten Tage an Bord. Der Hafen so gut wie in Sicht. Die Euphorie des Aufbruchs ist der Ernüchterung der Rückkehr gewichen. Viel ist geschehen. Viel wurde gefeiert, viel Contenance gewahrt. Die Gemüter sind erhitzt, die Luft voller Spannung. Es ist an meinem Vater, das Gefüge über die letzten Stunden in Schach zu halten. Er zählt die Seemeilen bis Monaco. In ein paar Wochen wird Gras über alles gewachsen sein.

Der Kai in Monte Carlo ist belagert von Schaulustigen und Journalisten, wie immer, wenn die *Christina* irgendwo einläuft. Wenn sie wüssten, dass ich an Bord bin, müssten Hafensperren errichtet werden. Doch die Kameras der Reporter fangen auf ihren Bildern nur den nicht fassbaren Glanz ein, der die illustren Heimkehrer umgibt, die, angefüllt mit den Eindrücken der glamourösen Welt, die Gangway herabsteigen und sich in alle Winde zerstreuen.

II.

Wenn du das nächste Mal in diesen Spiegel schaust, wird nichts mehr so sein wie zuvor. Der Satz hallte in ihrem Kopf, während sie ihre Schultern langsam drehte, um möglichst dieselbe Position einzunehmen wie damals, am 21. Juli, dem Tag der Abreise, als sie diesen Satz vernommen hatte. Sie schloss die Augen und versuchte sich in jenen Moment hineinzuversetzen, versuchte die Frau, die sie gewesen war, mit der, die nun hier stand, in Verbindung zu bringen. Das Bemerkenswerte war, dass es ihr einerseits vorkam, als trennten sie von diesem Augenblick nichts als drei Ferienwochen, als kehre sie nach einer Kadenz wieder zum Ausgangston zurück, um die vorgeschriebene Melodie weiterzuführen, beinahe so, als habe sie geträumt, andererseits wusste sie mit absoluter Klarheit, dass tatsächlich nichts mehr so war wie zuvor.

Ihr Leben war von Grund auf verändert, wie es bisher nur wenige Male geschehen war: als sie Amerika verlassen hatte, als sie Elvira getroffen hatte, als sie nach Verona gerufen wurde, und ja, als sie Battista geheiratet hatte. Allesamt dramatische Wendepunkte, von denen jedoch keiner ihr so gewichtig erschien wie der jetzige. Denn dieses Mal, das erkannte sie plötzlich, tat sie einen selbst gewählten Schritt auf ein Ziel hin, das ihr viel richtiger, viel strahlender erschien als alles Bisherige. Dieses Mal war sie – und bei dem Gedanken legte sie tatsächlich beide Hände auf ihre linke Brust – mit ganzem Herzen dabei. Und die Stimme, die zu ihr gesprochen hatte, hatte alles gewusst, hatte sie geleitet und konnte also niemand anderes sein als Gott selbst. Ein Schauder überlief sie, als sie ihr Spiegelbild betrachtete und sich bekreuzigte. »Mein Herr im Himmel, ich danke dir.« Sie schloss die Augen, spitzte ganz langsam die Lippen und küsste Gott, den Herrn, hingebungsvoll, und wer sie beobachtet hätte, der hätte zweifellos eine Frau gesehen, die voller Verzückung ihr Spiegelbild küsste.

Natürlich lagen die Dinge sehr viel rationaler, aber jede vernünftige Erklärung hätte meiner Mutter nicht gutgetan, denn sie brauchte ihre romantische Gottesvorstellung zum Überleben. Gott war groß, Gott war allmächtig, etwas Größeres gab es nicht, und eigentlich sollte dieser Allmächtige für alle Menschen da sein, doch meine Mutter empfand es als völlig selbstverständlich, dass er ihr eine Sonderbehandlung zuteilwerden ließ. Er war stets zur

Stelle, wenn sie ihn brauchte, erfüllte nicht alle, aber viele ihrer Wünsche, beschützte sie und wies ihr, wie gerade jetzt, die Richtung. Im Großen und Ganzen war Gott ein bisschen so wie ihr Diener Ferruccio, nur dass Ferruccio umgekehrt meine Mutter anbetete und sich zeit ihres Lebens nie darüber beklagte, dass er keinen Lohn von ihr erhielt, sondern nur für Kost und Logis arbeitete, doch das war natürlich Ferruccios Angelegenheit.

Meine Mutter war also felsenfest davon überzeugt, dass es die Stimme Gottes gewesen war, die drei Wochen zuvor zu ihr gesprochen hatte. Gott war gut zu ihr, nicht nur, weil er ihr Gutes zuteilwerden ließ, sondern auch, weil er sie im Vorfeld auf sein Füllhorn aufmerksam machte. Ihre Liebe zu meinem Vater, das wusste sie nun, war gottgewollt. Schicksal. Fügung. Sie waren füreinander bestimmt, weswegen es auch gar keinen Zweck hatte, dagegen anzukämpfen.

Während sie noch überlegte, wie sie Meneghini am besten von Gottes Willen in Kenntnis setzen sollte, klopfte Bruna an die Badezimmertür. Signore Onassis sei am Telefon, wünsche sie zu sprechen, ausdrücklich sie, es sei dringend. Meine Mutter öffnete die Tür, legte den Finger auf die Lippen und zog die verblüffte Bruna ins Bad.

»Bruna«, erklärte sie leise, »es ist etwas geschehen. Du darfst mit niemandem darüber reden, aber der Signore und ich werden uns trennen. Ich habe mich verliebt.«

»Das sehe ich, Signora.«

»Das siehst du?«

»Ja, Signora. Ihre Augen. Sie haben noch nie so sehr gestrahlt.«

Da strahlten die Augen meiner Mutter nicht nur, sie füllten sich auch mit Tränen. Sie zog Bruna an sich und umarmte sie. »Stell mir das Gespräch ins Musikzimmer.« Ihr Herz klopfte heftig. Sie brannte so sehr darauf, die Stimme meines Vaters zu hören, dass sie die letzten Meter bis zum Telefon am liebsten gerannt wäre.

»Maria! Bist du gut angekommen? Ich vermisse dich, ich muss dich sehen.« Er erklärte ihr, dass er am nächsten Tag nach Mailand kommen werde. »Schick deinen Ehemann fort«, wies er sie lachend an.

Er vermisste sie tatsächlich. Auf eine Weise, die ihm erst bewusst geworden war, nachdem sie am Kai von Monte Carlo ins Taxi gestiegen und Richtung Nizza abgefahren war, während er zu seiner Familie auf die *Christina* zurückkehrte und eine jähe Leere spürte, wie man sie nur empfindet, wenn etwas wirklich Essenzielles zu fehlen beginnt.

»Ich will es versuchen«, versprach meine Mutter, und der Gedanke, dass er, Ari, sie hier besuchen wollte, in ihrem Haus, in ihrem Leben, erfüllte sie mit einer Aufregung, die sie zuletzt als kleines Mädchen erlebt hatte. »Aber was ist mit dir, musst du denn nicht auf der *Christina* sein?«

»Ich muss gar nichts. Ich bin froh, wenn ich hier wegkomme. Sie öden mich an, diese ganzen Nichtstuer, sie können sehr gut eine Weile auf mich verzichten.«

»Oh Aristo, ich freue mich so sehr, dich zu sehen.«

»Und ich erst. Sobald ich da bin, zeige ich dir, wie sehr ich mich freue.«

Nun ja, mein Vater sagte solche Dinge, und er meinte es, wie er es sagte. Zur Rettung seiner Ehre sei erwähnt, dass es ihm einfach guttat, sich wie ein Mann zu fühlen, was er bei Tina lange Zeit vermisst hatte. Auch Männer sind empfindliche Wesen, mein Vater im Besonderen, und seine Ehefrau gab ihm schon seit Jahren unmissverständlich zu verstehen, dass er aus ihrer Perspektive ein alter Mann war. Meiner Mutter dagegen erschien er jung, immerhin war sie bisher mit einem noch viel älteren Mann verheiratet, einem, der im neunzehnten Jahrhundert geboren war, 1896, um genau zu sein, acht Jahre vor meinem Vater. Mein Vater hätte zwar behauptet, es wären zehn Jahre, doch seine Datumsschwindeleien fallen in dem Zusammenhang nicht allzu sehr ins Gewicht. Dennoch war auch mein Vater beinahe zwanzig Jahre älter als meine Mutter, aber er war – im Gegensatz zu Meneghini – immerhin jünger als mein Großvater Georgios. Doch all das war meiner Mutter herzlich egal, für sie war mein Vater ein dynamischer, humorvoller, welt- und sprachgewandter Mann, dessen Gedanken so jung und frisch waren, dass es zu Meneghini keinen größeren Kontrast hätte geben können. Kurz gesagt: Mein Vater hatte ihren Blick auf Meneghini so vollständig inflationiert, dass sie kaum etwas lieber wollte, als ihn schnellstens loszuwerden.

»Ich schlage vor, dass du fürs Erste nach Sirmione gehst«, erklärte sie ihm also, kaum dass sie das Gespräch mit meinem Vater beendet hatte. »Ich bleibe hier in Mailand, ich brauche etwas Ruhe und muss nachdenken und mich auf die nächsten Auftritte vorbereiten.« Sie ließ es allerdings nicht wie einen Vorschlag klingen, sondern wie einen unzweifelhaften Befehl. »Ferruccio wird dir deine Sachen richten, sodass du gleich morgen früh fahren kannst.« Damit wandte sie sich ab und lief zu Bruna in die Küche, wohin Meneghini ihr am wenigsten folgen würde, ließ sich einen Kaffee bereiten und begann Bruna von den Einzelheiten der Ereignisse in Kenntnis zu setzen.

Natürlich hatte meine Mutter Freundinnen, hin und wieder auch recht enge, doch in den wirklich existenziellen Angelegenheiten, in denen es auf Loyalität ankam, wandte sie sich stets an Bruna. Bruna war nicht einfach eine Hausangestellte, die sich um die Belange ihrer Herrschaft kümmerte, Bruna ging in den Belangen meiner Mutter auf, machte sie so sehr zu ihren eigenen, dass meine Mutter blind auf ihr Urteil zählte. So auch dieses Mal. Bruna lauschte ihren Worten, freute sich mit ihr, äußerte jedoch auch ihre Bedenken. »Man wird ihnen das übel nehmen, Signora. Eine Frau ist in einer solchen Angelegenheit immer im Unrecht, selbst wenn sie nichts Unrechtes getan hat. Sie sollten sehr diskret vorgehen.« Sie legte ihre Hand auf die meiner Mutter. »Sie können sich auf mich verlassen, Signora.«

Auf Anraten von Bruna legte meine Mutter sich so leidend ins Bett, dass es Meneghini richtig erschien, sie in Ruhe zu lassen. Gleich am nächsten Morgen stieg er in seinen Mercedes und fuhr an den Gardasee, traurig zwar, aber noch immer auf den Glauben bauend, alles werde wieder gut. Etwa zum gleichen Zeitpunkt bestieg mein Vater seine Piaggio, ein kleines Amphibienflugzeug, das er auf der *Christina* mitführte, um zu jeder Zeit und von jedem Ort der Welt aus starten zu können. Den neuen Gästen, die währenddessen auf der *Christina* die Abfahrt nach Venedig erwarteten, erklärte er, er habe dringende geschäftliche Erledigungen zu machen, was niemand in Zweifel zog, sie waren ohnehin alle mit sich selbst beschäftigt. Zwei Stunden später küsste er meine Mutter. Die Presse hatte von der ganzen Angelegenheit noch nichts mitbekommen, sodass er unbehelligt nach Mailand fliegen und unerkannt in die Villa meiner Mutter gelangen konnte, wo er von Bruna eingelassen wurde.

Es darf erwähnt werden, dass die gute Bruna, deren Lebensziel ausschließlich darin bestand, meine Mutter glücklich zu sehen, von meinem Vater ziemlich begeistert war. Nicht dass sie etwas gegen Meneghini gehabt hätte – er war schließlich der Ehemann meiner Mutter, also diente sie ihm zuverlässig, aber dieser neue Mann, der sie in fließendem Italienisch begrüßte, hatte etwas derart Einnehmendes, dass sie sofort beschloss, dieser Liaison zum Leben zu verhelfen.

Meine Mutter, die ihn derweil durch die Räume führte, war auf eine Weise aufgeregt, die sie so an sich nicht kannte, obschon sie als Expertin in nervöser Aufregung bezeichnet werden darf. Doch während sie vor jeder Premiere bangte, ob sie ihr Publikum zu jener Anerkennung und ja, Liebe würde treiben können, nach der sie sich so verzehrte, wurde ihr die Liebe nun ganz ohne Anstrengung zuteil, fiel ihr buchstäblich in den Schoß, man verzeihe die Entgleisung.

Im Übrigen war ihre kleine Hausführung durchaus dazu geeignet, die Verbundenheit mit meinem Vater zu stärken, denn ihr etwas opulenter Einrichtungsstil entsprach dem Geschmack meines Vaters, der es liebte, die *Christina* mit übertriebenem Prunk und – nennen wir die Dinge beim Namen – unbezahlbarem Kitsch auszustatten.

Bekanntermaßen neigen Liebende dazu, sich im anderen erkennen zu wollen, und dafür sind ihnen zur Not selbst Kleinigkeiten recht. Mein Vater fühlte sich im Haus meiner Mutter entsprechend wohl, auch wenn er sie später für ihre Einrichtung kritisieren sollte, aber das hat andere Gründe, auf die ich vielleicht später zu sprechen komme. Zu diesem Zeitpunkt ihrer Liebe betrachteten sie sich gegenseitig noch in völliger Verklärung und säuselten sich ebenso verklärte Dinge ins Ohr, die zur Liebe eben dazugehören. Um die Presse nicht zu alarmieren, aßen sie in der Villa zu Abend, und mein Vater blieb bis zum nächsten Morgen, eine Ungeheuerlichkeit, die jedoch dank Bruna mit äußerster Diskretion vonstattenging. Offiziell wohnte mein Vater im *Principe & Savoia*, tatsächlich übernachtete er mit meiner Mutter in einem der Gästezimmer in der Via Buonarotti. Die knapp zwanzig Stunden, die meine Eltern miteinander verbrachten, erschienen ihnen wie eine Zeit außerhalb der Realität. Nur dann und wann fielen die Welten zusammen, als meine Mutter von fern das Telefon klingeln hörte, und obwohl Bruna strikte Anweisungen hatte, niemanden durchzustellen, fühlte meine Mutter sich zumindest für Momente daran erinnert, dass da noch etwas anderes war, das auf sie wartete, Termine, Verpflichtungen, eine Arbeit, die bisher ihren gesamten Tagesablauf, ja ihr ganzes Leben bestimmt hatte und die ihr nun bloß noch lästig erschien. So lästig wie Meneghini, lästig wie etwas, das überkommen war und nicht mehr zu ihr gehörte, und während sie in den Armen meines Vaters lag, begann sie sich danach zu sehen, all das hinter sich zu lassen und nichts mehr anderes zu sein als seine Frau.

Die Sehnsüchte meines Vaters indes waren etwas anders gelagert. Auch er träumte davon, meine Mutter in sein Leben zu integrieren, allerdings eher so, wie Tina Reinaldo integriert hatte, der sich zum selben Zeitpunkt auf der *Christina* im Pool abkühlte. Keinesfalls wollte mein Vater seine Ehe aufs Spiel setzen, sondern sann darüber nach, wie er eine für alle Beteiligten akzeptable Lösung herbeiführen konnte. Er war klug genug, seine Gedanken nicht mit meiner Mutter zu teilen.

Noch vor dem Frühstück erhielt meine Mutter einen Anruf von Meneghini, der ihr zu einem ihrer zahlreichen Namenstage gratulieren wollte. »Du hast mich gar nicht mehr angerufen gestern Abend«, erklärte er in leidendem Tonfall, der doch nichts als ein Vorwurf war.

»Ich war müde und fühlte mich nicht ganz wohl«, erwiderte meine Mutter, deren Herz heftig klopfte, immerhin saß ihr Liebhaber nebenan. »Am besten, du lässt mich ein paar Tage in Ruhe, Battista, ich melde mich, wenn es etwas zu besprechen gibt.« Dann kehrte sie zurück in den Salon, wo mein Vater beim Kaffee auf sie wartete.

»Es ist schrecklich, so zu lügen, Aristo«, sagte sie und ließ sich seufzend in ihren Sessel fallen. Sie war versucht, ihn zu fragen, ob es ihm seinerseits nichts ausmache, Tina zu hintergehen, ließ es aber sein, sie ahnte, dass die Antwort ihr missfallen würde. Außerdem war er ein Mann, für ihn galten andere Regeln. »Was sollen wir tun?«

»Wir werden eine Lösung finden«, erklärte er, »ich rede mit Tina. Sie will ihren Reinaldo, ich will dich. Die besten Voraussetzungen für ein gutes Arrangement.«

»Dann werde ich mit Battista reden«, antwortete meine Mutter prompt, das Wort Arrangement ignorierend. »Ich muss reinen Tisch machen.«

In kaum einem Menschen war die Sehnsucht nach Ruhe und Sicherheit so tief verwurzelt wie in meiner Mutter. Der reine Tisch war für sie so etwas wie eine Lebensgrundlage. Entscheidungen zu treffen fiel ihr nicht leicht, doch sobald ihr eine Entscheidung richtig erschien, setzte sie sie unverzüglich um. Sie eilte zum Telefon, rief Meneghini an und bat ihn, sofort nach Mailand zu kommen. Also setzte der verdutzte Meneghini sich so hoffnungsfroh wie nichtsahnend wieder in seinen Wagen, während meine Mutter sich daran machte, ihm eigenhändig ein Essen zu kochen. Habe ich erwähnt, dass meine Mutter leidenschaftlich gern kochte? Schon als Kind hatte sie es geliebt, allerdings eher aus Lust am Essen, was ihr nicht unbedingt zum Vorteil geraten war, mittlerweile verschaffte ihr das Kochen an sich eine tiefe Befriedigung, es war ein schöpferischer Akt, ein handwerklicher Akt, der ihr ebenso kreativ erschien wie das Singen, nur dass sie es zum Ausgleich mit ihren Händen tat. An diesem Mittag im August jedoch verrichtete sie die Küchenarbeit aus einem Gefühl reuevollen Mitleids heraus, das sie überfallen hatte, nachdem mein Vater die Villa diskret wieder verlassen hatte, um im *Principe & Savoia* tatsächlich seinen Geschäften nachzugehen – was dringend notwendig war, denn auch wenn es in meiner Erzählung den Anschein hat, er habe sich vor allem dem Vergnügen gewidmet, so hatte er doch ein Imperium zu regieren. Übrigens im Gegensatz zu den Müßiggängern, die sich zur selben Zeit auf der *Christina* räkelten und deren Lebensinhalt wirklich darin bestand, ererbtes Geld auszugeben, was meinen Vater im Grunde zutiefst abstieß, aber ich schweife ab …

Während mein Vater also in seiner Hotelsuite mit seinen Direktoren telefonierte und Entscheidungen traf, deren Summen so manchen Staatshaushalt überstiegen und deren Tragweite so manchen Staat zu erschüttern vermochte, empfing meine Mutter ihren Nochehemann mit selbst gekochtem Risotto. Sie bedauerte sofort, sich diese Mühe gemacht zu haben, denn er schaufelte es ebenso kommentar- wie interesselos in sich hinein, so wie er immer alles in sich hineinschaufelte, das satt machte. Er war und blieb eben ein Veroneser. Je länger sie ihm dabei zusah, desto mehr bestärkte es sie in ihrer Entscheidung. Beim Espresso endlich sprach sie es aus.

»Ich habe dir etwas mitzuteilen, Battista: Ich werde bei Aristo bleiben. Ich liebe ihn. Unsere Ehe ist hiermit beendet.«

Er schwieg, glotzte sie nur an, den Mund leicht geöffnet, sein Kiefer zitterte. Es war still im Zimmer, eine durch Teppiche und Vorhänge gedämpfte Stille, nur hin und wieder unterbrochen durch eins dieser undefinierbaren Geräusche, die in den Wänden und Möbeln leben oder in den Gedärmen der Bewohner. Als meine Mutter begriff, dass Meneghini auch weiterhin nichts sagen, sondern in seiner Starre verharren würde, bis er möglicherweise irgendwann mit dem Kopf voran auf den Tisch fiele, tot oder aus Verdruss, begann sie ihn unbarmherzig mit Worten zu bewerfen.

»Du musst das verstehen, Battista, wir können nicht mehr ohneeinander sein, Aristo nicht ohne mich und ich nicht ohne ihn, so einfach ist es, wir sind füreinander bestimmt, es ist Schicksal, wir können nichts dafür, es ist nicht unsere Schuld, wir ...«

»Nicht eure Schuld?«, unterbrach er sie, schien jedoch nicht weiterzuwissen, sondern schüttelte nur den Kopf.

»Nein, Battista, uns trifft keine Schuld, es ist eine Fügung. Gottes Wille.«

»Lass gefälligst Gott aus dem Spiel, Maria, du versündigst dich!« Jetzt sprang er auf, lief im Zimmer umher. »Oh, dieser Crétin! Nur deswegen hat er uns eingeladen, dieser Schürzenjäger, damit er dir mit seinem vielen Geld den Kopf verdrehen kann. Hinter meinem Rücken! Und hat die Schamlosigkeit, mir dabei die ganze Zeit ins Gesicht zu lachen.« Abrupt machte er halt, drehte sich triumphierend zu meiner Mutter um. »Und wo ist er jetzt, dein großartiger Galan? Ha! Auf seinem schwimmenden Bordell, vergnügt sich mit Gott weiß wem, und …«

»Keineswegs«, fuhr meine Mutter mit betont beherrschter Stimme dazwischen. »Aristo ist hier. Hier in Mailand.«

»Dann soll er herkommen, der Feigling, damit ich ihm sagen kann, was ich von ihm halte.«

Nur wenige Stunden später traf mein Vater in der Villa ein. Weniger, um sich von Meneghini die Meinung sagen zu lassen – Meneghini war ihm letztlich herzlich egal –, sondern um meiner Mutter nahe zu sein. So verliebt waren sie, dass sie selbst unter den unpassendsten Umständen Zeit miteinander verbringen wollten.

Das Verliebtsein ist ein vollkommen vernünftiger Zustand bar jeder Vernunft. Die Evolution hat ihn erfunden, damit der Mensch es sich nicht anders überlegt. (Dass der Mensch dazu in der Lage ist, weiß niemand besser als ich.) Ein Zustand, in dem alles möglich erscheint, der alles möglich macht. Es ist die Notwendigkeit zur Veränderung, die diesen Zustand hervorbringt, ganz organisch, wie ein Spross, der durch die Erde ans Licht stößt. Und meine Mutter war weiß Gott reif für eine gründliche Veränderung.

Gegen das Verliebtsein kommt kein Mensch an, schon gar kein Außenstehender, erst recht nicht, wenn er durch dieses Verliebtsein zur Entliebung gezwungen wird. Und so wurde der arme Meneghini, der sich den Rivalen hatte vornehmen wollen, ganz still, schwieg letztlich und ertrug sogar die Hand meines Vaters auf seiner Schulter, der ihm erklärte, er habe Verständnis für seine Gefühle, so etwas passiere manchmal im Leben, er kenne sich aus. Meneghini sackte in sich zusammen, und während meine Eltern noch aufblieben, ging er zu Bett, konnte aber nicht schlafen, so tief fühlte er sich gedemütigt, also reiste er im Morgengrauen still und leise an den Gardasee zurück.

In Sirmione jedoch, wo er sich nun mehr als Hausherr fühlte denn in Mailand, verwandelte sich all seine Verzweiflung erneut in Zorn, es verlangte ihn nach Genugtuung, und er beorderte meine Eltern zu sich. Sie speisten gemeinsam zu Abend, und dieses Mal beschimpfte er meinen Vater tatsächlich, doch all das nutzte ihm herzlich wenig, denn ein verschmähter Ehemann bleibt ein verschmähter Ehemann, ob er wütet oder nicht. »Die Callas ist mein Werk!«, rief Meneghini auf dem Höhepunkt des Streits. »Du hast kein Recht, sie mir wegzunehmen.«

Mein Vater starrte ihn verblüfft an. Natürlich hatte meine Mutter sich des Öfteren bitter bei ihm beklagt, dass Meneghini sie als eine Ware betrachte, mit ihr handelte wie mit den Ziegelsteinen, mit denen er zuvor gehandelt hatte, bevor er seine Anteile an den Fabriken seiner Familie verkauft hatte, aber mein Vater hatte es für die maßlose Übertreibung einer genervten Ehefrau gehalten. Jetzt erkannte er, dass Meneghini tatsächlich so funktionierte.

»Nun gut, Battista«, antwortete er trocken. »Wie viel willst du für sie? Eine Million? Fünf? Zehn?« Kopfschüttelnd wandte er sich ab, doch Meneghini, der mit Ironie nichts anzufangen wusste, zitierte diesen Satz später in seiner Biografie, mit der er alle Welt wissen ließ, dass mein größenwahnsinniger Vater ihm tatsächlich die Ehefrau hatte abkaufen wollen.

Ach, die Biografien! Der kleine Italiener war übrigens nicht der Einzige, der meinte, das Leben meiner Mutter aufschreiben zu müssen, gleichwohl war er der Einzige – und das ist nun wirklich die grandioseste Ironie des Schicksals –, der damit kein Geld verdienen wollte. Darauf komme ich noch.

Nach dieser Szene hielt meine Mutter es nicht mehr für nötig, auf Meneghini Rücksicht zu nehmen. Sie fuhr mit meinem Vater zurück nach Mailand, wo er in sein Flugzeug stieg und wenigstens an seiner eigenen Front die Wogen zu glätten versuchte. Es war ein höchst sentimentaler Abschied, denn mein Vater beabsichtigte, für eine Weile auf der *Christina* zu bleiben. Auf der Jacht, die nach wie vor in Monte Carlo lag, versammelten sich inzwischen die

Passagiere, die Tina eingeladen hatte, sie zum Filmfestival nach Venedig zu begleiten. Nicht dass sich irgendjemand von ihnen besonders für Filme interessiert hätte – bis auf Greta Garbo vielleicht, die auch mit an Bord war –, vielmehr galt es, bei den zahlreichen Partys, die rund um das Festival stattfanden, dabei zu sein. Dasselbe Ereignis übrigens, bei dem sich meine Eltern zwei Jahre zuvor kennengelernt hatte.

Um zu verstehen, was meinen Vater von seiner Frau Tina trennte, genügt es vollkommen, Tinas Gäste zu betrachten. Sie waren allesamt jung, schön, schlank, reich, schick und größtenteils aristokratisch, und keiner von ihnen – wieder mit Ausnahme der Garbo – hatte je für seinen Lebensunterhalt gearbeitet. Sie bewegten sich stets so, dass jedes noch so unvermutet aufgenommene Foto eine luxuriöse Makellosigkeit zeigte, die Zeitungsleserinnen rund um die Welt in begehrliches Staunen versetzte.

Mein Vater fand sie langweilig. Aus seiner Warte waren es verwöhnte Gören, die keinen anderen Gesprächsstoff kannten als die letzte Party, aber wenn er das Tina gegenüber äußerte, warf sie ihm Neid auf die Jugend vor. Sie hatte nicht viel von ihm begriffen.

Auf der *Christina* angekommen, bat er Tina und Reinaldo um eine Unterredung. »Ich werde eurem Glück nicht im Wege stehen«, erklärte er Herrera rundheraus, »aber Tina und ich bleiben offiziell verheiratet. Ich kaufe eine Villa in Frankreich«, er machte eine unbestimmte Geste in Richtung der Küste, »dort können Sie sich zusammen mit Tina aufhalten, so oft und so lange es Ihnen beliebt, und im Sommer leiste ich euch Gesellschaft.« Während mein Vater die Reaktion der beiden beobachtete, konnte er nicht umhin sich auszumalen, wie dieser Mann, der sein Sohn hätte sein können, mit seiner Frau schlief, die sich ihm vermutlich mit einer Heißblütigkeit hingab, die er an ihr nie erlebt hatte. Tina war siebzehn gewesen, als er sie entjungfert hatte, entsprechend zurückhaltend und unsicher hatte sie sich angestellt, und er ahnte, dass sie nun, mit dreißig, mit Herrera einen ganz anderen Zugang zur körperlichen Liebe hatte. Trotz alldem, was ihn mit meiner Mutter verband, spürte er eine Mischung aus Trauer und Zorn, doch er wäre nicht mein Vater gewesen, hätte er diesen Gefühlen Raum gegeben.

Er werde darüber nachdenken, antwortete Herrera mit freundlicher, beinahe dankbarer Zurückhaltung, und es war zu spüren, dass er meinen Vater mit genau dem Respekt bedachte, den man einem Älteren entgegenbringt. Natürlich musste mein Vater unwillkürlich an die unbeherrschte Auseinandersetzung vom Vorabend denken, und er sah durchaus den Unterschied zwischen diesem kleinen, unzulänglichen Italiener, der fortwährend glaubte, sich behaupten zu müssen, und diesem entspannten jungen Mann, der ebenso wie Tina vermutlich nie etwas anderes als Gelassenheit gegenüber dem Leben empfunden hatte. Und er verstand, dass er meine Mutter unbedingt retten musste, wogegen er Tina bedenkenlos in der Obhut dieses Burschen lassen konnte.

Also flog er zurück nach Mailand, nahm einen Wagen und brachte meine Mutter nach Monaco, wo er sie diskret im Hotel Hermitage einquartierte, und der Zufall wollte es, dass es exakt jene Suite war, die sie einen knappen Monat zuvor mit Meneghini bezogen hatte. Natürlich hatte mein Vater wieder Blumen aufs Zimmer bringen lassen, dieses Mal rote Rosen, und wieder trat meine Mutter auf den Balkon und sah hinunter auf die *Christina*, die genauso im gleißenden Sonnenlicht lag wie damals, und während sie noch staunte, wie nah und doch fern sich diese beiden Momente waren, verdichtete sich mit einem Mal alles, was in der Zwischenzeit geschehen waren, zu einem einzigen, geballten Ereignis und nahm ihr den Atem, sodass sie sich an der Balustrade festhalten und langsam auf einen Sessel setzen musste. Hieß es nicht, so dachte sie, dass wenn man starb, alle Ereignisse des Lebens auf einmal zu spüren waren? Dies war nicht ihr Lebensende, das wusste sie gewiss, vielmehr fühlte es sich wie ein Anfang an, und doch schien etwas in ihr gestorben zu sein, und so lebendig, wie sie sich nun fühlte, wusste sie mit einem Mal, dass jener tote Teil von ihr schon viel früher begonnen hatte abzusterben. Sie atmete tief durch. Sie musste diesen Teil von sich werfen, wie ein Baum einen toten Ast, und vermutlich war dieses Wochenende in Monaco der beste Weg, das zu tun. Sie würde sich ausruhen, die Aussicht genießen, Aristo in der Nähe wissen und – vor allem – ihren Ehemann weit fort.

Das Schiff lag direkt unter ihr, sie versuchte jemanden zu erkennen, suchte nach der Silhouette meines Vaters und vertrieb die Beklemmung, die sie dabei erfasste, mit dem Gedanken, dass er schließlich nur der lieben Ordnung halber dort unten war, seinen Verpflichtungen als Gastgeber nachkam und in der Nacht, sobald die Gäste zu Bett gegangen waren, zu ihr kommen würde. Dass er extra nach Mailand gekommen war, um sie zu sich zu holen. Dass er auf dem Weg von Mailand nach Monaco immer wieder von der Straße abgefahren war, um sie unbeobachtet küssen zu können. Dass er ihr seine Liebe geschworen hatte und dass das alles eine Übergangsphase war, in der sie beide ihre Verhältnisse regeln mussten, um ein gemeinsames Leben beginnen zu können. Es half nichts. Die Beklemmung blieb.

Sie nahm ihre Brille ab, die *Christina* verschwand. Nur ein heller Fleck im Blau blieb, und meiner Mutter, die ohnehin nichts sehen konnte, war es einerlei, an welcher Stelle das Blau des Himmels in das des Meeres überging. Sie beschloss, sich einen Kaffee zu bestellen, und während sie aufstand und zum Telefon ging, hakte ihre Beklemmung sich an dem Umstand fest, dass sie den Kaffee nicht würde in der Bar oder auf der großen Terrasse unten einnehmen können. Um es klarzustellen: Meine Mutter wäre ohnehin niemals auf die Idee gekommen, sich zwischen die Touristen auf die Terrasse zu setzen, weil sie tatsächlich ihre Ruhe haben und vor der Presse geschützt sein wollte, aber dieses Mal nagte tief in ihrem Inneren das Wissen, dass sie es auf keinen Fall durfte, damit weder irgendeine Kamera noch jemand auf der *Christina* Wind davon bekam.

Dabei hatte die Presse längst die Fährte aufgenommen.

Als sie das Zimmer durchquerte, begann der Apparat zu klingeln. Aristo! Sie sah ihn vor sich, allein in seinem Büro auf der *Christina*, mit dem Hörer in der einen Hand, eine Zigarette in der anderen, vielleicht hatte er sich auch in seine Kabine geschlichen, um ungestört mit ihr zu telefonieren, und sie überlegte, wie sie ihn begrüßen würde, wie sie den Umstand, dass sie sich gerade erst voneinander verabschiedet hatten und er schon wieder anrief, für einen liebevollen kleinen Scherz nutzen konnte.

»Pronto«, sagte sie, besann sich dann und fügte ein französisches Hallo hinzu.

Ein Anruf aus Mailand, ob sie zu sprechen sei? Sie erschrak. Mailand! Vor der Abreise hatte sie Ferruccio ihren Aufenthaltsort mitgeteilt, nur für Notfälle, also musste es ein Notfall sein. Sie bat, durchzustellen.

»Maria.« Battistas Stimme, sie klang belegt, er räusperte sich. »Wo bist du?«

»Das solltest du wissen, wenn du mich hier anrufst.«

Sie hörte ihn vernehmlich atmen. »Was machst du dort, wieso bist du nicht hier?«

»Die Frage sollte lauten: Was machst du in Mailand, wieso bist du nicht in Sirmione?«

»Ich habe das Recht zu sein, wo es mir gefällt.«

»So ist es auch bei mir, ich habe dasselbe Recht.«

»Aber du bist mit ihm dort!«

»Ich habe das Recht zu sein, wo es mir gefällt und mit wem es mir gefällt.«

»Du verletzt das heilige Sakrament der Ehe, das ist ...«

»Fängst du schon wieder damit an?«, fiel sie ihm ins Wort. »Ich dachte, wir hätten das geklärt.«

»Gar nichts haben wir geklärt!« Er schwieg einen Augenblick, setzte erneut an. »Es ist Sünde!«

»Gut, Battista, dann ist es eben Sünde. Du kannst ja für mich beten. Und jetzt lass mich bitte in Ruhe, wir können nächste Woche miteinander sprechen. Auf Wiederhören.« Ehe er etwas antworten konnte, drückte sie den Finger auf die Gabel. Eine Weile stand sie still, betrachtete das cremefarbene Telefon, die Maserung des kleinen Tischs, auf dem es stand, und unwillkürlich hatte sie auch das Telefon zu Hause vor Augen, vermutlich hatte er den Apparat in seinem Arbeitszimmer benutzt, sie hörte seine Schritte, mit denen er nun den Raum durchquerte, hörte die Diele direkt vor seiner Tür, die immer knarrte, und spürte Ärger in sich aufsteigen. Warum musste er sich in Mailand aufhalten? Natürlich war es auch sein Haus, dennoch erschien es ihr wie eine Verletzung ihrer Privatsphäre. Sie kannte ihn nur zu gut, vermutlich würde er jetzt zu ihren Schränken gehen und über ihre Kleider streichen, und bei dem Gedanken, dass er das auch mit ihrer Wäsche tun könnte, empfand sie solchen Ekel, dass sie am liebsten nach Mailand gefahren und ihn eigenhändig des Hauses verwiesen hätte. Sie drückte abermals auf die Gabel, wählte den Zimmerservice und bestellte Kaffee.

Sie hatte sich gerade wieder auf den Balkon gesetzt, einen Blick auf die *Christina* geworfen und – wie so oft in den vergangenen Tagen – begonnen sich auszumalen, wie das Leben, das vor ihr lag, sich gestalten würde, als es erneut klingelte. Sie schloss kurz die Augen, um ein Stoßgebet oder vielmehr eine Aufforderung nach oben zu schicken, doch Gott stellte sich taub.

Dieses Mal klang seine Stimme forscher. »Maria, du begehst einen schweren Fehler. Das merkst du in deiner Naivität gar nicht. Du weißt nichts von der Welt, gar nichts! Dieser Mann ist nicht gut für dich, diese ganze Gesellschaft ist nicht gut für dich, es ...«

»Aber du weißt natürlich, was gut für mich ist.«

»Ich bin bereit, die ganze Sache zu vergessen, wenn du jetzt nach Hause ...«

»Ich bin bereit, diesen Anruf zu vergessen, wenn du mich jetzt bitte in Ruhe mein Wochenende genießen lässt, solange es nichts wirklich Wichtiges zu besprechen gibt.«

»Nichts Wichtiges?«, rief er. »Nicht wichtig! Aber Madame genießt ja, und ...«

Sie legte auf.

Ich harre aus. Tief verborgen im Irdischsten, frei von Raum und Zeit, bin ich ganz Zuversicht, bin eins mit allem, eins mit ihr, noch göttlich, noch allwissend, noch ganz erfüllt von der Aufgabe, sie zu dem zu machen, was sie im tiefsten Inneren sein will.

Der beste Zustand, in dem ein Mensch sich befinden kann. Und fortan die größte Sehnsucht in meinem wie in jedem anderen Leben. Ich bin. Ich bin Omero. Ich weiß alles, ich sehe alles, ich bin über euer Denken erhaben. Noch ist alles Anfang, noch ist alles Liebe.

Sie wartete bis spät in die Nacht auf meinen Vater, doch keine Stunde erschien ihr zu lang. Sie saß auf dem Balkon, verglich die Sterne über ihr mit den Sternen über der Ägäis, sah sternhelle Nächte und leuchtende Tage überall, nur dann und wann, wenn ihr Blick auf die Lichter der *Christina* fiel und ihr war, als klänge Ausgelassenheit von dort zu ihr herauf, stürzten ihre Gedanken ins Nichts. Zweimal noch rief Meneghini an. Er habe Dinge mit ihr zu besprechen, Engagements, Verträge, ihre Arbeit könne nicht warten, sie riskiere ihre Karriere und so weiter und so fort. »Wir können das alles besprechen, wenn ich nächste Woche wieder in Mailand bin. Aristo ist bei mir«, log sie. »Wir wollen jetzt nicht mehr gestört werden.«

Sie rief den Concierge an und bat, keine Anrufe außer von Monsieur Onassis mehr durchzustellen. Kaum dass sie wieder nach draußen gegangen war, klingelte es erneut.

Er weinte. Er sitze in ihrem Sessel mit ihrem Kleid auf dem Schoß, dem Kleid, das sie zu ihrem zehnten Hochzeitstag wenige Monate zuvor getragen hatte, und sei fassungslos. »Maria, es schmerzt so sehr. Du zerstörst es. Alles. Es ist, als würdest du mir einen Arm abreißen, einen Körperteil. Maria, ich leide.«

Wenn er wenigstens »Herz« gesagt hätte! Vielleicht wäre sie dann milder mit ihm umgegangen. »Du wirst darüber hinwegkommen. Man kommt über so einiges hinweg im

Leben.« Auch über fehlende Arme, dachte sie. »Vielleicht ist es an der Zeit, dass du das lernst.« Kurz streiften ihre Gedanken die Frage, wie über eine fehlende Stimme hinwegzukommen war, dann schubste sie diesen Gedanken in die Dunkelheit hinaus.

Der Concierge bat viele Male um Entschuldigung, der Monsieur habe versichert, ihr Ehemann zu sein, und …

»Keine Anrufe!«, wiederholte meine Mutter scharf. Und fürchtete für den Rest des Abends, er werde nun auch keine von Aristo mehr durchstellen. Doch mein Vater rief ohnehin nicht an. Stattdessen schickte er Rosen. Rosen und Champagner, mit zwei Gläsern, der Kellner erklärte, er habe den Auftrag, eines davon einzuschenken, und während meine Mutter auf dem Balkon ihrer Suite saß, in der sie die nächsten Tage verbringen würde, an ihrem Glas nippte, Oliven und die gefüllten Weinblätter knabberte, die er ihr ebenfalls geschickt hatte und die übrigens von der *Christina* kamen, stellte sie sich meinen Vater vor, wie er unten auf der Jacht an der Reling lehnte, eine schmerzlich-schöne Erinnerung, und prostete ihm im Geiste zu.

Der Champagner tat, was er sollte. Ihre Gedanken wurden weicher und lichter, ließen willkommene Erinnerungen leuchten und andere im Nichts versinken, schlugen immer weitere Kreise, warfen hoffnungsvolle Anker in die Zukunft und verirrten sich jäh in der Plattenaufnahme der *Gioconda* an der Scala, die für die übernächste Woche arrangiert war. Was für eine lästige Angelegenheit. Zum ersten Mal in ihrem Leben war ihr danach, eine vertragliche Verpflichtung grundlos abzusagen, was gab ihr diese Arbeit, nun, da ihr Aristo alles gab! Doch meine Mutter wäre nicht meine Mutter gewesen, hätte sie nicht pragmatisch an ihr Auskommen gedacht. Sie musste von etwas leben, jede Lira zählte, erst recht, wenn Meneghini tatsächlich so schlecht gewirtschaftet hatte, dass nichts übrig blieb.

Wer nun einwirft, dass sie im Begriff war, sich mit dem reichsten Mann der Welt einzulassen, und derlei Sorgen ihr daher das Allerfernste hätten sein müssen, der hat nichts, aber auch gar nichts von meiner Mutter verstanden. Meine Mutter – und das bitte ich rot zu unterstreichen – war die einzige Frau im Leben meines Vaters, der sein Geld vollkommen egal war. Sie liebte seine Seele, seinen Charakter, seinen Charme, seinen Körper, seine Eigenschaften, und natürlich waren es diese Eigenschaften, die ihn so erfolgreich und wohlhabend hatten werden lassen, aber man darf die Kausalitäten nicht durcheinanderbringen. Denn gleichwohl meine Mutter die Annehmlichkeiten eines gut ausgestatteten Lebens zu schätzen wusste und unter panischer Angst vor Verarmung litt, so hatte sie doch während ihres gesamten Berufslebens nicht nur auf eigenen Füßen gestanden, sondern über viele Jahre außerdem ihren Ehemann ernährt.

Auch das ist bemerkenswert an meiner Mutter: Wenn man von den wenigen Monaten im Jahr 1948 absieht, da Meneghini sozusagen eine Anschubfinanzierung seines Callas-Geschäfts leistete, hatte sie sich nie in finanzielle

Abhängigkeit begeben, was sie zu einer Ikone der Frauenbewegung hätte machen können, wenn sie gleichzeitig den
Mut gehabt hätte, sich auch im emotionalen Bereich zu
emanzipieren. An der Stelle jedoch war sie selbst für ihre
Zeit sehr reaktionär.

Während sie nun mit dem zweiten Glas Dom Pérignon in der Hand auf dem Balkon ihrer Luxussuite saß,
rutschten ihre Gedanken unwillkürlich in die Zeit ihrer
beruflichen Anfänge zurück, in der die Sehnsucht nach
Erfolg sich zu einer Energie verdichtet hatte, der sie alles
untergeordnet und der sie alles zu verdanken hatte – all
ihre Triumphe, all ihre Meriten –, die ihr nun aber wie auf-
gebraucht erschien. Gerade einmal zwölf Jahre waren verstrichen, und just als sie sich zu fragen begann, wie sich die
Dinge so sehr hatten ändern können, dass sie nichts davon
mehr zu locken vermochte, klopfte mein Vater an die Tür.

Der Reiz, der von einer heimlichen, verbotenen Liebe aus-
geht, ist gewaltig. Die Nächte in Monaco waren großartige Liebesnächte, die Tage nur Beiwerk, voller Sehnsucht
und Erwartung. Meine Mutter wäre gern einmal durch
Monte Carlo spaziert, insgeheim auf der Suche nach einem Miederwarengeschäft, das ausgefallene Kreationen
bereithielt, doch sie blieb in ihrer Suite, um kein Aufsehen
zu erregen. Erst spät in der Nacht verließ mein Vater das
Schiff und kam ins Hermitage, am Morgen kehrte er auf
die *Christina* zurück.

Natürlich wusste Tina Bescheid. Auch wenn sie ihre Nächte in der Kabine von Herrera verbrachte, dessen offizielle Freundin Peggy, die ebenfalls an Bord war, ihrerseits in einer anderen Kabine übernachtete, aber es würde zu weit führen, dieses Durcheinander zu erklären. Allen Beteiligten gemein war jedoch die Sorge um die Reporter, die die *Christina* naturgemäß umstellten, wo immer sie lag. Meinen Vater ins Hermitage gehen zu sehen, empfanden sie nicht als erwähnenswert, sie hofften darauf, mit ihren Kameras Belege für das Gerücht zu liefern, Athina Onassis sei einem jungen Südamerikaner zugetan. Erst als eine ganz andere Aufnahme publik wurde, nämlich eine, die Aristoteles Onassis und Maria Callas im Auto durch Cuneo in Italien fahrend zeigte, wurde ihr Interesse auf meine Eltern gelenkt.

Meneghini ließ nicht locker. Schon am nächsten Morgen rief er meine Mutter wieder an, der Concierge hatte beim Schichtwechsel offenbar ihre Anweisungen nicht weitergegeben. Meine Mutter appellierte an Meneghinis Vernunft, aber es half nichts. Der arme Teufel versuchte ihr um jeden Preis nahe zu sein, bedrängte sie, als könnte allein seine Präsenz etwas verändern; das Gegenteil war der Fall. Nachdem sie wieder in Mailand war, stellte er ihr buchstäblich nach, kreuzte überall auf, wo er sie vermutete, rief sogar ihren Arzt an, der ihm ironischerweise mitteilte, die Kreuzfahrt habe meiner Mutter offensichtlich sehr gutgetan. Doch ehe er sie antreffen konnte, war sie schon wieder für das nächste Wochenende an die Riviera verschwunden. Ob all der Vergeblichkeit suchte Meneghini schließlich seinen Anwalt auf.

Während der kurzen Zeit, die zwischen dem Ende der Kreuzfahrt und dem offiziellen Ende zweier Ehen lag, befand sich meine Mutter in einem zwar rauschhaften, aber angespannten Zustand. Die Liebesschwüre meines Vaters waren ihre Nahrung, gleichzeitig blieb ein Hunger nach Gewissheit, nach Verbindlichkeit, denn auch wenn mein Vater immer detaillierter über ein vor ihnen liegendes gemeinsames Leben sprach, so spürte sie – obwohl er sich dazu nicht äußerte – durchaus, dass er alles daransetzte, die Ehe mit Tina offiziell weiterzuführen. Man sollte wissen, dass meine Mutter sogar das ertragen hätte.

Während Meneghini Wut und Tränen bei seinem Anwalt ablud, begab mein Vater sich auf die *Christina*, die, nach einem fulminanten Dinner mit illustren Gästen wie dem monegassischen Fürstenpaar, in der Nacht den Hafen von Monaco mit Kurs auf Venedig verlassen wollte. Es gehört wohl zu den Annehmlichkeiten des gewöhnlichen Reichtums, jederzeit zu den mondänen Orten der Welt reisen zu können. Zu den Annehmlichkeiten des gehobenen Reichtums, an dem nur wenige teilhaben, gehört es, nicht nur sein Haus mitzunehmen, sondern gleichsam mit dem Haus zu reisen. Das war es, was mein Vater – und in jenen Augusttagen auch Tina – an der Jacht so schätzte. Es sollte übrigens Tinas letzte Kreuzfahrt mit der *Christina* werden, aber darüber dachte sie nicht nach, während sie wie immer die perfekte Gastgeberin spielte. Mein Vater versuchte es ihr gleichzutun, doch es gelang ihm nicht. Normalerweise brauchte es nicht viel, um ihn beim Dinner zu einem charmanten und amüsanten Geschichtenerzähler werden zu lassen, er wusste, wie man die richtige Stimmung aufkommen ließ und die Gespräche in Gang hielt. An diesem Abend aber hatte er keine Lust. Natürlich unterhielt er sich, doch häufiger als sonst sah er schweigend in die Menge, sah Menschen, deren verwöhnte Haltung ihm fremd war und die ihn in ihrer Blasiertheit schlichtweg langweilten; er dachte an meine Mutter, richtete den Blick auf die oberste Etage des Hermitage, um zu sehen, ob noch Licht in ihrer Suite brannte, und der Gedanke, dass er die nächsten Tage mit diesen Menschen in einem Boot sitzen sollte, statt bei meiner Mutter zu sein, erschien ihm unerträglich.

Meine Mutter löschte das Licht. Auch nachdem ihre Augen sich an die Dunkelheit gewöhnt hatten, blieb das Zimmer stockfinster. Sie hatte die Fenster geschlossen und die Vorhänge zugezogen, anders als an den Tagen zuvor, da mein Vater bei ihr gewesen war und sie die Nachtluft auf ihren unbedeckten Körpern hatten spüren wollen. Jetzt, ganz allein, erschien es ihr unmöglich, bei offenem Fenster zu schlafen, zu sehr fürchtete sie, Stimmen oder Musik von der *Christina* hören zu müssen, oder gar das Tuten der Schiffssirene, das den Aufbruch der Jacht nach Venedig ankündigte, mit Aristo und Tina an Bord. Unwillkürlich dachte sie an die bevorstehende Aufnahme von *La Gioconda*, und das Bild der ablegenden *Christina* mischte sich in ihrer halb nächtlichen Fantasie mit dem Schiff Enzos, auf dem ihr Operngeliebter mit ihrer Rivalin Laura flüchten würde, und obwohl sie keine Lust auf diese Aufnahme hatte, wusste sie, dass sie die Partie dieses Mal mit einer ganz neuen Empathie singen würde. Und vielleicht, dachte sie, würde diese Arbeit sie ablenken und ihr helfen, über die tagelange Trennung von Aristo hinwegzukommen.

Bis dahin aber waren es noch vier Tage. Sie wünschte, sie wäre schon am Nachmittag abgereist, doch der Gedanke, allein nach Mailand zurückzukehren und sich dort mit Battista herumzuschlagen, war ihr ebenso unerträglich gewesen. Gerade als sie überlegte, wie und vor allem wo sie die nächsten Tage am besten hinter sich bringen könnte und ob sie vielleicht mit einem Beruhigungsmittel gegen ihre Grübeleien angehen sollte, hörte sie einen Schlüssel in der Zimmertür.

Er hatte sie einfach davonfahren lassen. Hatte die letzten Gäste, die nicht mit nach Venedig fuhren, von Bord begleitet und verabschiedet, war, eine Zigarette rauchend, am Kai stehen geblieben und hatte dem Matrosen, der die Gangway nach oben ziehen wollte, Zeichen gegeben, dass er an Land bliebe. So einfach. Er hatte die verdutzte Tina und ihren Latin Lover an der Reling stehen sehen, hatte ihnen zugerufen, er habe zu tun und werde irgendwo wieder dazustoßen, vielleicht bei Capri, dann hatte er sich umgedreht und war ins Hermitage gegangen. Er wollte zu meiner Mutter, der Rest war ihm herzlich egal.

Als die *Christina* bei Capri haltmachte, kam mein Vater allerdings nicht an Bord, stattdessen war in den Zeitungen zu lesen, dass der griechische Reeder Onassis in Mailand mit der Sopranistin Maria Callas gesehen worden sei.

1959 war eine Ehescheidung eine heikle Angelegenheit, schon wenn man nicht berühmt war. War man berühmt, konnte es zur Hölle werden, vor allem wenn man eine Frau mit einem Liebhaber war. Das galt für meine Mutter wie für Tina gleichermaßen. Während Tina ihre Rolle fabelhaft spielte, sich demonstrativ tapfer gab und sich zumindest offiziell um das Wohl ihrer Kinder sorgte, ließ mein Vater es sich nicht nehmen, nach Mailand zu fliegen und mit meiner Mutter Restaurants und Nachtlokale zu besuchen, statt am Lido von Venedig mit der Hautevolee Champagner zu trinken. In gewisser Weise könnte man ihm Verantwortungslosigkeit vorwerfen, denn er versetzte nicht nur seine Frau und deren Gäste, sondern vor allem meinen Bruder Alexander, der vergeblich auf das Eintreffen seines Vaters wartete, doch der kannte es nicht anders, und mein Vater, das muss in aller Deutlichkeit gesagt werden, hatte gerade die Liebe seines Lebens gefunden. Er war besessen von meiner Mutter und es außerdem gewohnt, zu tun und zu lassen, was ihm gefiel. Jetzt gefiel es ihm, mit der Callas gesehen zu werden. Und er wurde gesehen. Schließlich waren die Reporter überall. Sie verfolgten meine Eltern auf Schritt und Tritt, umstellten das Haus meiner Mutter und führten Interviews mit jedem, der auf irgendeine Weise mit meiner Mutter in Verbindung stand. Leider auch mit meiner Großmutter.

Nachdem Tina sicher sein konnte, dass alle Welt mitbekommen hatte, wer der wahre Ehebrecher war, konsultierte sie den besten Scheidungsanwalt, den sie finden konnte. Der riet ihr, sich für die Dauer des Verfahrens unter allen Umständen von ihrem Liebhaber fernzuhalten, damit sie auch weiterhin über alle Vorwürfe erhaben bliebe. Woraufhin Herrera sich folgsam für ein Jahr nach Südamerika trollte. Woraufhin Tina sich von ihm im Stich gelassen fühlte. Woraufhin sie zwei Jahre später mit John Spencer-Churchill, einem Großneffen Sir Winstons, verheiratet war. Die Ehe hielt nicht lange genug, um sie zur Duchess of Marlborough zu machen, doch das ist nicht das Unglück, von dem ich hier berichten will.

In Unkenntnis der Umstände hätte man Tina eine gewisse Fairness oder gar Frauensolidarität mit meiner Mutter unterstellen können, denn sie gab in ihrer Scheidungsverhandlung als Grund des Zerwürfnisses nicht den Namen meiner Mutter an, sondern verwies auf eine Affäre meines Vaters mit einer gewissen J.R., wohinter sich eine einstmals gute Freundin von Tina verbarg, mit der sie ein weitaus größeres Huhn zu rupfen hatte als mit meiner Mutter. Jeanne Rhinelander nämlich war die erste Frau, mit der sie meinen Vater in flagranti erwischt hatte, und erste Male sind stets prägende Ereignisse.

Für meinen Vater war Tinas Vorgehen ein ziemliches Erwachen, weil er zu ahnen begann, dass seine Ehe tatsächlich und unwiderruflich vorbei war. Er hielt es für besser, meiner Mutter nichts von den Unterredungen zu erzählen, mit denen er Tina umzustimmen versuchte.

Man könnte die ersten Wochen, während derer die Liebe zwischen meinen Eltern publik wurde, durchaus die Wochen der Presse nennen, auch wenn die Angelegenheit natürlich nicht als Liebe, sondern als Affäre, Liebelei oder noch abwertender bezeichnet wurde. Kaum eine Zeitung, die nicht darüber berichtete; selbst für meine presseerfahrenen Eltern war es ein Inferno, und jeder ging auf seine Weise damit um. Am entspanntesten wirkte wie immer mein Vater, weltmännisch grinsend gab er nonchalante Kommentare ab: »Ich bin Seemann«, erklärte er den Reportern unverbindlich, »und solche Sachen können einem Seemann eben passieren.« Konkret auf das Verhältnis zu meiner Mutter angesprochen, tat er jedoch alles als Erfindung ab. Natürlich hatten sie sich abgesprochen; oder vielmehr hatte mein Vater meiner Mutter eingeschärft, alles abzustreiten. Bereitwillig ließ sie sich einreden, es geschähe alles nur zum Wohl seiner Kinder, und bezeichnete meinen Vater öffentlich als »guten Freund«, der ihr in schweren Zeiten beistehe. Man glaubte ihr kein Wort.

Den professionellsten Weg, mit alldem umzugehen, fand

Tina, die sich in unschuldige Schönheit und Schweigen hüllte, während ihr Anwalt dafür sorgte, dass die Presse das Richtige schrieb. Meneghini dagegen tat, was er am besten konnte: Er pestete herum. Als einziger der Beteiligten mied er die Presse nicht, sondern lief den Reportern regelrecht hinterher, um alle Welt wissen zu lassen, was für ein schlechter, wahnsinniger und widerlicher Mensch mein Vater doch sei.

Das alles geschah weder gleichzeitig noch in dieser Reihenfolge, aber solche Kleinigkeiten spielen, wenn man das große Ganze betrachtet, nicht die geringste Rolle. Und ich, ich betrachte das große Ganze.

Im Übrigen bekam noch jemand durch dieses Spektakel endlich eine Bühne für die eigenen Befindlichkeiten: meine Großmutter Litsa. Im Gegensatz zu allen anderen Beteiligten hatte sie es jedoch unmittelbar auf meine Mutter abgesehen.

Wie sich meine Mutter dabei gefühlt hat? Um das zu erfahren, muss man sich nur die Aufnahme der *Gioconda* anhören, die im September 1959 in Mailand entstand und die all diese Geschichten überdauern wird. Darin hat meine Mutter alles erzählt. Wer Ohren hat zu hören, wird alles verstehen.

Wenn man sich vor Augen führt, dass es im September 1959 keinen Winkel der westlichen Welt gab, in dem nicht über die Romanze Callas-Onassis berichtet wurde, wird man sich vorstellen können, dass meine Mutter, die wegen ihrer

Plattenaufnahmen gezwungen war, das Haus zu verlassen, geradezu körperlich vor der Meute der Reporter beschützt werden musste. Eines Morgens übernahm Peter Diamand, ein Vertrauter meiner Mutter aus der Musikwelt, diese Aufgabe. Er brachte sie von ihrer Haustür zum Auto und begleitete sie zur Scala, wo er die Journalisten mit Gewalt daran hindern musste, in den Wagen zu drängen, während meine Mutter die Brille absetzte und sich weit, weit fortwünschte. Als er kurze Zeit später ohne meine Mutter wieder aus dem Gebäude der Scala trat, um etwas frische Luft zu schnappen, stürzten sie sich auf ihn. »Signore! In welcher Verbindung stehen Sie zu Madame Callas?«

»Ich bin ihr ägyptischer Friseur.« Er blies den Rauch seiner Zigarette aus und hob theatralisch die Augenbrauen. »Und ich könnte Ihnen so einiges über Madame Callas berichten.«

Am nächsten Tag war in der Zeitung zu lesen, man wisse aus erster Quelle, dass das Haar der Callas ganz geschmeidig werde, wenn sie die *Violetta* singe, störrisch und kraus dagegen, wenn sie die *Medea* gab. Meine Mutter verschluckte sich vor Lachen.

Wessen Leben derart usurpiert wird, dass keine Privatsphäre mehr bleibt, der tut gut daran, ein Schiff zu besitzen. Genau dorthin flüchteten meine Eltern sich.

Nachdem das Filmfestival in Venedig zu Ende und alle Gäste von Bord gegangen waren, fand sich mein Vater wieder auf der *Christina* ein. Eigentlich hatte er mit Tina reden wollen (er glaubte tatsächlich noch immer daran, seine Ehe fortführen zu können), aber Tina hatte sich vor ihm nach New York geflüchtet und ließ meinen Vater wissen, dass ihre Geduld zu Ende sei. Ihre Kinder hatte sie übrigens keineswegs bei sich, sondern bei einer Nanny in Paris geparkt, wo meine Geschwister irgendwie damit zurechtkommen mussten, dass ihre ohnehin schon malträtierten Seelen im Begriff waren, weiteren Schaden zu nehmen. Doch ich schweife ab … Hier geht es nicht um meine Geschwister, hier geht es um mich!

Als die Plattenaufnahmen in der Scala am 10. September beendet waren, flog mein Vater umgehend nach Mailand, brachte meine Mutter auf die *Christina* und fuhr mit ihr Richtung Athen. Nachdem er Tage zuvor noch erklärt hatte, meine Mutter sei »nur eine gute Bekannte«, ließ er jetzt alle Vorsicht fahren und behandelte sie mit größter Selbstverständlichkeit so, als wäre sie seine Frau. Natürlich waren die Journalisten im Bilde und belagerten den Hafen, doch sobald die *Christina* auf See und außer Reichweite war, konnten meine Eltern sich endlich frei bewegen. Zwar war Artemis noch an Bord und wenig amüsiert über den Verlauf der Dinge, aber mein Vater gab ihr zu verstehen, dass sie gefälligst nett zu meiner Mutter zu sein hatte. Auch vor der Besatzung machte mein Vater keinen Hehl daraus, dass sie ein Paar waren.

Meine Mutter war endlich glücklich. Was auch mir zugutekam, denn ich wurde allmählich sensibel. Nervosität war mir zuwider, von mir aus hätte meine Mutter die nächsten Monate komplett auf See verbringen können, fernab von allem, was sie störte. Für eine Weile gelang es ihr sogar, nicht an das bevorstehende Engagement in Spanien zu denken, das am Ende des Monats auf sie wartete. Sie schlief viel, verbrachte die Tage an Deck, lesend und dösend, und die Nächte mit meinem Vater, dieses Mal ohne die Notwendigkeit einer Anstandsperson.

Für meinen Vater war es keine offizielle Vergnügungs-, sondern eine Geschäftsreise. Er war Reeder mit Leib und Seele und dachte meist mehr an Schiffe als an irgendetwas anderes, hatte aber ein paar Jahre zuvor die marode griechische Fluggesellschaft Hellenic Airlines gekauft, ein Konglomerat aus mehreren gescheiterten Versuchen der griechischen Regierung, während der ersten Hälfte des zwanzigsten Jahrhunderts eine nationale Fluggesellschaft zu etablieren. Letztlich war es eine Frage des Timings gewesen: Die Welt, zumindest die hellenische, war 1950 einfach noch nicht reif für den Luftverkehr. Sie hätten es besser wissen können, doch die griechische Regierung, auch das muss gesagt werden, hat in wirtschaftlichen Belangen allgemein wenig Sinn für Timing. Ganz anders mein Vater. Sein Spürsinn ließ ihn stets wissen, wann es Zeit war für Inventionen und Investitionen, und als er 1955 erfuhr, dass *Hellenic Airways* den Betrieb einstellte und an den Staat zurückveräußert wurde, witterte er ein Geschäft. Auf dem Aufkaufen maroder Flotten hatte er sein Vermögen gegründet, und was auf dem Wasser funktionierte, würde in Zukunft auch in der Luft funktionieren. Denn die Zukunft, das sah er klar, lag in der Luft. Er kaufte und benannte die Airline – natürlich – in *Olympic Airways* um. Es funktionierte prächtig.

Davon – und von so manch anderem – erzählte er meiner Mutter während der Nächte an Deck, und es wäre eigentlich das Stichwort, um von meinem Bruder zu sprechen, dessen Leben mit dieser Unternehmung im tragischsten Sinne verbunden war, aber das Ende meines Bruders hebe ich mir für das Ende auf.

Meine Mutter jedenfalls empfand Stolz. Stolz auf diesen Mann, der die Dinge (im Gegensatz zu Meneghini) mit allergrößter Leichtigkeit bewegte, vor allem die griechischen Dinge, und sie sank noch wohliger und tiefer in ihren Sessel. Wie schön es doch war, ihm bei seinen Bemühungen zur Seite stehen zu dürfen, überhaupt an seiner Seite zu sein, endlich für immer vereint. Sie griff nach seiner Hand, lächelnd, und das Meer glänzte im Mondschein.

Inmitten des Tyrrhenischen Meeres geschah es, dass meine Mutter seekrank wurde. Ein leichter Anflug von Übelkeit zunächst, den sie auf den Alkoholkonsum des Vorabends und ihren Kreislauf zurückführte, woraufhin sie sich am nächsten Abend mäßigte, doch es half nichts. Der zwar nur sehr schwache, aber stete Seegang machte ihr zu schaffen, sie fühlte sich elend, gleichwohl sie nie zuvor unter Seekrankheit gelitten hatte. Am meisten fürchtete sie, mein Vater könnte es bemerken. Zu gut war ihr Meneghinis demonstratives Leiden in Erinnerung, über das mein

Vater sich immer wieder lustig gemacht hatte, während er gleichzeitig die Robustheit meiner Mutter gerühmt hatte. Ihre griechische Robustheit, wohlgemerkt. Nein, meinem Vater wollte sie diese Schwäche keinesfalls preisgeben, auch nicht dem Schiffsarzt, und so versuchte sie dem Übel – ganz entgegen ihrer Gewohnheit – mit einem kräftigen Frühstück zu begegnen, was die Sache jedoch noch schlimmer machte. Daraufhin versuchte sie es mit einem Glas Champagner nach dem Aufstehen, rechtfertigte die Maßnahme vor sich selbst mit dem Verweis auf vergleichbare Gewohnheiten bei Sir Winston, entschied aber, als alles nichts half, dass sie für eine Karriere als Alkoholikerin nicht geschaffen war, und ersehnte die Ankunft in Glyfada, wo sie zwar der Presse wegen an Bord bleiben, das Schiff aber in vollkommen ruhigem Gewässer vor Anker gehen würde. Mein Vater würde dort den geschäftlichen Angelegenheiten der *Olympic Airways* nachkommen, während sie sich weiter erholen und die nicht mehr gar so glühende griechische Sonne genießen konnte. Außerdem verließ meine Tante Artemis dort das Schiff, was meiner Mutter nur recht war. Doch selbst bei vollkommener Windstille war ihr schlecht, schlechter noch als an den Tagen auf See. Es war der Klassiker: Vor allem am Morgen kämpfte sie mit ihrer Seekrankheit, erleichtert, dass mein Vater lange vor ihr aufstand, um die Direktoren der *Olympic Airways* an Bord zu begrüßen. Wie immer war es Bruna, die verstand. Trotz Meneghinis Beschwörungen hatte sie sich klar auf die Seite meiner Mutter gestellt und war mit auf die *Christina* gekommen. Sie fand meine Mutter, der sie beim Ankleiden und Frisieren helfen wollte, leichenblass in ihrem Bett.

»Bruna, setz dich zu mir«, bat meine Mutter matt und klopfte mit der Hand auf die Bettkante. »Bruna, was hilft gegen Seekrankheit? Mir ist so furchtbar elend.«

»Seekrankheit.« Bruna hob die Brauen und sah meine Mutter prüfend an. »Seit wann haben Sie das, Signora?«

»Ungefähr seit Neapel«, antwortete sie und verzog das Gesicht.

»Und Ihre Blutung, Signora, wann haben Sie die gehabt?«

»Meine Blutung? Ich weiß nicht, es muss schon länger her sein, in all dem Wirrwarr habe ich nicht darauf geachtet … Doch, warte, es muss zu Beginn der Kreuzfahrt gewesen sein, ich glaube, es war an dem Morgen, als Sir Winston vom D-Day erzählte. Aber wieso …?« Sie riss die Augen auf. Endlich begriff sie. »Du meinst …?«

»Was ist mit Ihrer Brust? Schmerzt sie?«

»Sie drückt irgendwie. Aristo meint, sie sei praller geworden.« Meine Mutter kicherte. »Ich dachte, das kommt von der Liebe.«

»Jawohl, Signora, das kommt von der Liebe.« Sie erhob sich. »Ich werde sehen, was ich in der Küche finden kann.«

»Bruna?«

»Ja, Signora?«

»Bist du dir sicher?«

»Ich bin mir sicher, dass es keine Seekrankheit ist.«

Während Bruna in der Küche kandierten Ingwer auftrieb, lag meine Mutter in ihrem Bett, überwältigt von der Feststellung, dass es plötzlich so einfach war. Jahr um Jahr hatte sie versucht, schwanger zu werden, erst hoffnungsvoll, dann immer mutloser, bis sie schließlich den Glauben an ein Kind so weit aufgegeben hatte, dass er kaum mehr ausreichte, um Meneghinis Annäherungen zu ertragen, die mit der Zeit allerdings auch weniger geworden waren, sein Körper schien ebenfalls den Mut zu verlieren. Irgendwann – es musste zwischen *Mefistofele* in Verona und ihrer ersten *Sonnambula* '55 gewesen sein – hatte sie begonnen, sich mit dem Gedanken abzufinden, dass sie kinderlos bleiben würde. Und nun das! Es war ein Zeichen. Ein Zeichen Gottes, dass sie alles richtig machte, dass der Weg, den sie eingeschlagen hatte, seine Billigung fand. Sie setzte sich kerzengerade auf, schloss die Augen, faltete die Hände und atmete tief ein, schickte ein Dankgebet nach oben, dorthin, wo sie Gott verortete. Dann ließ sie die Hände auf ihren vollkommen flachen Bauch gleiten, der, seit die Liebe zu meinem Vater sie den Appetit kostete, noch flacher geworden war, und versuchte sich vorzustellen, dass dieser Bauch sich runden würde, und bei dem Gedanken, dass er sich so sehr runden könnte wie bei der jungen Frau, die ihr im vergangenen Frühjahr gelegentlich in der Via Buonarotti begegnet war und die sich bewegt hatte wie eine adipöse Ente, erschrak sie. Ein Kind, erkannte sie mit Bestürzung, war unausweichlich mit Korpulenz verbunden, und korpulent hatte sie sich geschworen, nie, nie wieder zu werden. Sie sank in ihr Kissen zurück. Wer ein Kind erwartete, so hörte sie immer, musste für zwei essen, und was das bewirkte, war klar. Für einen winzigen, verwegenen Augenblick sah sie sich an gedeckten Tischen sitzen, hier auf der *Christina* oder im *Biffi*, und der Gedanke, nicht nur ein, sondern gleich zwei Gerichte zu bestellen, erschien ihr verlockend, nahezu paradiesisch: Fettuccine mit Käsesauce, die sie sich immer versagte, Desserts aller Arten, auf die sie prinzipiell verzichtete ... all das ohne Reue ...

»Nein!«, rief sie entschlossen, richtete sich auf und stieg aus dem Bett. Sie kämpfte die Übelkeit nieder, was ihr nun, da sie die Ursache kannte, etwas besser gelang, und ging ins Bad, ließ ihr Nachthemd fallen und betrachtete sich im Spiegel. Ihre Brüste waren tatsächlich runder geworden, was ihre Taille noch schmaler wirken ließ. Sie drehte den Oberkörper und hob den Kopf. Wenn man von den Beinen absah, war ihre Figur wirklich passabel. »Nein«, wiederholte sie. Sie würde keine plumpe Kugel werden, die sich schwerfällig durch die Straße walzte. Es musste doch möglich sein, ein Kind zu bekommen, ohne derart fett zu werden. Für zwei essen! Wie groß war ein Baby? Sie öffnete die Hände, als messe sie die Größe eines imaginären Kindes, winzig war es, ein so kleines Baby trank etwas Milch, das war alles, mehr brauchte es nicht, also würde es auch nicht mehr bekommen. Ein Glas Milch zusätzlich, jeden Abend vor dem Schlafengehen, das musste reichen. Niemand, das schwor sie sich und hüllte sich in ihren Morgenmantel, sollte sie je wieder plump nennen können.

Wären meine Eltern ganz gewöhnliche Leute gewesen, so wäre der Rest der Geschichte schnell erzählt. Hässliche Trennungen gab und gibt es überall auf der Welt, unehelich geborene Söhne ebenfalls. Die Zuwendung liebender Eltern hilft über vieles hinweg. Gewöhnliche Kinder wachsen zu gewöhnlichen Menschen heran, die leben und lieben und ihrerseits Kinder haben, ohne dass jemand Notiz davon nähme. Ich gestehe, dass ich bei meinen Bemühungen, der Gewöhnlichkeit zu entkommen, diesen Vorzügen viel zu wenig Bedeutung beigemessen habe.

Bruna Lupoli war alles andere als eine ungewöhnliche Frau, aber sie war in ungewöhnlicher Weise zur Liebe oder besser gesagt zur Hingabe fähig. In diesen Tagen, während das Schiff bei Glyfada ankerte und meine Mutter beschlossen hatte, ihr noch sehr kleines Geheimnis vorerst mit niemand anderem zu teilen, verblüffte Bruna sie mit ungeahnter Sachkenntnis. Sie linderte nicht nur ihre Übelkeit mit Hilfe des kandierten Ingwers, sondern limitierte ihren Alkoholkonsum auf ein Minimum. »Es ist nicht gut für das Kind«, erklärte sie bestimmt und vermied dabei das Wort »Dorftrottel«, um meine Mutter nicht zu verängstigen.

»Bruna, was ist, freust du dich denn gar nicht mit mir?«
»Ich freue mich, wenn es an der Zeit ist, sich zu freuen.«

»Was willst du damit sagen?«

»Manche Kinder gehen wieder weg, wenn Gott nicht will, dass sie zur Welt kommen. Erst wenn man sicher weiß, dass es bleibt, darf man sich freuen.«

»Und wann weiß ich es sicher?«

»Wenn Sie Leben spüren. Bis dahin beten und hoffen Sie. Es liegt in Gottes Hand.«

»Ach, Bruna.« Meine Mutter griff nach ihrer Hand. »Du weißt so viel, als wärest du selbst eine Mutter geworden. Aber wolltest du je ...?«

»Aber nein, Signora! Ich werde niemals eine Mutter sein, Gott hat einen anderen Weg für mich bestimmt.« Sie warf meiner Mutter einen durchaus mütterlichen Blick zu. »In meiner Familie sind viele Kinder geboren worden.« Und auch gestorben, aber das sprach sie nicht aus. »Es wird einen großen Aufruhr um dieses Kind geben«, erklärte sie nachdenklich. »Daher werden Sie viel Kraft brauchen, Signora. Sie sollten dafür sorgen, dass es in die richtige Ehe hineingeboren wird.«

Die Aussicht, die *Christina* gleich für mehrere Tage zu verlassen, um ein Konzert in Bilbao zu singen, war meiner Mutter angesichts der neuen Umstände ein noch größerer Gräuel als die Plattenaufnahmen in Mailand. Wozu überhaupt der Aufwand, nun, da feststand, dass ein vollkommen anderer Weg vor ihr lag, der Weg, den sie sich immer ersehnt hatte? Sie lag in einem der Korbsessel an Deck, sah meinen Vater über den Rand ihrer Sonnenbrille hinweg an, hob und senkte den Kopf dabei ein wenig, sodass sie sein Gesicht abwechselnd scharf und unscharf sehen konnte, und war wie immer erstaunt über den Unterschied, den so eine Brille machte.

»Ich mag nicht, Aristo, es ist mir zuwider. Es wird alles voller Reporter sein, und sie werden nicht kommen, um mich zu hören, sondern um die Frau zu sehen, die mit Aristoteles Onassis ein Verhältnis hat.«

»Versuch einfach, darüber hinwegzusehen. Sie kommen und zahlen, und du bekommst Publicity. Wenn du nicht auftrittst, werden sie dich irgendwann vergessen.«

Und wenn schon, dachte meine Mutter, wusste aber tief in ihrem Inneren, dass sie das vor meinem Vater nicht aussprechen durfte. Nun gut, sie würde nach Bilbao fahren. Natürlich ohne meinen Vater, der nun, da er meine Mutter endgültig erobert hatte, kein Interesse an der Oper mehr zu heucheln brauchte.

Sie solle, riet Bruna meiner Mutter, ein bisschen behutsam mit ihrem Körper umgehen. Ein Rat, den zu beherzigen meiner Mutter nicht schwerfiel, denn sie war von einer so bleiernen Müdigkeit befallen, dass sie ohnehin am liebsten im Bett geblieben wäre, wo sie sich die Zeit damit vertrieb, sich das vor ihr liegende – also mein – Leben auszumalen, und dieses Leben erschien ihr so leuchtend und erstrebenswert, dass alles, was sie von ihren Träumereien abhielt, zu einer Belastung wurde. Meinem Vater erklärte sie ihre Müdigkeit mit einer umfassenden Erschöpfung, die all die

Aufregung mit sich brachte. »Ach, Aristo. Du kannst dir nicht vorstellen, wie sehr mir vor dieser Reise nach Bilbao graut. Ich werde tagelang von dir fort sein, mein Liebster, und dann all die Stunden im Flugzeug. Und wenn ich zurückkomme, muss ich gleich weiter nach London. Viel lieber möchte ich einfach nur hier bei dir bleiben.«

»Es gibt für alles eine Lösung«, erklärte mein Vater, und als sich die Direktoren der *Olympic* am nächsten Morgen wieder auf der *Christina* einfanden, beauftragte er sie als Erstes damit, eine Maschine für meine Mutter bereitzustellen, die mit einer separaten Kabine mit einem bequemen Bett ausgestattet sein sollte. »Sie wird nur einen Zwischenstopp benötigen, und du kannst dich während der Reise schlafen legen und kommst ausgeruht an.«

Und so flog meine Mutter nicht mehr mit einer gewöhnlichen Linienmaschine wie bisher, sondern mit einem Privatjet, ein Wort, das für die meisten Menschen, die es in den Gazetten lasen, geradezu verrucht klang, weil es an ihre tiefsten und daher am meisten verleugneten Begehrlichkeiten appellierte. Selbstredend befand sich auch ein Strauß Rosen an Bord, und meine Mutter war über all die Fürsorge so beglückt, dass sie vor Freude nicht schlafen konnte. Stattdessen lag sie auf ihrem Flugzeugbett, sah ab und an hinunter, um die unter ihr liegende Landschaft zu betrachten, und musste sich immer wieder aufs Neue zwingen, sich in die Arien zu versenken, die sie zu singen hatte und an die sie seit Monaten nicht gedacht hatte. Aber ihre Gedanken schweiften hartnäckig ab, landeten auf der

Christina, schwebten über türkisblauem Wasser, kehrten ein in ein Haus irgendwo, das sie im Geist einrichtete, mit Wolken von feinstem Stoff über einer Wiege. Sie hätte sich aufsetzen und sich einsingen, wenigstens die allerletzten Stunden vor dem Auftritt zu dem nutzen müssen, was sie schon seit Wochen nicht mehr getan hatte, doch selbst dieser Gedanke rutschte ihr davon. Was sie dabei am meisten irritierte, war das vollkommene Fehlen eines schlechten Gewissens, wie sie es normalerweise gehabt hätte. Nie zuvor war sie derart nachlässig oder korrekter: gänzlich unvorbereitet zu einer Vorstellung gekommen, und es machte ihr rein gar nichts aus. Vielmehr war ihr, als sei sie längst anderswo angekommen, als sei dieser Auftritt ein Versehen, ein Überbleibsel, ihr Fokus lag auf Wichtigerem, zum Beispiel auf ihrem Körper, der nicht nur der Körper einer Frau war, die begehrt und nächtelang geliebt wurde, sondern nun auch ein Körper, der etwas beherbergte, was zur größtmöglichen Erfüllung ihres Lebens werden würde. An dieser Stelle, das muss angemerkt werden, spürte sie eine vage Unsicherheit ob der Frage, wie es zu einer noch größeren Erfüllung als der Liebe zu meinem Vater kommen könnte, aber irgendwie würde sich das schon regeln lassen. (Würde es nicht! Anmerkung des Verfassers.)

Also stand sie auf der Bühne des Coliseo Albia und versuchte die *Elisabetta* zu singen, mit einem ganz anderen Körper als dem, der zu singen verstand. Obwohl ich noch winzig und nicht zu spüren war, gehörte ihr Körper jetzt mir, und die Worte Brunas, sie möge behutsam mit mir umgehen, taten ein Übriges: Sie wagte nicht, ihren Körper so zu nutzen, wie es nötig gewesen wäre, als könne ihr Zwerchfell, wenn sie es denn entsprechend strapazierte, mein sofortiges Ende bedeuten. Man kann sich leicht vorstellen, wie das Ergebnis unter solchen Umständen ausfiel: Die Kritiken waren scheußlich, nicht einmal das mittlere C hatte sie korrekt bewältigt, was meine Mutter unter anderen Umständen schwer getroffen hätte, so wie ein verpatztes hohes Es sie wenig später tatsächlich vernichtend traf, doch an diesem Tag, an diesem Abend war ihr das alles vollkommen gleichgültig, sie hatte nichts anderes im Sinn, als schnell wieder in ihr Flugzeug zu steigen und zu meinem Vater zurückzukehren. Den Journalisten, die sie natürlich auch in Spanien bedrängten, erklärte sie leichthin, es sei nur ein dummes kleines Engagement gewesen, und das war so ziemlich die größte Blüte, die die fehlende Diplomatie meiner Mutter je trieb. Sie aber ließ das alles nicht an sich heran und traf dank ihres Privatjets mit dem Bett mit feinster Daunendecke bereits am nächsten Mittag wieder ausgeruht auf der *Christina* ein. Ihr blieb eine knappe Woche mit meinem Vater auf See, ehe das Schiff in Monte Carlo einlaufen würde.

Während meine Eltern sich ungefähr so fühlten und verhielten, als befänden sie sich in ihren Flitterwochen, gleichwohl sie alles andere als miteinander verheiratet waren, tat Meneghini, was Menschen in verzweifelten Situationen zuweilen tun: Er schlug um sich. Auf seine

Weise. Nachdem er erkannt hatte, dass er allein nichts gegen seinen Konkurrenten ausrichten konnte und sein Flehen bei meiner Mutter kein Gehör fand, benutzte er die Presse für seine Zwecke und erklärte öffentlich, dass er die Callas noch immer liebe, dass sie ihre Karriere seiner unermüdlichen Hingabe verdanke, während dieser Parvenü Onassis sich nicht im Geringsten für Kunst interessiere, nein, im Gegenteil: der Kunst meiner Mutter schade, aber meine Mutter sei verliebt wie ein Backfisch und wisse daher nicht, was sie tue. Weswegen er, Meneghini, bis zum bitteren Ende gegen Onassis und seine Millionen kämpfen werde, für die hehre Kunst, um meine Mutter von diesem Unhold zu befreien. Was für ein Held!

Wie so mancher zugrunde gerichtete Liebende klammerte er sich an den Glauben, meine Mutter würde unter ordentlichem Druck der Öffentlichkeit eine Einsicht haben und gedemütigt zu ihm zurückkehren. Irgendjemand hätte Meneghini liebevoll in den Arm nehmen, ihn trösten und ihm die Wirklichkeit erklären müssen.

Meine Mutter indes saß einträchtig und ziemlich zufrieden mit meinem Vater an Deck, genoss ihren Espresso, den milden Wind und die Aussicht auf den Golf von Neapel, als ihr die Zeitungen gebracht wurden, und es ist meiner Existenz zu verdanken, dass sie, die Beherrschte, daraufhin mit den Tränen kämpfte. Unter anderen Umständen hätte sie das Papier in den nächsten Sessel oder gar über die Bordwand geworfen und Meneghini einen Idioten geschimpft, aber nun, in diesen besonderen Umständen, erkannte sie sich nicht wieder. Die ebenso großspurigen wie durchschaubaren Tiraden ihres Ehemannes setzten ihr unerwartet zu. Nicht dass sie in irgendeiner Weise anerkannt hätte, was er schrieb, doch dass er sich als treusorgend liebender Ehemann positionierte, um sie damit in aller Öffentlichkeit zu demütigen, war für ihre hormonell bedingt labile Seele einfach zu viel.

Mein Vater, der von mir noch immer nichts ahnte, lachte nur. »Was erwartest du? Dass er dich in Frieden ziehen lässt? Dazu fehlt ihm die Größe, mit Verlaub. Er hat verloren, und damit kommt er nicht zurecht.«

»Ich werde ihn anrufen und ihm so etwas untersagen!«

»Lass es. Das hilft nichts. Du musst ihn mit seinen eigenen Waffen schlagen. Er spielt den Verstoßenen und versucht das Mitgefühl der Öffentlichkeit zu erlangen. Das kannst du viel besser, du bist eine Frau. Spiel jetzt nicht wieder die Starke, sondern zeig ihnen, dass du verletzlich bist und schwach, dann werden sie sich auf deine Seite stellen.« Er beugte sich zu ihr und küsste sie auf den Mund. »Und singe in London einfach noch besser als je zuvor, dann werden sie schon merken, wie gut ich dir tue.«

Es war nicht zuletzt dieser Satz meines Vaters, der dazu führte, dass meine Mutter wenige Tage später, am 23. September 1959, in der Royal Festival Hall alles gab. Und tatsächlich fiel es ihr bedeutend leichter, sich dem Publikum zu stellen, nachdem sie vorab genau das getan hatte, was mein Vater ihr geraten hatte: Sie bat um Nachsicht. Nachsicht mit einer Frau, die in einer schweren Krise stecke, deren Ehe gerade zerbreche und die nun – so wörtlich – für ihren Lebensunterhalt selbst aufkommen müsse. Es war eine großartige Inszenierung, und der Auftritt verfehlte nicht seine Wirkung: Man ging deutlich behutsamer mit meiner Mutter um. Die stehenden Ovationen, die sie erhielt, waren indes tatsächlich ihrem Gesang geschuldet.

Das alles hinderte sie nicht daran, am Abend von ihrem Hotelzimmer aus doch noch ihren Ehemann anzurufen, um ihm ein für alle Mal klarzumachen, dass sie ein neues Leben begonnen habe, dass er gefälligst aus der Villa in Mailand ausziehen und außerdem aufhören solle, meinen Vater vor der Presse in den Dreck zu ziehen.

»Ich sage nur die Wahrheit, Maria«, antwortete Meneghini theatralisch. »Die bittere Wahrheit, die du nicht sehen willst. Du willst so vieles nicht sehen, aber das soll nicht mehr meine Sorge sein, du wirst schon noch merken, wie schlecht es dir ohne mich geht. Ich habe dich geliebt, Maria, und ich liebe dich noch immer, und was ist mit dir? Du lügst und betrügst und bist einfach nur undankbar für alles, was ich für dich getan habe. Und dieser, dieser … Crétin! Den Schlimmsten von allen hast du dir für deinen Ehebruch ausgesucht, das allein zeigt, dass du nicht bei Sinnen bist. Wäre es wenigstens ein ehrbarer Mann gewesen, aber nein! Er wird dich ruinieren, die Callas wird er ruinieren, man sollte ihn erschießen, um ihn daran zu hindern.«

»Wenn du nicht sofort aufhörst, dann werde ich dich erschießen. Ich komme mit einem Revolver nach Sirmione und knalle dich ab.«

»Von mir aus, dann komm doch. Ich erwarte dich hier mit einem Maschinengewehr!«

Sie warf den Hörer auf die Gabel.

Das war das letzte Mal, dass meine Mutter mit ihrem Ehemann sprach. Sie sollte bis zu ihrem Tod 1977 kein einziges Wort mehr mit ihm wechseln. Es tat ihr, das schwöre ich, nicht einen Moment lang leid. Nicht einmal später, als sich die Dinge längst verändert hatten, Meneghini sich in seinen düsteren Prophezeiungen bestätigt sah und meine Mutter das Alleinsein auf eine ganz neue Weise kennenlernte. Aber da war sie längst eine andere Frau geworden, und das Alleinsein schreckte sie nicht annähernd so, wie manch einer es ihr nachsagte, denn für jeden Künstler ist die Einsamkeit ein notwendiger Teil der Existenz.

Jedem Anfang wohnt ein Ende inne. Für meine Mutter war das letzte Viertel des Jahres 1959 eine Zeit der Abschlüsse, so intensiv, dass sie sich bis zu ihrem Ende sehr deutlich daran erinnern würde: Ihre Ehe mit Meneghini ging zu Ende, ihr Status als kinderlose Frau würde enden und, das bleibt eine Tatsache, auch ihre Karriere als Sängerin. Es wird wohl Zeit, dazu ein paar Dinge klarzustellen.

Sie habe ihre Stimme in jungen Jahren überstrapaziert, habe sich zu sehr verausgabt, so heißt es, es wird sogar behauptet, sie habe gar keine schöne Stimme gehabt, und all das ist, für sich genommen, genauso wahr wie falsch, doch letztlich ging es um etwas ganz anderes. Nämlich um mich. Meine Existenz, mein Anfang, gab meiner Mutter die Kraft, ein Ende zuzulassen, das längst überfällig war. Und jenes Ende war markiert durch ein dreigestrichenes Es. Ich muss etwas ausholen, um begreiflich zu machen, welche Bedeutung diese einzelne hohe Note für die Seele meiner Mutter hatte.

Im Juni 1952 sang meine Mutter zum ersten Mal und mit größtem Erfolg Donizettis *Lucia di Lammermoor*. Es geschah übrigens in Mexiko, wo sie zwei Jahre zuvor ihre Mutter zum letzten Mal in ihrem Leben gesehen hatte, aber das wusste sie zu diesem Zeitpunkt natürlich noch nicht. Damals also sang sie die *Lucia*, eine Frau, die aus unerfüllter und verratener Liebe wahnsinnig wird. Jenem Wahnsinn, oder vielmehr der Arie, in der er gipfelt, verdankt diese Oper einen Großteil ihrer Popularität, und weil auch für meine Mutter Popularität und das Wohlwollen des Publikums etwas ungemein Anziehendes hatten, trieb sie den Gipfel jener Arie noch anderthalb Töne höher, als Donizetti es vorgesehen hatte, und krönte ihre Darbietung mit jenem dreigestrichenen Es. Sie tat es damals mit scheinbar müheloser Leichtigkeit und erntete über zwanzig Minuten frenetischen Applaus.

Natürlich bekam sie diesen Applaus nicht nur für ihre Stimmakrobatik, aber letztlich war es das, was das Publikum wollte. Wobei angemerkt werden muss, dass dieser Ton, dieses Es, für die Stimme meiner Mutter eine große Herausforderung darstellte. Ihr Umfang reichte über knapp drei Oktaven, vom Fis bis zum dreigestrichenen F, und wenn sie in diesen hohen Höhen manövrierte, dann war das ungefähr – man erlaube mir den Vergleich –, als würde ein Öltanker bei einer Regatta mitfahren. Aber sie konnte es. Also tat sie es.

Die eigentliche Glanzleistung, die meine Mutter jedoch an dieser Oper (und natürlich an vielen anderen) vollbrachte, war nichts weniger, als ihr eine ganz neue Tiefe und Wahrhaftigkeit zu geben, indem sie sie auf eine Weise interpretierte, die es vorher nicht gegeben hatte, eine dramatische, geradezu psychologische Interpretation, was bei einer Hauptfigur, die eine Psychose erleidet, ja nur angemessen erscheint. Wozu gehörte, dass sie diese Rolle eben nicht süß und mit hübschen Verzierungen sang wie die leichten Koloratursoprane es über hundert Jahre hinweg getan hatten, nein, meine Mutter scheute sich nicht, das Tragische und Schmerzliche so zu zeigen, wie es war. Form follows function. Darin bestand ihre wirkliche Kunst, ihre unübertroffene Meisterschaft. Damit verzauberte sie ihr Publikum.

Aber nun: Man stelle sich bitte die große Callas, La Divina, auf der Bühne vor und erinnere sich daran, dass diese Göttliche einfach meine Mutter war, eine Frau, die in ihrem tiefsten Inneren niemals aufhören konnte, sich überflüssig und ungeliebt zu fühlen. Bevor sie meinen Vater kennenlernte, war der Beifall ihres Publikums das einzige Mittel, sie dieses Gefühl vergessen zu machen.

Ende Oktober 1959, nach ein paar weiteren angenehmen Wochen mit meinem Vater auf See, reiste meine Mutter nach Amerika, um die letzten noch anstehenden Auftritte zu absolvieren. Genauer gesagt in Dallas zweimal die *Lucia* zu singen. In der ersten der beiden Aufführungen, die am 6. November stattfand, geschah das Furchtbare, das aber jedem Sänger passieren kann: Sie verfehlte ihr hohes Es. Ungefähr so, wie ein Trapezkünstler den Griff des Trapezes verfehlt und zum Schrecken des Publikums und nach einem Moment des freien Falls ins Netz plumpst, wo die vorher so überirdische Figur etwas entsetzlich Ungelenkes und Irdisches bekommt.

Kaum dass der Vorhang sie von ihren Zuschauern trennte, begann sie unwillkürlich den Kopf zu schütteln, Halt suchend umklammerte sie ihre eigenen Schultern. »Aber ich hatte sie doch, was ist passiert? Ich hatte die Note doch!« Und wie um sich zu beweisen, dass sie es konnte, sang sie auf dem Weg in ihre Garderobe jenes Es gleich mehrfach und begriff dennoch, dass sie es damit nicht ungeschehen machen konnte. Aber sie erkannte noch etwas: Es war ein Zeichen. Gott wollte, dass sie sich entschied.

Und meine Mutter entschied, dass es genug war. Sie entschied es so, wie man nach einem Unfall, noch mit zitternden Knien, beschließt, sich nie wieder hinter ein Steuer zu setzen. Oder eben nie wieder einen Salto mortale zu wagen.

Was sie fühlte, war jener Schmerz, der auftritt, wenn Abschied und Neubeginn sich in einer Weise begegnen, die zutiefst verunsichert. Niemand trennt sich ohne Zögern von dem, was ein Leben lang Rettung bot.

Selbstverständlich hörte sie nicht sofort auf zu singen. Doch am übernächsten Abend, als sie noch einmal die *Lucia* gab, ließ sie das hohe Es weg. Es war das letzte Mal, dass sie als *Lucia* auf der Bühne stand.

Ironischerweise wurde sie gebeten, am 9. November im *Barbier von Sevilla* für eine Kollegin einzuspringen, die schwanger geworden war. Ich bin auch schwanger, hätte sie am liebsten geantwortet, und sie erschrak tüchtig über das, was sie ausgelöst hätte, wenn sie es tatsächlich gesagt hätte. Natürlich schwieg sie, verwies stattdessen auf den anstehenden Gerichtstermin in Breschia, bei der die Aufhebung ihrer Ehe verhandelt würde. Nachdem das letzte Telefonat zwischen Meneghini und meiner Mutter so radikal verlaufen war, hatte Meneghini erneut seinen Anwalt aufgesucht, gepoltert und geschimpft und schließlich versucht, meiner Mutter nicht nur so viel wie möglich wegzunehmen, sondern auch eine schuldhafte Scheidung zu bewirken.

Man kann sich leicht vorstellen, in welcher nervlichen Verfassung meine Mutter sich befand, als sie in Breschia eintraf. Meneghini und sie würdigten sich keines Blickes, es waren nicht nur Reporter anwesend, die sie überall bedrängten, sondern Massen an Schaulustigen, die zu allem

Überfluss Meneghini beklatschten, als er aus dem Wagen stieg. Meine Mutter tat, was sie in einer solchen Situation immer tat: Sie setzte ihre Brille ab.

Und sie erhielt Genugtuung. Nachdem beide jeweils drei Stunden verhört worden waren, entschied das Gericht, meine Mutter solle das Haus in Mailand, ihren Schmuck und alle Rechte an ihren Plattenverträgen behalten. Womit ein Mensch, zumindest ein gewöhnlicher, ein einigermaßen komfortables Auskommen hätte. Meneghini behielt das Haus in Sirmione. Eine schuldhafte Scheidung jedoch bekam er nicht, er bekam überhaupt keine Scheidung, ganz einfach deswegen, weil eine Scheidung im italienischen Familienrecht jener Epoche nicht vorgesehen war. Die Ehe war eine Angelegenheit, die irgendwie mit Gott zu tun hatte, und an Gottes Willen wagte kein Italiener zu rühren. Wer nicht mehr miteinander wollte oder konnte, dem blieb juristisch nur die Aufhebung der ehelichen Gemeinschaft, womit man Gott mehr schlecht als recht auszutricksen versuchte. Gott nämlich bestand darauf, dass eine Ehe eine Ehe blieb.

Meinem Vater ist oft nachgesagt worden, er habe meine Mutter nicht heiraten wollen, habe sie hingehalten, so lange, bis schließlich jene andere … Ich erspare mir das Weitere. Den Vorwürfen sei entgegnet, dass mein Vater anfangs durchaus bereit gewesen wäre, meine Mutter zu heiraten, zuweilen, in stillen Momenten, hatte er sogar sehr große Lust dazu. Tatsache jedoch ist, dass die Ehe meiner

Mutter nach gültigem Recht bestehen geblieben wäre bis ans Ende aller Tage, und wie es dieses Recht wollte, so hätte keiner der beiden Ehepartner je wieder anderweitig heiraten dürfen. Eine weitere Tatsache ist, dass meine Geschwister, insbesondere mein Bruder, meinen Vater so massiv unter Druck setzten, dass er nicht gewagt hätte, meine Mutter zu heiraten. Die familienrechtliche Situation, in der sie sich befand, war ihm eine willkommene Ausflucht.

Es dauerte Jahre, bis meine Mutter herausfand, wie sie dieses Dekret umgehen konnte – sie gab ihre amerikanische Staatsbürgerschaft auf, war fortan nurmehr Griechin und unterstand als solche nicht mehr der katholischen, sondern der orthodoxen Kirche, was ihre Ehe nichtig werden ließ –, doch bis dahin war es zu spät. Ich würde, wie es aussah, im Zustand der Unehelichkeit geboren werden, ein Zustand, der sich nur durch einen einzigen Buchstaben vom Zustand der Unehrlichkeit unterscheidet, aber in meinen Kreisen, wenn ich das so sagen darf, hatten solche Kleinigkeiten keinerlei Gewicht.

Nach dieser Gerichtsverhandlung kehrte meine Mutter nach Dallas an die Civic Opera zurück, wo sie zwei weitere Auftritte zu erfüllen hatte. Es waren die nun wirklich letzten Auftritte in jenem schicksalhaften Jahr, und mithin die letzten Auftritte, bevor ich meinen Auftritt haben würde. Was für eine Ironie, dass sie beide Male die *Medea* gab.

Sie war, das muss man leider sagen, an jenen Abenden eine großartige *Medea*. Die Erleichterung, das Kapitel Meneghini abgeschlossen zu haben und ihre materielle Situation im Grundsatz entschieden zu wissen, ließ einen Großteil der Anspannung von ihr abfallen. Dies eine Mal noch würde sie singen und sich danach einem ganz neuen Leben zuwenden, einem Leben, das sie aufs Innigste ersehnt und auf dessen Erfüllung sie längst nicht mehr zu hoffen gewagt hatte.

Ich kann sie hören. Eine ganze Weile schon umgibt mich ihr Gesang. Zunächst ist es eine Ahnung nur, ein ferner, klingender Wind, einem Rauschen gleich, das von Tag zu Tag bestimmter wird, bis ich jede Nuance nicht nur höre, sondern spüre wie ein Gefühl, etwas Umfassendes, und es besteht kein Zweifel, dass es jene Emotionen sind, die den Gesang meiner Mutter so menschlich, ja übermenschlich klingen lassen.

Und auch meine Mutter spürte. Als sie am Ende der Vorstellung erschöpft, aber glücklich auf der Bühne stand und sich vom fulminanten Schlussapplaus durchtränken ließ, fühlte sie plötzlich ein zartes Kitzeln in ihrem Unterleib, ein Flattern, als bewegte sich dort ein Schmetterling. Sie begriff sofort, dass sich da in der Tat etwas bewegte, und erschrak, weil dieses Etwas, so sehr sie es auch ersehnt hatte, an diesem Ort nicht vorgesehen war. Nicht jetzt, hätte sie am liebsten gesagt, warte!, denn das Etwas gehörte nicht auf diese Bühne, gehörte gar nicht in diesen Teil ihres Lebens, und während die Zahl der Vorhänge, die sie gewohnheitsmäßig zählte, immer weiter anstieg, überfiel sie eine jähe Ahnung, was es bedeutete, dass dieser Teil ihres Lebens tatsächlich zu Ende ging.

Spät in der Nacht, als sie allein in ihrem Hotelzimmer lag, erinnerte sie sich an Brunas Worte und entschied, dass es an der Zeit war, meinem Vater von meiner Existenz zu berichten.

Es wird um diesen Moment seit jeher eine Menge Aufhebens gemacht. Bühnen, Leinwände, Bücher sind voll von Szenen, in denen eine werdende Mutter, bangend oder hoffnungsfroh, zum ersten Mal auf den Kindsvater zugeht, um ihm von dem Wunder zu berichten, das sich in ihrem Körper ereignet hat. Auf der Bühne – und davon wusste meine Mutter im besten Sinn des Worts ein Lied zu singen – fällt die Reaktion jedoch meist anders aus als erhofft.

Als sie, aus Dallas zurückkehrend, wieder auf der *Christina* eintraf und sich mit großer Freude der Aussicht hingab, nicht mehr, sogar nie mehr auftreten zu müssen, war mein Vater gerade telefonisch von der Scheidungsklage unterrichtet worden, die Tina in New York eingereicht hatte. Es gibt nichts daran zu beschönigen, dass meinem Vater das Ende seiner Ehe schwer zu schaffen machte. Mein Vater war ein Familienmensch, mehr noch, er war ein traditioneller griechischer Familienmensch oder sehnte sich zumindest danach, einer zu sein.

Nebenbei hatte er sich auch die amerikanischen Kritiken über die Aufführung meiner Mutter vorlesen lassen, Stolz empfunden und sich damit zu trösten versucht, dass er Tina jetzt durch eine Frau von ganz anderem Kaliber ersetzen würde, eine Frau, die von sich reden machte wie keine andere.

»Du hast großartige Presse bekommen«, lobte er und küsste sie.

»Ich habe Bing gesprochen«, erklärte sie.

»Bing?«

»Rudolf Bing von der Metropolitan.«

»Mit dem du im Krieg bist?«

»Jetzt nicht mehr. Wir haben uns ausgesprochen. Und eigentlich war es sowieso Battistas Krieg, auch wenn er mich in die Schlacht geschickt hat. Aber damit ist jetzt Schluss, ich brauche diese ganzen Fehden nicht.«

»Das ist fantastisch, dann steht deinen nächsten Auftritten dort ja nichts mehr im Weg. Ich wollte dir gerade empfehlen, dass du unbedingt die nächsten Engagements …«

»Nein«, unterbrach sie ihn lächelnd und legte sanft ihre Hand auf seine. »Das werde ich nicht, Aristo. Ich werde nicht mehr auftreten, überhaupt nicht mehr.«

Mein Vater schwieg. Eine Laune, dachte er. Eine weibliche Laune, die sich legen würde. Nur für einen kurzen Moment durchfuhr ihn die Frage, ob die Aussicht auf ein sattes Leben an seiner Seite meine Mutter zum Müßiggang verlockte, doch das konnte nicht sein, das passte nicht zu ihr, sie war eine Kämpferin. Und eine Siegerin, und vor allem Letzteres sollte sie nach Ansicht meines Vaters unbedingt bleiben.

»Aber Maria, das wäre töricht. Du hattest großartigen Erfolg in Dallas. Und in London auch, es gibt keinen Grund ...«

»Doch, Aristo, es gibt einen Grund.« Ihr Lächeln erschien ihm jetzt ungewöhnlich vielsagend, er konnte sich jedoch keinen Reim darauf machen.

»Es ist etwas geschehen«, ergänzte sie, nahm die Hand von seiner und legte sie auf ihren Bauch.

Nun begriff er, wovon sie sprach, aber etwas in ihm weigerte sich rigoros, diesen Gedanken zuzulassen. Wenn Tina davon Wind bekäme, brauchte er an eine Versöhnung überhaupt nicht mehr zu denken, die ganze Weltöffentlichkeit würde sofort wissen, dass ... Und sowieso war seine Familienplanung abgeschlossen. Am liebsten wäre er aufgestanden und fortgegangen, dem Unausweichlichen ausgewichen, doch natürlich blieb er sitzen, während sein Hirn automatisch begann nach Lösungen zu suchen.

»Du wirst Vater, Aristo.« Ihr Blick glich dem einer Madonna, wenn nicht gar der Jungfrau Maria persönlich.

»Ich bin schon Vater«, antwortete er, ohne nachzudenken oder eine Miene zu verziehen.

»Ich weiß, Aristo.«

Natürlich sah er, wie ihr Lächeln verschwand. Sah, dass es jener starren Beherrschung Platz machte, die er bereits an ihr kannte. Und natürlich wusste er, dass er etwas sagen müsste, dass sie eine Reaktion von ihm erwartete, eine liebevolle, positive Reaktion, eine Reaktion, wie er sie gezeigt hatte, als Tina ihm ihre erste Schwangerschaft verkündet hatte, eine Reaktion aber, die in eine Ehe gehörte, und zu der er jetzt, verdammt noch mal, einfach nicht fähig war. Das musste sie doch verstehen!

Meine Mutter verstand. Ihr Blick wurde nachdenklich, ehe sie das Schweigen brach. »Ich habe mir in meinem Leben nichts sehnlicher gewünscht als ein Kind, Aristo.«

Das wiederum verstand mein Vater. Er rang sich ein Grinsen ab. »Ich glaube, ich brauche ein bisschen Zeit, um das zu verdauen.«

Es wäre ein Leichtes für ihn gewesen, sich einfach auf das nächste Familienleben zu konzentrieren, wenn ihm das erste schon abhandenkam. Was für ein Dummkopf er doch war, stattdessen Tina hinterherzutelefonieren und sie um Versöhnung anzuflehen, eine ziemlich paradoxe Reaktion. Dabei liebte er meine Mutter wirklich. Wenn er bloß nicht so ein Feigling gewesen wäre!

Um allen Spekulationen vorzugreifen: Nein, mein Vater hat meine Mutter in keinem Moment gezwungen, eine Schwangerschaft zu beenden. Nicht 1959 und schon gar nicht 1966, weil sie 1966 gar nicht schwanger war. Sie war in ihrem ganzen Leben nur ein einziges Mal in anderen

Umständen, und zwar mit mir. Danach hatte sie alle Ansprüche auf Mutterschaft verwirkt.

Und so konsterniert mein Vater über die Situation auch gewesen sein mag, er wäre niemals auf eine solche Idee gekommen. Zumindest nicht bei meiner Mutter. (In der Tat hatte er, in jungen Jahren, ab und an durchaus mit etwas Bargeld dafür gesorgt, dass die Folgen der Liebe aus der Welt geschafft wurden, doch das waren für ihn unbedeutende Abenteuer gewesen, und er versagte es sich, über das Aus-der-Welt-Schaffen nachzudenken, denn er war ein gläubiger Christ.)

Nein, nein, das Wort »Abtreibung« ist zwischen meinen Eltern niemals gefallen, und meine Mutter, die ansonsten so ziemlich alles für meinen Vater getan hätte, hätte sich dem auch strikt verweigert. Und das, das ist die eigentliche Ironie der Tragödie.

Natürlich spürte meine Mutter, was los war, zumal mein Vater seine Bemühungen, Tina zum Einlenken zu bringen, mehr schlecht als recht vor ihr verbarg. Bemühungen, die im Übrigen absolut sinnlos waren, denn Tina war von meinem Vater zwischenzeitlich fast ebenso genervt wie meine Mutter von ihrem Italiener. Nein, Tina wollte endlich ein neues Leben beginnen, und die Bedingungen dafür waren nie besser gewesen.

Dass mein sonst so kluger, besonnener Vater krampfhaft an der absurden Idee festhielt, er könne sowohl seine Ehe als auch seine Geliebte behalten, hat natürlich etwas mit mir zu tun. Wem die Zukunft zu kompliziert zu werden droht, der rettet sich in die Vergangenheit. Es kam ihm durchaus zupass, dass die Presse Tinas Scheidungsklage ausschlachtete und damit gemeinsame Freunde und Bekannte auf den Plan rief. Alle wollten vermitteln, wie das bei Scheidungen so ist, und während meine Mutter, die sich ohnehin ständig Sorgen machte, nun versuchte sich an Bord zu entspannen, telefonierte mein Vater mit Menschen, die meiner Mutter alles andere als wohlgesinnt waren und die Tina allesamt zu einer Versöhnung bewegen wollten.

Meine Mutter war ziemlich leidensfähig, vor allem, wenn sie einen Sinn in ihrem Leid erkannte. Doch meinen Vater zu erleben, wie er ständig am Telefon über seine Ehe sprach wie über einen Schwerkranken, den es zu retten galt, wurde ihr zu viel. Sie zog sich mit Bruna nach Mailand zurück.

Es begann eine stille Zeit. Mein Vater, nun wiederum hin- und hergerissen zwischen der Freiheit, sich seinem Anliegen widmen zu können, und der Sehnsucht nach meiner Mutter, tauchte natürlich hin und wieder in der Via Buonarotti auf. Die meine Mutter indes kaum mehr verließ.

Die Regeln einer jeden Liebe werden gleich zu Beginn aufgestellt, in den ersten Tagen und Wochen, und sie gelten, bis diese Liebe an ihr Ende kommt. Es sind stets unausgesprochene Regeln, und nicht selten hört die Liebe gerade ihretwegen auf. Sie von Anfang an auszusprechen würde die Liebe bedeutend erleichtern, doch dem steht die Romantik entgegen, und die Romantik ist, wie man weiß, ein ähnlich schlimmes Übel wie die Religion.

Eine der Regeln der Liebe meiner Eltern bestand darin, dass mein Vater die Regeln machte und meine Mutter sich ihnen fügte. Freiwillig und hingebungsvoll. Eine hoffnungslos konventionelle, hoffnungslos griechische Regel, die ihnen aber beiden vertraut war. So vertraut, dass meine Mutter nichts dabei fand, öffentlich zu verlautbaren, dass ein Mann naturgegebenerweise polygam sein dürfe, eine Frau jedoch keinesfalls. Man könnte vermuten, diese Regel habe das Leid nur über meine Mutter gebracht, doch das ist nicht der Fall. Mein Vater litt wie sie, mit dem Unterschied, dass er das Leiden nicht gewohnt war.

Also saß meine Mutter allein in ihrem Haus in Mailand. Man wird sich fragen, was eine Frau wie sie, deren Terminkalender stets übervoll gewesen war, mit der vielen Zeit anfing, zumal sie sich nicht nur aus der Öffentlichkeit, sondern auch von vielen ihrer Freunde zurückgezogen hatte. Nun, sie wartete. Auf meinen Vater. Es war dies die zweite Regel ihrer Liebe, und um es gleich vorwegzunehmen: Sie würde sie bis an sein Lebensende befolgen, ganz gleich, wie sinnlos das Warten erscheinen mochte.

Natürlich wartete sie in jenen Wochen auch ein bisschen auf mich, aber mein Vater hatte ihr eingeschärft, ihre Schwangerschaft um jeden Preis geheim zu halten. Er war mit seinen gegenwärtigen Schwierigkeiten bereits so beschäftigt, dass er einfach keine weiteren gebrauchen konnte. Und natürlich hätte es den größten aller Wirbel gegeben, wenn die Welt von mir erfahren hätte. Also versagte sich meine Mutter sogar, mit ihren engsten Freundinnen darüber zu sprechen, gleichwohl eine Schwangere nichts lieber möchte, als das zu tun. Doch mehr noch als um die Presse sorgte sie sich um das Urteil ihrer Freunde und Bekannten. Sie war keine anständige Ehefrau mehr, sie war jetzt eine Ehebrecherin. Sie war die Geliebte eines verheirateten Mannes und obendrein gesegnet mit einem unehelichen Kind. Noch wenige Monate zuvor hätte sie selbst den Kontakt zu einer solchen Frau rigoros beendet. Denn meine Mutter war vor allem eine Frau der Prinzipien. Nun war es an ihr, damit klarzukommen, dass sie ihr eigenes Prinzip über den Haufen geworfen hatte.

Offen sprechen konnte sie in jener Zeit ausschließlich mit Bruna. Habe ich erwähnt, dass Bruna Lupoli der einzige Mensch auf Erden war, der meine Mutter bis zu ihrem Ende selbstlos geliebt hat? Falls ja, kann es getrost wiederholt werden. Von dem Moment im Jahr 1954 an, da Bruna in ihren Dienst trat, opferte sie meiner Mutter ihr Leben restlos, nur dass Bruna es nicht als Opfer empfand, sonst hätte sie nicht all die Jahre ohne Lohn gearbeitet. Natürlich hatte auch Bruna ihre Geschichte, und es war eine ziemlich italienische Geschichte, ohne die so viel Selbstaufgabe nicht möglich gewesen wäre. Für meine Mutter, die lebenslang nach Liebe lechzte, war Brunas Hingabe ein Segen. Tatsächlich war auch das Teil der Tragödie, denn Bruna hätte nie gewagt, sich meiner Mutter entgegenzustellen, nicht einmal meinetwegen. Sie glaubte wie meine Mutter an die Unausweichlichkeit des Frauenschicksals.

Auf der Bühne war meine Mutter, wie man weiß, eine Meisterin der Illusion. Eine Fähigkeit, die ihr auch das Warten auf meinen Vater erleichterte. Sie träumte vor sich hin. Träumte von der ersten Fotografie, die von mir gemacht würde – mein strahlender Vater, wie er mich aus der Klinik trägt –, träumte von der Wonne, die es bedeuten würde, ein Kind im Arm zu halten – sie ging übrigens ohne jeden Zweifel davon aus, dass es sich bei diesem Kind um einen Sohn handeln würde –, ihm beim Spielen mit Bruna zuzuschauen und Erziehungsregeln zu entwerfen, die ich zu befolgen haben würde. Ohne dass ihr das aufgefallen wäre, hielt sie sich dabei an jene Erziehung, die ihr vertraut war, und so dachte sie mithin darüber nach, welches Alter wohl das beste wäre, um mich in die Kunst des Klavierspiels einzuführen. Für meine Mutter stand außer Frage, dass ich das besterzogene Kind aller Zeiten zu sein hatte, über jeden Tadel erhaben, denn den Tadel der Öffentlichkeit fürchtete sie mehr als alles andere. Einen Hauslehrer, wie er meinem Bruder Alexander zur Verfügung stand, würde sie schon viel früher engagieren, sodass ich bereits mit vier oder fünf durch flüssiges Lesen Eindruck machen würde – nicht zuletzt auf meinen Vater –, von den vielen Sprachen, die ich fließend sprechen würde, ganz abgesehen. Für meine Mutter, meine großartige Mutter, war das alles eine Frage der Disziplin.

Das eigentlich Verrückte oder Tragische oder Dramatische im Leben meiner Mutter, das, was alles aus dem Lot brachte, war der Umstand, dass sie sich von Anfang an auf feindlichem Terrain bewegte. Oder bewegen musste, je nachdem, wie man es sieht. Meine Mutter war eine Spürende, eine hochempfindliche, seismografische Seele, wie jeder Künstler es zu sein hat, ansonsten hätte sie ihre Kunst nicht vollbringen können. Eine Künstlerseele aber ist naturgemäß dünnhäutig, verletzlich, ein Weichtier ohne Schale oder Panzer, denn nur die Durchlässigkeit gewährt das Wunder der Kreativität.

In der Tierwelt verbergen sich vulnerable Weichtiere, sofern sie nicht über besondere, in der Regel chemische Waffen verfügen, vorwiegend an geschützten Orten, weitab von den Spielwiesen der Harten, Starken, Gepanzerten, die nichts daran finden, sich durchzubeißen und sich gelegentlich einen Hieb zu versetzen, weil sie das allgemeine Hauen und Stechen in ihrem Erbgut tragen. Mein Vater war übrigens einer von ihnen. Sein Panzer war extrem widerstandsfähig, dabei geschmeidig und flexibel, was ihm seine Überlegenheit bescherte, denn nur die Unverwundbarsten regieren auf dem Olymp. Natürlich war auch er verwundbar, wie Achilleus, aber das ignorierte er, so lange es ging.

Der Opernbetrieb, insbesondere der, der sich in den Jahren, in denen meine Mutter dort tätig war, allmählich entwickelte, ist naturgemäß kein Ort für Weichtiere. Eine Widersinnigkeit an sich, doch so ist es nun einmal, und so wächst den meisten Künstlern nach und nach eine Haut, eine unnatürliche Haut, die spannt und behindert und die mit der Zeit brüchig wird wie bei meiner Mutter. Manche legen sich Waffen zu. Meine Mutter wurde die Tigerin genannt. Ich hasse diese Bezeichnung, denn die Krallen, die sie sich aneignete, waren ein verzweifelter Notbehelf; sie und ihre Kunst hätten einen Ort gebraucht, an dem sie beschützt worden wären, von Menschen, die ihr Genie und ihre Verletzlichkeit begriffen.

Das Glück, das meine Mutter empfand, als sie meinen Vater kennenlernte, entstand nicht zuletzt aus der Illusion, er werde sie beschützen. So sehr, dass sie ihre morsche Rüstung würde ablegen und nur noch sie selbst sein können. In dieser Hoffnung betrat sie seine Welt. Was für ein Irrtum!

Schon während sie in jenem Winter 1959 zu Hause saß und auf mich und meinen Vater und alles Mögliche wartete, ahnte sie zuweilen sehr deutlich, dass sie auch in Zukunft nicht ohne irgendeine Art von Panzer überleben konnte, ja, dass es vielleicht einer noch viel dickeren Schicht bedurfte. Als sie durch die dumme Redseligkeit meines Vaters davon erfuhr, dass eine ganze Armee von Menschen, unter ihnen auch Lady Clementine, sich mit großem Engagement darum bemühten, meinen Vater und Tina wieder zusammenzubringen, überfiel sie etwas, das sich am besten mit dem Wort »Pein« bezeichnen lässt. Ein Gefühl, das sich aus Scham, Furcht, Schmerz und Einsamkeit zusammensetzt, sie fühlte sich bloßgestellt und zurückgewiesen von genau jenen Menschen, die noch vor wenigen Wochen ihre Reisegefährten gewesen waren. Die meinem Vater so eng verbunden waren, dass sie an eine Solidarität geglaubt hatte. Wie naiv sie doch gewesen war. Es war dasselbe Gefühl, als stünde sie auf einer Bühne, offenbarte ihr Innerstes und würde ausgebuht. Wie die meisten Missstimmungen, die sie in letzter Zeit übermannten, schob sie auch diese auf die Hormone. Man könnte auch sagen auf mich.

Mein Vater war, wie schon erwähnt, Diplomat. Er verfügte über eine natürliche Sensorik, die ihm genau mitteilte, wann eine Situation ausgereizt war. Wenige Tage vor ihrem sechsunddreißigsten Geburtstag ließ er meiner Mutter eine Mappe mit überdimensionalen Farbfotografien zustellen. Sie zeigten ein mehr als großzügiges Anwesen, genauer gesagt ein Schloss aus dem achtzehnten Jahrhundert, idyllisch am Ufer des Genfer Sees gelegen. Ich hoffe, es gefällt dir, schrieb er dazu. Wir können es im Januar besichtigen.

Erst danach rief er sie an, um ihr mitzuteilen, dass er zu ihrem Geburtstag nicht in Mailand sein werde, sondern dringenden Geschäften nachzugehen habe. Meine Mutter betrachtete eingehend die Bilder der mit historischen Tapisserien verzierten Salons, der geräumigen Bibliothek, der Wasserspiele im Park, ignorierte ihren Geburtstag und verlegte ihre Träumereien fortan in die Kulisse dieses Schlosses, das also mein Elternhaus werden sollte.

Mein Leben. Mathematisch betrachtet besteht es, wie jedes andere menschliche Leben, aus einer unendlichen Zahl von Möglichkeiten, die, jede für sich, zu einem gegebenen Zeitpunkt zerfallen oder Realität werden. Aus der Diskrepanz zwischen diesen beiden Zuständen entsteht das menschliche Leid.

Meine ersten Jahre. Ich erinnere sanfte Jahre voller Licht. Der See liegt mir zu Füßen wie ein großes, schlafendes Tier, das ich von Brunas Arm herab ehrfürchtig betrachte. Die Zeit wird kommen, da ich auf es zugehen muss. »Il piccolo mare«, sagt Mama Bruna und deutet mit dem Finger auf das Tier. Ich spüre die Wärme ihrer Arme, drehe den Kopf und vergrabe mein Gesicht an ihrem Hals, in ihrem Geruch. Das kleine Meer gehört den Frauen. Meinem Vater gehört das große Meer. Das große Meer ist weit fort und mächtig, so mächtig wie mein Vater.

Ich erwache im Freien. Ein Schleier trennt mich vom Himmel, ich betrachte die Wolken, greife danach. Vom Ufer höre ich das Knarzen und Puckern der Fischreiher und der Teichhühner, ich antworte ihnen, vom Dach rufen die Tauben. Ihr warmes Gurren verbindet sich untrennbar mit diesem Haus, und es wird sehr lange dauern, Jahrzehnte beinahe, bis ich feststelle, dass Tauben ganz gewöhnliche Vögel sind, die an vielen anderen Orten gurren.

Manchmal sind die Stimmen der Männer zu hören, die den Park bewachen, sie sind Gärtner und Wächter zugleich, sie schneiden Hecken und Bäume und vertreiben

die Paparazzi, die sich mit kleinen Booten dem Ufer nähern, um ihre langen Objektive auf mich zu richten, sodass
am nächsten Tag mein Bild in der bunten Presse zu sehen
ist: auf einer Decke im Gras liegend, an Brunas Hand erste
Schritte übend, auf dem Arm meiner Mutter am Fenster.

Die besonders Dreisten versuchen bis zum Haus vorzu-
dringen, sie kommen in der Nacht und verstecken sich im
Garten, deswegen hat mein Vater die Hunde gekauft, Ker-
beros und Hydra, sie laufen frei durch den Park, verbellen
die Fotografen und spielen mit mir auf dem Rasen.

Zum Ende des Jahres 1959 begann für meine Mutter endlich eine kurze Zeit der Milde. Alles an ihr wurde sanft.
Sie würde ein Kind haben, nur das zählte. Also legte sie
die allmählich schwerer werdenden Beine hoch und übte
nicht nur mit meinem Vater Nachsicht, sondern auch
mit sich selbst. Die Härte, mit der sie in den vergangenen Jahren ihre Kämpfe durchgestanden hatte, wich einer
Friedfertigkeit, die alle in Erstaunen versetzte, nur meine
Mutter nicht, sie wusste schließlich um mich. Als Renata
Tebaldi am 9. Dezember 1959 an der Scala die Premiere
von *Tosca* sang, erwartete die Presse eine kratzbürstige
Reaktion meiner Mutter, immerhin hatte sie mit der Scala
gebrochen und musste nun erleben, dass ihre vermeint-
lich blutigste Rivalin vom Publikum gefeiert wurde – aber
der erstaunte Journalist hörte am Telefon eine ungewohnt
versöhnliche Callas, die ihm erklärte, sie habe in diesem
Jahr sehr viele Kapitel abgeschlossen, auch das Kapitel

Scala, und die Öffentlichkeit möge doch bitte der Kollegin die gebührende Aufmerksamkeit schenken. Noch ein paar solcher Aussagen, und sie wäre für die Presse langweilig geworden. Tatsächlich ließ das Ereignis an der Scala sie keineswegs so unberührt, wie sie vorgab. Am Abend der Premiere redete sie sich selbst ein, sie könne es ignorieren, nahm mit einer Tasse Tee und meinem Glas Milch vor dem Fernseher Platz und sah sich einen Western an, doch sie wusste natürlich nur zu gut, wann sich, nur ein paar Autominuten entfernt, der Vorhang hob, und es war, als klänge die Musik bis zu ihr ins Zimmer, aber da sie in ihrem Inneren klang, war sie nicht abzustellen, und so verfolgte meine Mutter nicht nur die Schießereien im Fernsehen, sondern im Geist auch die Messerstecherei auf der Bühne, malte sich aus, wie sie die Tebaldi übertrumpft hätte, versuchte zu vergessen, wo die andere ihr überlegen war, und spürte Wehmut. Da legte sie die Hand auf ihren noch immer ziemlich flachen Bauch und dachte an den Frühling. Ende April, und zwar am dreißigsten, hatte der Arzt erklärt, werde es so weit sein. Der dreißigste April ist im Übrigen der Geburtstag meines Bruders. Meine Mutter glaubte nicht an einen Zufall. Sie würden schon sehen.

Die Frühlingssonne wärmt die Mailänder Straßen. Meine Wiege steht am offenen Fenster. Nicht zur Straßen-, sondern zur Hofseite hin. Die Fenster der Straßenseite müssen geschlossen bleiben, einer der Journalisten hat versucht, die Fassade zu erklettern. Niemand von uns verlässt das Haus.

Ich bin das berühmteste Baby der Welt. Nicht einmal der Nachwuchs der Windsors bekommt derart viel Aufmerksamkeit. Gleich nach meiner Geburt werden Bilder publik, sie lösen noch größeren Aufruhr aus als die Liebesbeziehung meiner Eltern. Die Callas! Ein Kind! Was für eine Sensation. Dabei hätte ich klammheimlich und unbemerkt in Genf zur Welt kommen sollen, auf Schweizer Boden, doch unter dem Kaufvertrag des Schweizer Chateaus fehlt noch die Unterschrift. Gegen eidgenössischen Langmut ist selbst das Geld meines Vaters machtlos.

Also werde ich in einer Mailänder Privatklinik geboren. Meine Mutter ist inkognito dort, nur der Chefarzt weiß Bescheid, aber eine der Säuglingsschwestern, die mich betreuen soll, erkennt meine Mutter sofort. Sie ist auf unglücklichste Weise in einen erfolglosen Fotografen verliebt, der sie belügt und betrügt, doch wie so viele Frauen glaubt sie, alles werde gut, wenn sie nur gut zu ihm ist. Sie ruft ihren Fotografen an, erfleht seine Liebe und bietet als Pfand eine Information, die ihn so reich machen wird, dass sie beide heiraten können. Der Tumult, der später über der Frage ausbricht, wer dem *Corriere della Sera* diese Bilder verkauft hat, lässt den schönen und vorübergehend finanzkräftigen Fotografen das Weite suchen, allerdings ohne seine Krankenschwester, die ihn natürlich nie wiedersieht. Die Welt ist voller solcher Geschichten. Diese streift meine.

Noch in der Klinik überfallen meine Mutter schwarze Gedanken und lähmen sie. Die Ereignisse haben sie überwältigt und erschöpft. Ich habe sie überwältigt.

Der Arzt hatte den Termin für meine Geburt, die natürlich als Kaiserschnitt erfolgen sollte, auf den 25. April festgesetzt, einen Montag, aber in dieser Version meines Lebens habe ich mich gegen eine solche Bevormundung entschieden und mich am Tag zuvor selbst auf den Weg gemacht. Die überstürzte Fahrt in die Klinik ist filmreif, um ein Haar wäre ich im Wagen zur Welt gekommen.

Gleich nach der Geburt verlangt meine Mutter nach mir, eine diffuse Sorge macht ihr zu schaffen, der Widerschein eines anderen Ausgangs, den sie spürt, denn die Alternativen eines Lebens liegen dicht beieinander, und die besonders Spürenden überfällt oft mehr als eine Ahnung dessen, was beinahe hätte geschehen können.

Kaum dass die Schwestern mich gewaschen haben, liege ich in ihrem Arm, an ihrer Brust, und sie umfängt mich wie etwas Flüchtiges, Vergängliches, das zu halten alle Kraft kostet. Sie bestaunt mich, berührt mein Ohr, meine Wange, meine Finger, die so klein sind, dass sie Angst hat, sie zu zerbrechen.

Sobald wir eingeschlafen sind, bringt die Schwester mich fort, säubert mich und legt mich in ein Bettchen. Ich habe ein Zimmer für mich allein, während alle anderen Neugeborenen sich einen Schlafsaal teilen. So wird das weitergehen.

Wenn meine Mutter erwacht, will sie mich bei sich wissen. Ihre Brust, das Zentrum meiner Welt, ist jetzt rund und prall, und das Gefühl, das sie überkommt, wenn ich sie erleichtere, ist größer als alles, was sie je hat ersehnen können. Dann, und nur dann, vergisst sie, was sie sonst noch ersehnt, und weint vor Glück und manchmal vor Kummer. Die Schwestern tuscheln über diese exaltierte Frau, aber so sind sie, die Reichen, was weiß man denn schon davon.

Tag und Nacht belagern Journalisten die Klinik. Meinen Vater stellen sie in New York. Wichtige Geschäfte halten ihn auf. Ja, für Mrs. Callas erfülle sich ein Herzenswunsch, erklärt er. Der Frage, ob sich auch für ihn ein Herzenswunsch erfülle, weicht er aus.

»Werden Sie Mrs. Callas nun heiraten?«

»Soweit ich weiß, ist sie bereits verheiratet.«

Mit Sonnenbrille und viel zu warmem Pelzmantel – ihr Körper erscheint ihr unerträglich plump – verlässt sie schließlich das Krankenhaus, stellt sich allein und heldenhaft dem Blitzlichtgewitter am Haupteingang, »Nessuna intervista, Signori«, während ich mit Bruna, versteckt in einem Ambulanzfahrzeug, durch die Notaufnahme nach draußen geschleust werde. Die Erinnerung an das Bild meines stolzen Vaters im Blitzlichtgewitter vor dem Klinikportal verblasst wie eine dem Licht ausgesetzte Fotografie, nur der Rest einer Sehnsucht bleibt, die nicht mehr zugeordnet und daher nie mehr ausgelöscht werden kann.

Bereits am Tag nach meiner Entdeckung gebiert die Weltpresse ein neues, geradezu kapitales Thema, und es gibt kaum ein Blatt, das genug auf sich hält, um nicht über die Frage zu spekulieren, wie mein Vater nun sein Erbe aufzuteilen gedenkt, wobei das *Wall Street Journal* und die *Financial Times* die Angelegenheit mit großer finanzrechtlicher Sachlichkeit angehen, während der *San Francisco Examiner* titelt: »Alexander Onassis nur noch die Hälfte wert!«

Mein Vater tobt. Noch mehr, als ein Journalist von *Paris Match* versucht, meinen Bruder auf dem Schulhof seines Pariser Lycées zu stellen, woraufhin der Schulhof geschlossen wird und Wachen aufgestellt werden. Man kann sich ausmalen, wie sehr das die Beliebtheit meines Bruders bei seinen Mitschülern steigert. Und seinen ohnehin schon vorhandenen Hass auf meine Mutter. Und mich. Im Übrigen beschäftigt die Frage nach einem eventuellen Schwund seines Erbes meinen zwölfjährigen Bruder durchaus, auch wenn das Ausmaß des Reichtums, von dem die Rede ist, ja selbst dessen Hälfte, außerhalb seiner Vorstellungskraft liegt, doch dass es darum nicht geht, sondern um das Prinzip, schärft ihm schon seine Mutter ein, die durchaus mit Journalisten über dieses Thema spricht, nur dass davon niemand Wind bekommt.

Meine Mutter liegt derweil zu Hause im Bett und hadert mit der Welt. Alles wiederholt sich im Leben, und wenn man die Geschichte kennt, könnte man sich durchaus an den Zustand erinnert fühlen, in dem sich meine Großmutter nach der Geburt meiner Mutter befunden hat.

Wenn meine Mutter nicht hadert, schläft sie. Es ist Bruna, die mich versorgt, nur zur Nahrungsaufnahme bringt sie mich zu ihr, und während ich die größte Wonne erlebe, die ein Mensch in meinem Alter erleben kann, bricht meine Mutter immer wieder in Tränen aus, ob vor Rührung oder Kummer, weiß niemand zu sagen, nicht einmal sie selbst. Ich, ich könnte es wohl sagen, wenn ich denn sprechen könnte, schließlich sauge ich ihren gesamten Weltschmerz in mich auf.

»Schauen Sie doch, Signora, das Füßchen, er macht es wie Sie!« Auffordernd kitzelt Bruna meine Fußsohlen, und ohne dass ich etwas dafür kann, spreize ich meine Großzehe nach oben, woraufhin meine Mutter meinen Fuß ergreift, ihn betrachtet wie etwas Fremdes und gleich wieder vor Tränen überquillt.

Endlich kommt auch mein Vater in die Via Buonarotti, um meine Mutter zu beglückwünschen und mich in Augenschein zu nehmen. Am Tag zuvor ist bereits ein Rosenbouquet angekommen, so gigantisch, dass Ferruccio den zweiten Flügel der Eingangstür öffnen muss, auch diese Bilder gehen um die Welt.

Es werden noch mehr Blumen geliefert, täglich kommen Dutzende Sträuße, kleine und große, teils von Menschen, die meine Mutter nicht kennt, ihr Zimmer ist längst übervoll, die Vasen reichen nicht aus, Bruna behilft sich mit Eimern und Champagnerkübeln. Die Glückwunschkarten stapeln sich auf dem Nachttisch.

Meine Mutter sitzt im Bett und starrt mit Gleichmut auf die surreale Pracht. Die Farben der Blüten verändern sich von Stunde zu Stunde, je nach Lichteinfall. Wie viele Blumen hat sie im Laufe ihrer Karriere bekommen? Was, wenn alle auf einmal in dieses Zimmer gebracht würden? Sie erinnert sich an die ersten Sträuße nach ihren ersten Auftritten in Athen, tagelang standen sie an einem Ehrenplatz.

Auch mein Großvater Georgios hat Blumen geschickt, und über seinem Brief ist meine Mutter ebenfalls in Tränen ausgebrochen. Sein Anruf erfolgt bald darauf. Es ist ein seltsames, distanziertes, beinahe stilles Gespräch. Seit fast fünfzehn Jahren haben sie sich nicht gesehen. Für einen Augenblick ist meine Mutter versucht, meinen Großvater zu meiner Taufe zu laden. Sie spürt, dass es ein Fehler ist, es nicht zu tun, und kann doch nicht anders.

Mein Vater küsst meine Mutter und legt ihr einen breiten, nach antikem Vorbild angefertigten Armreif mit Rubinen, Perlen und Brillanten an, zwischen die die Buchstaben meines Vornamens in griechischer Schreibweise graviert sind. Was eigentlich nicht sein dürfte, denn nach griechischer Tradition erhalte ich meinen Namen erst im Moment der Taufe, vorher bin ich namenlos. Auch in dieser Angelegenheit hält mein Vater es mit den Regeln, wie er es immer tut: Er biegt sie sich zurecht, wie er sie haben will. Er will, dass ich nach seinem Onkel benannt werde, dem jüngsten Bruder seines Vaters. Obwohl ohnehin kein Mensch wagen würde, an dieser Entscheidung zu rütteln, hat er sie vorsorglich in Gold gemeißelt: OMEROS.

Über meinen Nachnamen dagegen herrscht noch Uneinigkeit.

Auch mein Bruder trägt den Namen eines unserer Onkel, aber seine Initialen gleichen denjenigen meines Vaters. A. O. Alpha und Omega. Mehr muss dazu nicht gesagt werden.

Mein Vater fühlt sich in der Via Buonarotti, in diesem Haus einer Wöchnerin, unwohl, das ist nicht schwer zu sehen. Er bewegt sich wie ein Tier in einem fremden Käfig, wandert rastlos und rauchend von einem Raum zum anderen als warte er, dass etwas geschieht. Alles, was geschieht, ist, dass ich meine Hand fest um seinen Finger schließe, sobald er ihn mir reicht, damit geschieht ihm offenbar nicht genug, er flieht auf die *Christina*.

In einer anderen Variante der Geschichte besteht die Säuglingsschwester, die man in die Via Buonarotti engagiert hat, darauf, mich auszufahren. Mit den Journalisten, erklärt sie Bruna, werde sie schon fertig. Sicherheitshalber nimmt sie einen schweren, noch von Meneghini stammenden Spazierstock als Waffe mit und wagt sich in aller Morgenfrühe hinaus. Entgegen den Befürchtungen ist die Straße menschenleer, nur auf der anderen Straßenseite sitzt ein Mann auf einer Bank und liest die Zeitung. Kopfschüttelnd biegt sie in die Via Giotto ein. Was für ein Theater, um nichts! Auch in dem kleinen Park in der Nähe unseres Hauses ist kaum jemand zu sehen, hie und da werden Hunde ausgeführt, allesamt kleine Hunde, fällt ihr auf, solche, die in eine Tasche passen, wie der schwarze Pudel der Signora. Die Luft ist warm, aber noch frisch und klar. Sie nimmt das Tuch fort, das sie zum Schutz vor den Journalisten über meinem Wagen befestigt hat, klappt das Verdeck zurück und setzt sich auf eine Bank. Während sie den Vögeln lauscht, wird ihr plötzlich bewusst, dass dies das erste Mal ist, dass ich unter freiem Himmel in der Sonne liege, und der Umstand, dass sie es ist, sie allein, die diesem Augenblick beiwohnt, die ihn sogar herbeigeführt hat, ja dass er ohne sie gar nicht möglich gewesen wäre, erhebt sie in einer Weise, in der sie lange nichts mehr erhoben hat.

Die Ruhe währt indes nicht lange, bald taucht der erste Reporter hinter einem Gebüsch auf, in Sekundenschnelle hat er mich abgelichtet, und die Säuglingsschwester springt auf und eilt, den Stock schwingend und Verwünschungen murmelnd, mit mir davon. So also ist das. Als sie die Straße erreicht, kommt ihr der Gedanke, dass, wenn sie dem Fotografen ein Bild gewährt hätte, sie ebenfalls auf diesem Bild zu sehen gewesen wäre, und sie stellt sich vor, dass sie auf der Titelseite der *Stampa* oder vielleicht sogar in Farbe auf der Vorderseite einer Illustrierten zu sehen wäre, und während sie die Straße entlanggeht und darüber nachdenkt, in welcher Zeitung sie am liebsten abgebildet sein möchte, beginnt sie zu hoffen, dass inzwischen tatsächlich Fotografen vor dem Haus lauern, denen sie jetzt nur zu gern in die Arme laufen will.

Eine junge Dame reißt sie aus ihren Gedanken, sie fragt höflich nach der Uhrzeit und sieht in den Wagen, wie niedlich, und die Schwester sieht keinen Grund, ihr diesen Blick zu verweigern, woher sollte diese Fremde schließlich wissen, was für ein außergewöhnliches Kind ich bin. Dann geht alles ganz schnell. Jemand packt ihre Arme, die Frau packt mich und steigt mit mir in einen Wagen, der an der Straße hält. Meine Nanny erhält einen Schubs, taumelt, fängt gellend an zu schreien, rennt hinter der Frau her, doch der Wagen fährt bereits davon.

Um es kurz zu machen: Es ist der schlimmste Augenblick im Leben der jungen Säuglingsschwester, und es wird der schlimmste bleiben, selbst das, was sie später in der psychiatrischen Einrichtung durchmacht, ist milde dagegen. Jetzt steht sie wie festgefroren auf der Straße und schreit so durchdringend, dass sich überall die Fenster öffnen.

Natürlich bin ich durch den Tumult erwacht, doch ich finde mich in Armen wieder, die zwar fremd, aber sanft sind und zärtlich, und das Schaukeln des Wagens gefällt mir. Zu den Armen gehört eine Brust, es ist nicht die Brust meiner Mutter, aber Milch ist Milch, es geht mir gut. Wohin wir fahren, kann ich nicht wissen, doch das Haus, in das ich gebracht werde, riecht nach meiner Mutter. Hier sind es männliche Arme, die mich durch einen sonnigen Garten tragen, der Wind geht warm und mild, und die männliche Stimme mischt sich mit dem Gesang der Vögel, ich stimme ein. Für den Rest des Tages werden die Arme nicht müde, mich zu halten, zu wiegen, zu tragen. Alles an diesem Ort ist für mich bereitet, für alles gesorgt. Die Stimme erzählt sanft und traurig von Liebe und Glück. Ich schlafe friedlich im Schatten eines Oleanderstrauchs.

Die ganze Stadt ist voller Einsatzfahrzeuge, sogar aus der Luft wird gesucht, keiner weiß so recht, wonach. Der Kriminalkommissar bemüht sich verzweifelt, die unter Schock stehende Kinderschwester zu vernehmen, ein Auto, sagt sie immer wieder, ein dunkles Auto. Der Arzt versucht derweil, meine Mutter zu beruhigen, ihr Zustand ist kritisch, vielleicht zu kritisch für diese Geschichte, manches sollte nicht zu Ende gedacht werden.

Wieder reißt Aufruhr mich aus dem Schlaf, es sind die Hände meiner Mutter, die mich brüsk umfassen, ihre Stimme ist schrill und laut und voller Zorn, ich beginne vor Angst zu brüllen.

Die Angelegenheit beschäftigt dieses Mal nicht nur die Presse, sondern für eine Weile auch die Justiz. Das Argument ehelicher Zeugung findet mehr Gewicht als erwartet, das Bild des weinenden Giovanni Battista Meneghini geht um die Welt. Er bereue seine Tat, bekennt er schließlich, aber nur, weil der Verlust ihm jetzt noch untragbarer erscheine als zuvor. Für ein paar Tage wird ihm mehr Mitleid zuteil als irgendwem anders.

Etwas in ihm ist zerbrochen, er wird kleinlaut und scheu und kampfunfähig, und vielleicht überlebt er meine Mutter nicht, was für das Vermächtnis meiner Mutter ein Segen wäre, doch stattdessen nimmt die Geschichte einen anderen Verlauf.

Es wird Zeit, über meine Geschwister zu sprechen.

Bis zum 13. August 1959 spielten sie im Leben meiner Mutter eine ziemlich unbedeutende Nebenrolle. Umgekehrt war meine Mutter bis zu diesem Zeitpunkt für Christina und Alexander Onassis nichts weiter als ein Gast unter vielen auf dem Schiff ihres Vaters.

Die eigenen Eltern streitend zu erleben ist eine dramatische Erfahrung. Nicht dass mein Vater und Tina zuvor nie gestritten hätten, das Gegenteil ist der Fall, aber dieses Mal war es anders. Dieses Mal, das spürten meine Geschwister beide, stritten die Eltern nicht umeinander, sondern gegeneinander. Etwas zerbrach. Etwas änderte sich. Auch zuvor hatte mein Vater kaum Zeit für meine Geschwister gehabt, Verabredungen abgesagt und Versprechen nicht eingehalten, doch wenn er es jetzt tat, war es anders, schlimmer, denn jetzt gab es einen eindeutig benennbaren Grund. Der Grund war meine Mutter.

Die Einheit ihrer Eltern war für meine Geschwister – wie für jedes Kind – etwas Unverbrüchliches, selbst nachdem sie zerbrochen war. Tina war klug genug, niemals schlecht über meinen Vater zu sprechen. Es genügte, hie und da eine Bemerkung über meine Mutter fallen zu lassen, um die Rollen klar zu definieren und jede denkbare Beziehung zwischen meiner Mutter und meinen Geschwistern für alle Zeit unmöglich zu machen. »Ich hasse sie«, erklärte mein Bruder folgerichtig, und es half ihm tatsächlich. Er brauchte eine klare, eine einfache Wahrheit, die ihn vor der viel zu komplizierten Wirklichkeit beschützte, in der seine Mutter noch weniger Zeit für ihn fand als vor der Trennung, denn sie hatte Eile, einen neuen Ehemann zu finden. Dass sie meine Geschwister dafür monatelang in der Obhut von Hausangestellten und ihrer Schwägerinnen ließ, nahmen Christina und Alexander ihr genauso wenig übel wie die anschließende Hochzeit mit Sunny Blandford. (Die Geschichte mit Reinaldo hatten sie zwar am Rande mitbekommen, aber vollständig ignoriert.) Die Liebe zu einer Mutter ist eine radikale Angelegenheit, und niemals stellten Christina oder Alexander infrage, was Tina tat, es genügte, dass meine Mutter für alles verantwortlich war.

Es war eine Situation, aus der niemand heil herauskam. Auch nicht mein Vater. »Ich will sie nicht sehen«, hatte Alexander mit einer Vehemenz gesagt, die meinen Vater tatsächlich in die Knie zwang. Über lange Zeit wagte er nicht, meine Geschwister und meine Mutter zusammenzubringen, und es half nichts, dass meine Mutter, die recht gut begriff, was los war, ihm zuredete. »Du darfst dich von ihnen nicht gängeln lassen«, mahnte sie ihn. »Ich werde ihnen nichts tun, im Gegenteil, ich werde liebevoll mit ihnen umgehen. Ich möchte ein gutes Verhältnis zu deinen Kindern, aber dafür müssen wir uns begegnen können.«

Doch etwas in meinem Vater sträubte sich, ohne dass er es hätte benennen können. Seine Seele erinnerte sich nur zu gut an den Verrat, den er empfunden hatte, als sein Vater nach dem Tod seiner Mutter auf schnellstem Weg eine neue Frau nach Hause gebracht und mit ihr Kinder gezeugt hatte. Wäre meine Mutter nicht schwanger gewesen, so wäre vielleicht alles anders gekommen. Wie es schien, fiel mir die Rolle eines Hindernisses zu.

Auch meine Geschwister erfahren es aus der Zeitung. Für Tage, ja sogar für Wochen herrscht eisiges Schweigen. Tina schickt meinem Vater ein so höflich wie knapp formuliertes Glückwunschtelegramm mit dem hämischen Nachsatz, dass er auf den wohl ältesten Trick der Menschheit hereingefallen sei. Sie erwähnt mich mit keinem Wort. Meine Geschwister verweigern für eine Weile jeden Kontakt, bis mein Vater sie endlich in Paris aufsucht. Wortlos stehen sie sich gegenüber, mein Bruder verschränkt die Hände vor der Brust. In ihm tobt die pure Verzweiflung.

Es ist meine Schwester Christina, die schließlich das Schweigen bricht. Sie erklärt ihm, dass sie ihren Daddy liebe, auch wenn er sie nicht mehr haben wolle. Meinem Vater zittert der Kiefer vor Ergriffenheit, er hebt sie auf seinen Arm und beteuert seine Liebe, sie weinen beide, die Szene ist filmreif.

Er nimmt Christina und Alexander mit auf die *Christina*, und für zwei Wochen widmet er sich nur ihnen. Und natürlich seinen Geschäften. Mit meiner Mutter telefoniert er täglich. Für eine Weile lebt er ein Doppelleben, ein Entweder-oder des Nachwuchses, es ist mein Bruder, der darauf beharrt, den Bastard, wie er mich nennt, nicht in seiner Nähe zu dulden. Mein Vater gibt klein bei, wir werden vom Schiff gebracht, wann immer meine Geschwister sich ankündigen, und mein Bruder ist clever genug zu wissen, welche Demütigung er meiner Mutter verpasst, indem er seinen Besuch besonders kurzfristig meldet. Natürlich streiten meine Eltern deswegen, auf griechische Weise und ziemlich laut, und natürlich weiß mein Vater, dass meine Mutter recht hat. Doch erst wenn sie zu weinen beginnt, streckt er die Waffen. Das Leben meiner Mutter wäre bedeutend leichter, wenn sie die Schlagkraft ihrer Tränen zu nutzen verstünde.

Mein Bruder. Stark ist er und schön und längst kein Kind mehr, als ich ihn endlich erreiche. Ihn umgibt das Leuchten meines Vaters, das Leuchten des Olymps, auch wenn er wie alle Söhne großer Götter mit dem Vater seine Not hat. Und er ist schnell, mein großer Bruder. Er liebt alles, was ihn fortbewegt, das ist seine Geschichte. Seine kurze, tragische Geschichte voller Leid, doch davon ahnt 1960 noch keiner der Beteiligten etwas, und ich, ich werde dafür sorgen, dass alles anders kommt, ich werde seine Geschichte ändern, werde ihn beschützen, sein Leben bewahren, das Leid unseres Vaters verhindern, dafür, auch dafür, habe ich mich auf den Weg gemacht.

Meine Schwester. Sie ist elf Jahre alt und so sehr daran gewöhnt, von unvereinbaren Widersprüchen umgeben zu sein, dass sie deren Zwiespältigkeit kaum mehr bemerkt. Meist reagiert sie mit Schweigen, hält still und versucht nicht zu denken, bis das Schlimmste vorüber ist. Mit dem Denken aber verhält es sich wie mit den Muskeln: Je seltener man es trainiert, desto schlechter funktioniert es. Eigentlich reicht das Denken meiner Schwester viel weiter als das meines Bruders, doch ohne mein Erscheinen würde sie das tatsächlich erst mit zweiundzwanzig bemerken.

Sie betritt die Jacht, wie man einem alten Bekannten begegnet, den man lange nicht gesehen hat und der sich in der Zwischenzeit verändert und möglicherweise von einem abgewandt haben könnte. Meine Schwester empfindet Misstrauen. Sie weiß nicht, ob sie das Schiff noch mag oder nicht, Schiffe nicht zu mögen kam ihr bisher niemals in den Sinn, allein der Gedanke fühlt sich wie eine Sünde an.

In unserer Familie sind Schiffe das, was dem Bäcker das Brot ist, so oder so ähnlich hat sie es unseren Vater sagen hören. Und sie hat eine Erinnerung an einen Moment voller Stolz, wobei die Erinnerung tatsächlich von den Fotos stammt, die seinerzeit aufgenommen wurden, bei der Taufe eines Tankers in Hamburg. Der größte seiner Zeit, eine Sensation. Als Zweijährige hat sie, auf dem Arm meines

Vaters, die Champagnerflasche gegen den Bug schleudern dürfen – einer der ersten bemerkenswerten Widersprüche ihres Lebens, denn man versuchte ihr gerade beizubringen, niemals vorsätzlich etwas kaputt zu machen. Weswegen der Jubel, der ausbrach, als die Flasche schäumend zerschellte, sie so sehr irritierte, dass sie beinahe in Tränen ausgebrochen wäre. Doch auch das war ihr verboten worden.

»Nun heißt das Schiff Tina Onassis, so wie deine Mama, chrysó mou«, hat unser Vater damals gesagt und sie angestrahlt, das heißt, tatsächlich hatte er in die Kameras gestrahlt, aber meine Schwester, die noch nicht viel begreifen konnte, hatte zumindest verstanden, dass Schiffe und Familie etwas Zentrales und Unverbrüchliches waren. Ein Jahr später wurde dann ein Schiff auf ihren Namen getauft, *Christina O.*, und während sie jetzt die Gangway nach oben läuft, streift ihr Blick den Schriftzug am Heck, und sie versucht sich an den Gedanken zu klammern, dass ausgerechnet diese Jacht, die Daddy so viel bedeutet, die er mehr liebt als jedes andere seiner Schiffe, ihren Namen trägt. Nicht den von Alexander.

Zu sagen hat sie hier dennoch nicht viel, schließlich ist sie ein Mädchen. Manchmal wünscht sie sich brennend, dass ihr Wort etwas gälte, vor dem aller anderen, vor dem des Bruders. Sie weiß nicht, wie höllisch man auf der Hut sein muss vor der Kraft solcher Wünsche.

Oberhalb der Gangway steht Kostas, der Kapitän, und begrüßt meine Geschwister und Miss Lehane, die Gouvernante. Verstohlen hält meine Schwester Ausschau nach unserem Vater. Wo ist Daddy, könnte sie fragen, tut es aber nicht, weil sie die möglichen Antworten kennt: Dein Vater ist beschäftigt, er arbeitet, er ist im Büro. »Bitte, Miss Lehane«, fragt sie stattdessen, »darf ich in meine Kabine gehen?«

»Nein«, sagt Miss Lehane, ohne sie anzusehen. »Zuerst werden wir …«, eine kaum wahrnehmbare Pause entsteht, ganz offenbar sucht die Nanny nach den richtigen Worten, »alle begrüßen.«

Unwillkürlich zieht meine Schwester die Lippen zusammen. Sie darf Miss Lehane nicht widersprechen, aber sie hat meinem Bruder schwören müssen, auf keinen Fall mit meiner Mutter zu reden. Du tust, als wäre sie nicht da, hat Alexander ihr eingeschärft, hast du verstanden? Natürlich hat sie genickt, sie tut immer, was Alexander sagt, es geht nicht anders. Manchmal nennt er meine Schwester hässlich und sagt noch weitaus gemeinere Dinge, doch auch dagegen lässt sich nichts unternehmen, also nimmt sie es hin. Sie spürt Miss Lehanes Hand auf ihrer Schulter und im Rücken den unerbittlichen Druck des Daumens, mit dem die Gouvernante sie auf das hintere Deck dirigiert.

»Alexander!« Miss Lehane bleibt stehen, um auf Alexander zu warten, der betont gleichgültig hinter ihnen herschlendert. Meine Schwester sieht, wie er seine Sonnenbrille aufsetzt, sobald sie in Sichtweite der Sängerin kommen. Sie wünschte, sie könnte sich ebenfalls hinter einer Sonnenbrille verstecken, aber das würde Miss Lehane ihr niemals durchgehen lassen. Also tut sie, was sie in solchen Situationen immer tut: Sie lässt alles vor ihren Augen verschwimmen und stellt sich vor, etwas anderes zu sehen, ihr Zimmer zu Hause in New York beispielsweise oder die Kabine des Flugzeugs, das sie wenige Stunden zuvor hierhergebracht hat. Auf diese Weise kann sie meiner Mutter, die am Pooldeck in einem Sessel sitzt, die Hand reichen, ja sie sogar ansehen, ohne das Gefühl zu haben, mit ihr in Kontakt zu treten. Was sie nicht weiß, ist, dass meine Mutter seit jeher die gleiche Methode verwendet, wenn sie auf der Bühne steht und Angst vor ihrem Publikum hat; mit dem Unterschied, dass meine Mutter sich ihre Kurzsichtigkeit nicht ausgesucht hat. Oft sieht sie ja nicht einmal den Dirigenten, weswegen sie ausnahmslos jedes Detail einer jeden Inszenierung so penibel auswendig kennt, dass sie die Aufführung im besten Wortsinn blind durchstehen könnte. Doch ich schweife ab …

Meine Schwester also gibt meiner Mutter die Hand, knickst und presst ein *kali méra* hervor, wissend, dass sie dafür von meinem Bruder auf irgendeine Weise gepeinigt werden wird, lässt die erschreckend herzlichen Worte und sogar das Kompliment für ihr Kleid über sich ergehen, während mein Bruder demonstrativ und mit verschränkten Armen abseits steht und aufs Meer hinausschaut. Seinen Schneid möchte meine Schwester haben! Alexanders Mut geht so weit, nicht nur die gemeinsamen Mahlzeiten mit meiner Mutter komplett zu verweigern – meine Geschwister essen stattdessen im Kinderzimmer –, sondern es sogar zu wagen, immer genau dann mit dem Speedboot dröhnende Kreise um die *Christina* zu ziehen, sobald meine Mutter sich zu ihrer Mittagsruhe begeben hat. Meine Schwester schweigt und planscht derweil im Pool. Natürlich verschwindet sie, bevor meine Mutter erscheint. Mich hat sie noch gar nicht zu Gesicht bekommen, sie hört die Worte ihres Bruders: Wir wollen den Bastard nicht sehen.

Meine Mutter bringt Geschenke, es kostet meine Schwester Überwindung, sie unausgepackt auf dem Tisch an Deck liegen zu lassen, wie mein Bruder es verlangt.

Eines Nachmittags aber, auf Höhe von Algier – die *Christina* ist unterwegs zum Atlantik –, geschieht etwas Unerwartetes: Im selben Moment, in dem meine Schwester aus dem Pool klettert und nach einem Handtuch greifen will, reiße ich mich von der Hand meiner Nanny los und laufe davon. Ich habe soeben mein Mittagsschläfchen beendet und bin voller Tatendrang. Die Freude über meinen erfolgreichen Alleingang entlockt mir einen Jauchzer, als ich das Pooldeck erreiche. Instinktiv wendet meine Schwester den Kopf, und unsere Blicke begegnen sich.

Man muss wissen, dass meine Schwester Christina sehr besondere Augen hat. Sie sind nicht nur auffallend dunkel, auch ihre Form ist ungewöhnlich: Augen und Augenhöhlen scheinen gegeneinander verdreht, was ihr einen düsteren, zuweilen sogar dämonischen Blick verleiht, der dem gängigen Schönheitsideal so wenig entspricht, dass Tina Onassis sich ihrer Tochter insgeheim schämt. Wie meine Großmutter hätte sie lieber ein blondes, blauäugiges Kind mit feinen, lichten Zügen, von dessen Anblick alle verzückt sind. Vom Anblick meiner Schwester ist niemand verzückt, vielmehr spürt Christina immer wieder die Verstörung im Blick derer, die sie zum ersten Mal sehen.

In meinem Blick jedoch sieht sie etwas ganz anderes, hält es für Begeisterung, und ein Gefühl lodert in ihr auf, das so warm ist wie Liebe. Tatsächlich sind Christinas Augen für mich wunderschön, dunkel und groß wie die meiner Mutter, doch was sie in meinem Blick erkennt, ist das Aufflackern einer Erinnerung tief in meiner Seele, die Erinnerung daran, warum ich mich aufgemacht habe in dieses Leben: um meine Mutter zu retten, meinen Vater zu retten, auch meine Geschwister zu retten, die gesamte Familie zu retten vor dem Fluch, der über ihr schwebt.

Doch es ist nurmehr ein Aufflackern. Die Seele erinnert sich, aber das Leben schreibt seine eigenen Regeln. Ich bin zwei Jahre alt und habe vergessen, was ich hier will.

Meine Mutter bestand darauf, dass Bruna zum Weihnachtsfest ihre Familie besuchte, aber Bruna weigerte sich. Ihre Familie sei ohnehin viel zu groß, log sie, das Haus der Mutter zu klein, sie werde stattdessen zu Epiphanias hinfahren. Um keinen Preis der Welt hätte sie meine Mutter an Weihnachten im Stich gelassen.

Und so saßen am Weihnachtsmorgen des Jahres 1959 alle Beteiligten mehr oder weniger allein an verschiedenen Orten – meine Mutter in der Via Buonarotti, wo sie Bruna vorschwärmte, wie zauberhaft ein Weihnachtsfest mit einem Kleinkind sein würde, während sie immer wieder mit den Tränen kämpfte, woraufhin sie sich gegenseitig versicherten, das liege an den Hormonen; mein Vater in seiner Suite im Plaza in New York, wo ihn seine zauberhaften Kinder für ein paar Stunden besuchten und ihm erklärten, wie sehr sie meine Mutter hassten, während Tina in dem Haus am Sutton Place mit Reinaldo telefonierte. Der arme Meneghini harrte derweil im Kreise zahlreicher Geschwister und Verwandter am Krankenbett seiner Mutter aus und fühlte sich von allen am einsamsten.

Natürlich wünschte meine Mutter sich nichts sehnlicher, als dass mein Vater bei ihr wäre. Als er zum Jahreswechsel tatsächlich kam, spürte sie eine seltsame Scham, denn mittlerweile hatte ihr Körper angefangen, sich zu verändern. Zwar waren ihre Brüste schön und voll, aber ihre Wespentaille hatte einem kleinen Bauch Platz gemacht und ihre Beine waren schwer geworden, sie fühlte sich an Zeiten erinnert, da sie in der ganzen Stadt kein Paar Stiefel hatte finden können, deren Schaft weit genug für ihre Waden gewesen wäre. Doch sie hütete sich, darüber zu klagen, kleidete sich umso sorgfältiger, überhäufte meinen Vater mit Naschereien und Zuwendung und verwöhnte ihn auch auf andere Weise, denn sie spürte allzu deutlich, wie viel lieber er in den Nachtklubs der Stadt ins neue Jahr gefeiert hätte, statt auf dem Sofa zu sitzen und über die bevorstehende Häuslichkeit zu sprechen. Immerhin war es ein besonderer Jahreswechsel, der Wechsel in ein neues

Jahrzehnt, ein modernes Jahrzehnt voller Revolutionen, in dem Präsidentschaftskandidaten sich Fernsehduelle lieferten und Staaten nach Befreiung schrien, während andere Staaten sich in Mauern einsperrten; ein Jahrzehnt, in dem Menschen zum Mond flogen und Frauen ihre Brüste zeigten und ebenfalls nach Befreiung schrien, kurzum das erste Jahrzehnt, in das meine Eltern nicht mehr so recht hineinpassten, doch das würde erst nach und nach offenbar. In der Silvesternacht wurde vorerst nur der französische Franc revolutioniert, was natürlich ein bisschen Gesprächsstoff bot, aber der blieb harmloser Natur.

Tatsächlich hatte meine Mutter meinem Vater sogar vorgeschlagen, das Silvesterdinner in der Stadt zu nehmen, und dabei insgeheim gehofft, sie könnten sich im *Biffi* oder im *Savini* sehen lassen, dort, wo die Journalisten lauerten, und aller Welt demonstrieren, dass sie den besonderen Tag gemeinsam begingen, Händchen haltend und bei Kerzenschein, denn dieses eine Mal hatte meine sonst so pressescheue Mutter das dringende Bedürfnis, sich zu zeigen und ihre Liebe zu etikettieren, während sich mein sonst so presseversessener Vater lichtscheu zeigte.

»Du musst das verstehen, Maria. Meine Kinder leiden schrecklich. Wenn das herauskommt …« Er machte eine unbestimmte Kopfbewegung in Richtung ihres Unterleibs. »So etwas kann ich ihnen jetzt nicht auch noch zumuten.« Dass er meinen leidenden Geschwistern auch keine Hochzeit zumuten wollte, ließ er unerwähnt. Lieber brachte er das Gespräch auf das »Schweizer Projekt«, er wusste, wie sehr die Aussicht auf ein gemeinsames Heim und noch mehr Häuslichkeit meiner Mutter gefiel. Es sollte das feudalste Anwesen werden, das mein Vater je besitzen würde. Gleichwohl, streng genommen, auch ich es besitzen sollte, über eine komplizierte juristische Konstruktion, die nicht nur meine Chance auf eine Einbürgerung in die Schweiz verbessern, sondern vor allem den steuerlichen Belangen meines Vaters zugutekommen würde. Meine Geschwister sind beide in New York zur Welt gekommen, nicht zuletzt deswegen, weil sie als amerikanische Staatsbürger amerikanische Liberty-Schiffe kaufen konnten, auf die mein Vater damals scharf war. Wie ihr Geburtsort gehörte auch meiner zu seiner imperialen Strategie.

Die geplante Intensivierung seines Geschäfts auf Schweizer Boden war, um es boshaft zu sagen, das Positivste, was mein Vater der Situation abgewinnen konnte. Dabei mochte er Kinder, zumindest von Zeit zu Zeit, und spielte bei schönem Wetter mit ihnen im Swimmingpool, doch auf Babys und das ganze Drumherum hatte er absolut keine Lust. Er wollte meine Mutter für sich haben, wollte ihre Liebe auskosten, auch körperlich, wollte eine glamouröse Frau auf der Bühne triumphieren sehen und sie anschließend auf Partys herumschwenken. Mit anderen Worten: Er wollte mich nicht.

Man könnte sagen, dass ich mich damit in bester Gesellschaft befand. Wobei die wenigsten Väter ihre Ablehnung offen bekunden, sondern das Gegenteil betonen, was die

Sache unnötig verkompliziert, denn ob Liebe da ist oder nicht, spürt jedes Kind auch ohne Worte.

Ganz allgemein lassen sich die Menschen in zwei Kategorien einteilen: diejenigen, denen die elterliche Liebe als Selbstverständlichkeit zuteilwird, und die anderen, die zeit ihres Lebens darum kämpfen müssen. Wobei der Kampf um die elterliche Liebe, da er niemals gewonnen werden kann, zu etwas Eigenständigem wird, einem Kampf um die Liebe an sich, einer lebenslangen, verzweifelten, vergeblichen Mission. In den ersten Wochen des neuen Jahrzehnts wurde allmählich erkennbar, dass meine Mutter und ich zur selben Kategorie gehörten.

Die Besuche meines Vaters sind wie Feiertage, für die man besondere Vorbereitungen trifft. Ich spüre die Aufregung, die meine Mutter erfasst, wenn sie schon Tage vorher den Friseur und die Kosmetikerin bestellt, das Hauspersonal eindringlicher als sonst kommandiert und ruhelos durch die Zimmer läuft. Auch an Bruna spüre ich Aufregung, doch sanfter. Erst nach und nach begreife ich, dass es keine Besuche sind, die mein Vater uns abstattet, sondern dass er tatsächlich bei uns wohnt, Teil unseres Haushalts ist, aber ich kann diesem Wissen nicht trauen, denn er fühlt sich weiterhin wie ein Fremder an, jemand, dessen Leben sich anderswo abspielt, nicht hier. Manchmal bringt er sein Leben mit, dann ist die Aufregung noch größer, dehnt sich auf das ganze Haus und den Garten aus; auf den Landeplatz am oberen Ende des Grundstücks senken sich die Hubschrauber, und ich muss mit Bruna in meinem Zimmer bleiben. Vom Fenster aus betrachten wir die Pavillons und Lichter im Park, der sich nach und nach mit Menschen füllt, unter denen wir versuchen meine Eltern auszumachen. Die Frauen tragen glänzende lange Kleider und tanzen mit den Männern auf dem schlafenden See, in den mein Vater ein gewaltiges Podium hat bauen lassen. Der Anblick erschreckt mich so sehr, dass ich zu weinen beginne.

Anderntags bringt Bruna mich nach draußen, es herrscht noch Morgenkühle, leichter Nebel liegt über dem See, wir sind ganz allein auf der Welt. Totenstille, bis auf das Geräusch des schwappenden Wassers. Ein breiter roter Teppich führt vom Haus zum Ufer hinunter und auf den See hinaus. Als wir uns dem Ufer nähern, verkrampft sich mein Atem, ich will schreien, bekomme keine Luft und zapple und trete, bis Bruna begreift, mich noch fester hält und zum Haus zurückträgt.

Den Kampf um die Liebe meiner Großmutter Litsa hatte meine Mutter, wie schon erwähnt, zehn Jahre zuvor in Mexiko endgültig aufgegeben. Da es nie eine Aussprache oder gar Versöhnung gegeben hatte, war das Unausgesprochene zwischen ihnen liegen geblieben wie ein Kadaver. Doch während meine Mutter die Gewohnheit hatte, überkommene Teile ihres Lebens radikal zu ignorieren, indem sie sich ebenso radikal Neuem zuwandte, fühlte meine Großmutter Evangelia, die in New York nach wie vor von den Zuwendungen meiner Tante Jackie lebte, sich ziemlich oft an ihre Tochter erinnert, nicht nur, weil sie ihr Einkommen mit dem Verkauf von Puppen in selbstgeschneiderten Kostümen nach dem Abbild der großen Callas aufbesserte, sondern weil die Presse regelmäßig über meine Mutter berichtete. Allerdings war es nicht Stolz auf ihre Jüngste, der meine Großmutter dann erfüllte, sondern wachsender Zorn und – wie mein Vater ganz richtig erkannt hatte – blanker Neid. Auf die Popularität meiner Mutter, die Ehren, die ihr zuteilwurden, den Glamour, der sie umgab. Der einfacheren Handhabung halber bündelte sie alles zu einem einzigen Gedanken: Geld. Das meine Mutter ihr hartnäckig schuldig blieb. Als sich Ende 1959 die Nachrichten überschlugen und meine Großmutter erfuhr, dass meine Mutter im Begriff war, sich die in ihren Augen beste, weil reichste Partie der Welt zu schnappen, brannte eine letzte Sicherung in ihr durch, und sie beschloss, sich endlich ihren Teil vom Kuchen abzuschneiden.

Bruna strickte. Sobald sie ihre Arbeit erledigt hatte, saß sie in der Küche und produzierte mit Hingabe winzige Jäckchen, Mützen und Schuhe, gerade so lang wie ihr Daumen. Jede Garnitur, die sie fertiggestellt hatte, versah sie mit einer Schleife und legte sie in eine Kommode. In Relation zu meiner Körpergröße war der Umfang meiner Garderobe bald mit dem meiner Mutter vergleichbar. Meine Mutter war entzückt und streichelte die kleinen, weichen Sachen, die herzustellen sie selbst nicht imstande gewesen wäre, sie empfand Widerwillen gegen Handarbeit, es war etwas, das ihre Mutter und Schwester zelebriert hatten, um, so schien es meiner Mutter, ihre Weiblichkeit zu demonstrieren.

Viel lieber wäre meine Mutter einkaufen gegangen. Bei Spaziergängen durch Mailand streifte ihr Blick zuweilen die Auslagen der Geschäfte für Babyausstattung, etwas in ihr geriet in Verzückung, und natürlich hätte sie der Verkäuferin, falls diese sie erkannt hätte, erzählen können, sie suche ein Geschenk für eine Freundin, doch mein Vater hatte ihr erklärt, sie solle einfach einen der populären Modeschöpfer auswählen, und sein Büro werde das Nötige veranlassen. Ihre Wahl fiel auf Christian Dior.

Mir selbst ist es, wie man sich denken kann, herzlich egal, was ich trage, solange es seinen Zweck erfüllt, aber für meinen Vater erfüllt meine Garderobe vor allem den Zweck, sich in der Gewissheit zu suhlen, er habe mich bestens versorgt. Auch meine Geschwister sind bestens versorgt, ihre Kleiderschränke sind deutlich größer als die Zimmer ihrer Dienstboten, ich weiß von meiner Schwester, dass sie zuweilen dort auf dem Boden sitzt und mit ihren unzähligen Handschuhen oder Hüten spielt. Sie schickt ihre Nanny, die ihr das verbieten will, aus dem Raum, und dann hockt sie da, ein kleines Mädchen, ganz allein, lauscht auf die Stille, kämpft mit den Tränen und weiß nicht, warum.

Meinen ersten Maßanzug bekomme ich mit gut einem Jahr, ich ramponiere die Knie der Hosen beim Krabbeln, mache noch immer keine Anstalten zu laufen. Ich bin mit so manchem etwas spät dran, zumindest was die körperliche Seite angeht, und meine Seele spürt den Argwohn meines Vaters. Später, wenn ich älter bin, werde ich ihn daran erinnern, dass es auch auf dem Olymp durchaus Lahme gibt, doch wer weiß, ob es jemals so weit kommt.

Im neuen Jahr, dem ersten des Jahrzehnts, flogen meine Eltern nach Genf, bezogen eine Suite im *Beau Rivage* und besichtigten das etwas außerhalb, auf der Schweizer Seeseite gelegene Anwesen, das mein Vater als lukrative Investitionsmöglichkeit bezeichnete. Tatsächlich war der Verkäufer in Nöten, was mein Vater bei seinen Preisverhandlungen als Vorteil verbuchte, und als er es Jahre später aus steuerlichen Gründen schätzen lässt, ist sein Wert um mehr als das Vierfache gestiegen. Auch auf den Stammbaum von Immobilien hatte der Name Onassis in jenen Zeiten einen magischen Einfluss.

Meine Mutter brauchte etwas länger, um herauszufinden, welchen Eindruck das Haus auf sie machte. Ihr gefiel die Vorstellung einer so weitläufigen Anlage, die Noblesse, die Privatsphäre, die sie mit sich brachte, und als sie den Park besichtigte, fühlte sie sich ein wenig an den Garten in Sirmione erinnert, der freilich von ganz anderem Ausmaß war, ihr fielen die Worte ein, mit denen mein Vater ihren Ehemann begrüßt hatte, als sie sich kurz nach der Kreuzfahrt dort getroffen hatten. »Du hast vielleicht Nerven«, hatte er zu Battista gesagt, »eine Frau wie Maria an so einer Pfütze von einem See einzusperren!« Sie warf einen Blick auf das Wasser, das kurz hinter dem Ufer im Nebel verschwand, sodass man nicht einmal gewusst hätte, ob es sich um einen See oder einen Tümpel handelte, und verjagte die Beklommenheit, die sie überkam, mit dem Gedanken an die Fotografien des Hauses im Sonnenschein und des Parks in voller Blüte.

»Allein das Terrain ist eine Goldgrube«, sagte mein Vater auf Griechisch zu ihr, damit der Agent sie nicht verstehen konnte. »Wenn man es in ein paar Jahren nicht mehr braucht, macht man einfach ein Hotel draus oder reißt den ganzen Kasten ab und baut Wohnungen.«

»Haben die hier nicht so eine Art Denkmalschutz?«, fragte meine Mutter.

»Na und?«, erwiderte mein Vater, zuckte mit den Schultern und lachte auf. Sie liebte es, ihn lachen zu sehen. Sein Gesicht strahlte dann etwas aus, das alles Schwere und alle Angst in ihr vertrieb.

Den Abend verbrachten sie im Hotel, wo der Concierge sie beide kannte und mit Namen ansprach, und die Selbstverständlichkeit, mit der er das tat, empfand meine Mutter wie eine Umarmung. Ja, sie war hier, mit meinem Vater, vollkommen offiziell, das war ihr neues Leben, und jeder, der das anerkannte, fühlte sich an wie ein Freund. Sie vermied es, an all die anderen zu denken.

»Die Lage ist perfekt«, sagte mein Vater beim Dinner zu ihr. »Der See, die Nähe zum Flughafen … großartig. Richte es dir so ein, wie du es haben möchtest, Gratsos wird sich darum kümmern, dass ein passender Verwalter gefunden wird, der organisiert das nötige Personal. Nimm dir, was du brauchst.«

»Ach, Aristo«, lächelnd legte sie ihre Hand auf seine. »Ich danke dir. Aber du weißt doch, ich brauche vor allem dich, ich bin überall glücklich, wenn wir nur zusammen sind. Sag mir, wie du es haben willst, ich richte alles so ein, dass es dir gefällt. Du sollst dich wohlfühlen.«

»Jaja, bring einfach den Babykram hinter dich, dann sehen wir weiter.«

»Ja«, antwortete meine Mutter mechanisch und versuchte weiterzulächeln. Sie umfasste seine Hand noch fester. »Freust du dich denn gar nicht auf das Kind?«

»Natürlich freue ich mich. Sehr. Es wird die Verbindung aus uns beiden sein, du und ich in einer Person, wie sollte ich mich darüber nicht freuen?« Er schnippte die Asche seiner Zigarette in den Aschenbecher. »Es ist nur … alles ziemlich schnell gegangen. Sei ein bisschen nachsichtig mit mir, ich bin immerhin gerade im Begriff, meine Familie zu verlieren.«

»Aber mein Liebling … du bekommst doch eine neue Familie. Wir werden deine Familie sein.«

Er nahm einen tiefen Atemzug. »Ich weiß, du meinst es gut, Maria. Aber man kann eine Familie nicht einfach so ersetzen, wie man ein kaputtes Auto ersetzt oder ein paar abgetretene Schuhe.« Er schwieg einen Augenblick, sah, wie die Züge meiner Mutter sich verhärteten, und er kannte sie bereits gut genug, um zu merken, dass es genug war. »Okay, meine Süße, pass auf …«, entschlossen griff er nach der Champagnerflasche, die neben dem Tisch in einem Kübel stand, bemerkte, dass sie leer war, und läutete nach dem Kellner, der sich im Vorzimmer der Suite bereithielt und sofort eine neue brachte.

»Wir stoßen jetzt auf uns an, auf uns drei, unsere neue Familie. In Ordnung?«

Zögernd sah meine Mutter auf das Glas, das er ihr reichte. »Ich soll eigentlich nicht …«

»Ach komm, das schadet doch niemandem, im Gegenteil. Soll ich etwa allein trinken?«

»Nein«, antwortete meine Mutter unsicher, »natürlich nicht.«

»Also, auf uns.« Mein Vater hob sein Glas, und meine Mutter lächelte unwillkürlich und spürte, dass ihre Augen feucht wurden.

»Ich liebe dich so sehr, Aristo«, sagte sie, und mein Vater antwortete erwartungsgemäß. Doch seine Seele spürte die Not meiner Mutter und schreckte zurück, denn tragischerweise war mein Vater für diese Art von Not der falsche Adressat. Als Heiler verletzter Frauen kam er nicht infrage, er bedurfte selbst der Linderung.

Von den beiden Flaschen, die an diesem Abend geleert wurden, hatte meine Mutter – zu meiner Erleichterung –

nur anderthalb Gläser getrunken. Eine Menge, die genügte, ihren meist schlaffen Kreislauf anzukurbeln, während der Rest des Champagners auf meinen Vater eine ungefähr gegenteilige Wirkung hatte. Er schlief ein, ohne dass etwas geschehen wäre.

Für alles gibt es ein erstes Mal. Wäre meine Mutter eine Optimistin gewesen, so hätte sie vermutet, dass ihn der Abend und das Zusammensein mit ihr so sehr mit Zufriedenheit erfüllt hatten, dass ihm nichts fehlte. Wäre sie eine Realistin gewesen, so hätte sie sich gefragt, ob knapp zwei Flaschen Champagner (in Verbindung mit einem zuvor in der Bar eingenommenen Whisky) nicht ausreichten, einen Mann, und sei er noch so trinkfest, in den Schlaf zu zwingen. Aber meine Mutter war weder Optimistin noch Realistin, weswegen sie durch das nur schwach vom Mondlicht erhellte Zimmer geisterte, abwechselnd den vor dem Hotel schlafenden Genfer See und den im Bett schlafenden Mann betrachtete und mit dem Gedanken kämpfte, dass zwei Flaschen Champagner für meinen Vater normalerweise kein Hindernis waren. Folglich musste sie selbst das Hindernis sein. Oder anders ausgedrückt: Ich war das Hindernis.

Bereits am nächsten Morgen hätte sie erkennen müssen, dass – zumindest in dieser Angelegenheit – weder sie noch ich für meinen Vater ein Hindernis darstellten, doch manche Gedanken sind wie Unkraut. Sie wuchern, einmal gesät, unausrottbar.

Als ich vier Wochen alt bin, verlassen auch wir die Stadt. Die *Christina* ist keine Säuglingsstation, sagt mein Vater zwar, arrangiert aber dennoch alles für meine erste große Reise. Unsere Route ähnelt der des Sommers zuvor, während der meine Eltern sich verliebt haben, sie unterscheidet sich darin, dass wir ohne Umwege nach Istanbul fahren wollen. Ich bin dem Patriarchen Athenagoras bereits angekündigt.

Vor der Abreise gibt meine Mutter eine Presseerklärung ab. Den jungen Mann, der sie verfasst hat, hat mein Vater erst wenige Tage zuvor in seine Belegschaft engagiert. Kyriakos, genannt Ken, hat griechische Wurzeln, spricht vier Sprachen und war zuletzt in der Musikredaktion des *Time Magazine* tätig. Er ist ab sofort für die Belange meiner Mutter zuständig, begleitet sie nach Monaco und arrangiert einen Fototermin, der vor unserer Abreise im *Principe & Savoia* stattfindet, um die Journalisten ruhigzustellen.

»Wir dirigieren die Presse, Madame Callas, nicht umgekehrt.«

Meine Mutter ist erleichtert. Sie putzt mich ebenso heraus wie sich selbst und betritt die dafür bereitgestellte Hotelsuite mit denselben würdevoll inszenierten Schritten, mit denen sie eine Bühne beschreiten würde. Sie lächelt und posiert mit dem *Baby of the year*, wie ich am nächsten Tag in allen Zeitungen genannt werde, nennt mein Geburtsgewicht und meine Größe und sagt all das, was Kyriakos ihr aufgeschrieben hat. »Sì, sì, siamo molto felici.« Über Ziel und Zweck unserer Reise schweigt sie sich aus.

Auf der *Christina* ist Ruhe. Kaum dass das Schiff den Hafen verlassen und die letzten Motorboote mit Journalisten abgehängt hat, bin ich zum ersten Mal in meinem Leben frei. Natürlich habe ich kein Bewusstsein von dieser Freiheit, weder weiß ich, wo ich mich befinde, noch spielt das irgendeine Rolle für mich, doch ich spüre, dass etwas von meiner Mutter abfällt, eine Anspannung, und also entspanne auch ich.

Sie können ihr nichts mehr anhaben. Das Meer beschützt sie. Das Meer ist die größte Gnade, die meiner Mutter je zuteilwird, weswegen sie auch im Meer ihr Ende finden will, aber dazu komme ich vorschriftsmäßig am Schluss. Vorerst sitzt sie wieder mit meinem Vater an Deck, hält seine Hand und sieht in die Sterne.

Nach der Anspannung soll nun auch anderes von ihr abfallen, sie instruiert den Chefkoch, eine radikale Diät zuzubereiten, und die Masseurin erstellt ein ambitioniertes Gymnastikprogramm. Wenn meine Mutter will, kann sie Berge versetzen. Marta, die Säuglingsschwester, verabreicht mir die Flasche. Wenn meine Mutter eines braucht, dann einen Körper, der meinem Vater gefällt. Undenkbar, dass Milch aus ihren Brüsten rinnt, wenn er sie berührt.

Sie fehlt mir. In jenen Tagen beginne ich zu lernen, was es heißt, dass Milch und Honig in Strömen fließen und man doch niemals satt werden kann. In dieser Familie lernt das ein jeder. Bruna wiegt mich in den Schlaf, während meine Mutter bei meinem Vater liegt und versucht, glücklich zu sein. Auch sie sehnt sich nach mir, aber um meines Vaters willen verbietet sie sich diese Sehnsucht.

Als die *Christina* die tiefste Stelle des Mittelmeers passiert, beginnt meine Mutter zu fiebern. Der Schiffsarzt will sich ihrer annehmen, verordnet starke Medikamente, aber die Säuglingsschwester weiß es besser und schickt ihn fort. Ich sei die beste Therapie, erklärt sie, kühlt die Brust meiner Mutter, legt mich in ihr Bett und lässt mich tun, wonach mir am meisten der Sinn steht. Meine Mutter muss schon zum Frühstück ein Omelett essen, und endlich wird alles paradiesisch gut. Zumindest für mich.

Für meine Mutter wird gar nichts gut. Sie hat Kopfschmerzen und ist matt vom Fieber. Wann immer sie – zufällig oder absichtlich – unter der Bettdecke ihren Bauch berührt, der sich anfühlt wie das Omelett auf ihrem Teller, weicht die Farbe aus ihren Gedanken, und sie hasst sich selbst. Wer sich selbst hasst, kann auch andere nicht lieben und schon gar nicht geliebt werden, weswegen sie meinem Vater den Zutritt zu ihrer Kabine verwehrt. Widerwillig trinkt sie die heiße Milch, die Bruna ihr bringt, und flieht in einen apathischen Halbschlaf, während die *Christina* ihre Warteschleifen durch die Nördlichen Sporaden zieht. Was im Übrigen zu den weltweiten Schlagzeilen führt, der Tankerkönig sei auf der Suche nach einem Königreich, und es wird bereits über den Namen der Insel spekuliert, die mein Vater zu kaufen gedenkt. Die Idee gefällt ihm, und Jahre später kauft er tatsächlich eine Insel, allerdings nicht in der Ägäis, sondern im Ionischen Meer.

Auch meine Tanten Merope und Artemis sind mit ihren Männern an Bord, es ist ja irgendwie trotz der Umstände ein Familienereignis, und wann immer ich ausgeschlafen, satt und fröhlich bin, bringt Bruna mich an Deck, wo ein steter Wind geht, und ich werde von Arm zu Arm gereicht und gekitzelt, während man minutiöse Diskussionen darüber führt, ob ich die Nase meines Vaters habe und meine Augen den seinen gleichen. Eine absurde Diskussion, weil meine Eltern beide große schwarze, zutiefst griechische Augen haben und große griechische Nasen, und man einigt sich schließlich darauf, dass ich aussehe wie mein Großvater Sokrates.

All das geschieht in Abwesenheit meiner Mutter, deren Brustentzündung mittlerweile verhandelt wird wie eine Migräne. »Was passt ihr denn eigentlich nicht?«, fragt Artemis kopfschüttelnd, als sänke mit zunehmendem Luxus der Anspruch auf rechtschaffenes Unglücklichsein, dabei hat sie natürlich nur das Wohl ihres Bruders im Sinn. Artemis spürt, wie er leidet, er macht doch so viel durch, der Arme. Da hat ihm eine Frau mit Problemen gerade noch gefehlt.

Sobald er das Gefühl hatte, seinen Teil der Schuldigkeit ausreichend erfüllt zu haben – und die Anschaffung eines angemessenen Heims betrachtete er als ausreichend –, sah mein Vater es an der Zeit, sich wieder seinen Geschäften zu widmen. Der moderne Odysseus begleitete meine Mutter zurück nach Mailand, versicherte ihr, wie sehr er sich auf die gemeinsame Zukunft in der Schweiz freue, wies sein Büro an, sich um alles Weitere zu kümmern, und stach in See.

Und meine Mutter? Bei Tageslicht betrachtet schien sich für sie alles gefügt zu haben: Die Anstrengung, derer es bedurfte, den Stern der Callas ganz oben am Himmel zu halten, war mit den Jahren ins Übermenschliche gewachsen, im gleichen Maß wie ihre Erschöpfung. Ihre Stimme, von der es zuweilen hieß, sie sei im Begriff, sie zu verlieren, war ihr zwar keinesfalls abhandengekommen, doch sie gehorchte nicht mehr und wehrte sich gegen die übermäßigen Forderungen, die meine Mutter jahrelang an sie gestellt hatte. Mit anderen Worten: Meine Mutter war es müde. Und genau in dem Moment, da all das drohte in sich zusammenzufallen, hatte sich eine neue Tür geöffnet, in ein neues Leben, und ihr sehnlichster Wunsch, der Wunsch nach einem Kind, erfüllte sich. Was hätte Besseres geschehen können?

In den Nächten aber, in denen meine Mutter nicht schlafen konnte, weil ich ihre Ruhe dazu nutzte, meine Muskeln auszuprobieren, blähten sich ihre Zweifel und Ängste zuweilen ins Unermessliche. Dann erschien ihr das, was sie aufgab, plötzlich unverzichtbar. Ein Leben ohne die Musik, ohne die tiefe Befriedigung der schöpferischen Leistung, ohne den Applaus? In jenen Nächten stand sie auf, geisterte im Haus umher, von einem Sessel zum nächsten, weil ihr Kreislauf ihr zu schaffen machte, und schaltete schließlich das Licht an. Aber statt sich zu fragen, wo eigentlich mein Vater blieb, rettete sie sich in die Lektüre einer Modezeitschrift oder löste ein Kreuzworträtsel.

Ach, meine arme Mutter: Jemand hätte ihr sagen müssen, dass weder mein Vater noch ihr Publikum und auch niemand sonst auf dieser Welt ihren Liebeshunger jemals würden stillen können. Dieser Aufgabe bin nicht einmal ich gewachsen.

Wenn meinen Vater Zweifel plagten, dann dachte er nach. Er stellte sich seiner Unentschlossenheit gewissermaßen, bis er zu einer Entscheidung fand. Meine Mutter war dazu nicht in der Lage. Aber sie brauchte klare Verhältnisse. Gelang es ihr nicht, ihren Zweifel zu ignorieren, dann musste sie ihn um jeden Preis aus der Welt schaffen. Nötigenfalls um den Preis einer Fehlentscheidung.

Angebote und Interviewanfragen lehnte meine Mutter in dieser Zeit kategorisch ab. Niemand sollte sie so sehen, rund und plump, wie sie demnächst werden würde, doch der Gedanke, die ganze Welt zu überraschen, indem sie sich spätestens zu Pfingsten gertenschlank und mit einem perfekten Baby präsentierte, hatte etwas von einem Triumph. Und Triumphe waren – das hatte sie in ihrem Leben gelernt – ein guter Ersatz für die Liebe.

Um es gleich vorweg zu sagen: Noch im Februar sah man meiner Mutter die Schwangerschaft kaum an. Zumindest nicht dort, wo man sie üblicherweise sieht, denn meine Mutter verfügte wie jede gute Sängerin über eine recht straffe Bauchmuskulatur. Dennoch ging sie nur im Pelzmantel auf die Straße, von denen sie einen ganzen Schrank voll besaß, wobei man wissen muss, dass ein Pelzmantel zu dieser Zeit ein absolut geläufiges Kleidungsstück war, in gewisser Weise so geläufig, wie die Bluejeans es ein paar Jahre später sein würde. Kein Mensch scherte sich 1960 um leidende Pelztiere. Es war auch durchaus üblich, schwangere Leiber zu kaschieren. Niemand wäre auf die Idee gekommen, einen Babybauch zum modischen oder gar zum politischen Mittelpunkt zu machen, nein, auch dazu war die Welt erst Jahre später bereit.

Meine Mutter besaß einige Kostüme mit längerer Jacke, in deren Röcke ihr Bruna Gummibänder einnähte, und sie hatte ein paar Kleider in der neuen A-Linie gekauft, bei denen eine Taille keine Rolle mehr spielte. In solche Kleider und in Pelz gehüllt wagte sie sich sogar in die Oper, wo sie natürlich auf Schritt und Tritt angesprochen wurde, weswegen sie sich rasch in ihrer Loge versteckte und direkt nach der Vorstellung zurück in ein Taxi huschte.

Einmal trat eine junge Frau auf sie zu und machte meiner Mutter auf charmanteste Weise ein Kompliment für ihre Garderobe. Da sie es auf Französisch tat, blieb meine Mutter tatsächlich stehen, denn unter den vielen Ländern, in denen sie tätig gewesen war, war Frankreich das einzige, in dem ihr keine Demütigungen widerfahren waren. So funktionierte meine Mutter, und so wechselte sie mit der apart wirkenden Frau ein paar Worte. Wie sich herausstellte, war sie Modejournalistin und arbeitete für *France Soir*, und aus einer plötzlichen Zugewandtheit heraus versprach ihr meine Mutter, die eigentlich keine Journalisten mehr hatte treffen wollen, ein Interview für den nächsten Tag. Sie bereute es sofort. Eine Modejournalistin! Gewiss würde sie Fotos machen wollen, vermutlich erhoffte sie sich glamouröse Bilder ähnlich denen, die nach ihrer Diät um die Welt gegangen waren und sie in engen Couturemodellen mit spektakulärer Wespentaille gezeigt hatten.

»Aber nur fünfzehn Minuten«, erklärte sie daher streng, »und keine Fotos!« Sie rauschte davon.

Sie trafen sich in einer Hotelsuite, meine Mutter trug eines ihrer neuen, weiten Kleider und einen langen Seidenschal, den sie so drapierte, dass von ihrer Körpermitte nichts zu sehen war, doch entging der jungen Journalistin nicht, wie stark die Gelenke meiner Mutter geschwollen waren, ohne dass sie das hätte deuten können. Die große Callas war, so dachte sie, aus nächster Nähe betrachtet ein sehr gewöhnlicher Mensch, mit Schwächen und Verletzlichkeiten, und weil solche Gedanken immer einen Einfluss haben, entwickelte sich das Gespräch ganz anders als vorgesehen. Meine Mutter wurde redselig, plauderte über die Liebe und das Leben und immer mehr über das normale Leben, nach dem sie sich so sehnte, nach einer Familie und einem Kind, und mit einem Mal sprang sie auf, griff nach ihrem Schal, riss ihn herunter und war schon im Begriff, ihr Kleid um den Bauch zu raffen und die Wahrheit zu sagen und mich ins Spiel zu bringen. Erst im letzten Moment hielt sie inne.

Jemand anderes erzählte die Wahrheit, wenn auch nicht diese. Doch die Wahrheit ist, wie wir wissen, eine ziemlich elastische Angelegenheit. Nachdem die Liebe meiner Eltern publik geworden war, hatten zahlreiche Journalisten meine Großmutter Evangelia aufgesucht, und euphorisiert durch die Aufmerksamkeit, die ihr plötzlich zuteilwurde, hatte sie allen große Geschichten erzählt, war aber leider erst zu spät auf die Idee gekommen, dass diese Geschichten etwas wert sein könnten. Als sie merkte, dass sie im Begriff war, ihr Pulver umsonst zu verschießen, begann sie Forderungen zu stellen. Man bedaure, bekam sie zur Antwort, aber für diese Angelegenheit stehe leider kein Budget zur Verfügung, man könne sie jedoch gern zum Lunch einladen. Es war Zsa Zsa Gabors Mutter, ihre Arbeitgeberin, die sie schließlich auf eine Idee brachte. Madame Gabor senior betrieb ein Schmuckgeschäft in New York und hatte meine Großmutter als Aushilfe eingestellt, aus Mitleid wie aus Sympathie gleichermaßen, schließlich erging es Janka Gabor mit ihrer Tochter ganz ähnlich wie meiner Großmutter mit ihrer.

»Sie sollten ein Buch über Maria schreiben«, erklärte sie ihr, »damit könnten Sie Millionen verdienen.«

»Millionen?«, rief meine Großmutter und brachte den

Umstand, dass es einerseits so einfach und andererseits so schwierig sein konnte, nicht zusammen. Sie war des Schreibens auf Englisch zwar halbwegs mächtig, doch mit Grammatik und Ausdruck tat sie sich schwer, wie sollte sie jemals ein Buch schreiben?

»Das ist überhaupt kein Problem, meine Liebe. Wir finden jemanden, der das für Sie erledigt.«

Bereits der übernächste Journalist, der auf der Suche nach meiner Großmutter das Schmuckgeschäft betrat, konnte helfen. Er kenne jemanden, der in solchen Fällen tätig würde, der sei zwar nicht ganz billig, aber gut.

»Nicht ganz billig?« Meine Großmutter war entsetzt. Sie wollte Geld verdienen, nicht ausgeben. Außerdem hatte sie ohnehin keines.

Man erklärte ihr, wie die Sache laufen würde, und als meine Großmutter begriff, dass man Schriftsteller sein konnte, ohne ein Buch schreiben zu müssen, und also all die Ehrfurcht, die sie bisher für solche Menschen empfunden hatte, künftig auch ihr selbst zuteilwerden könnte, da sank sie auf einen Stuhl und staunte.

Sie brauchte in der Tat nicht viel zu tun. Der preisgekrönte Autor von Detektivgeschichten, der, als er den Namen Callas hörte, den Job bereitwillig annahm, organisierte einen Verlag für das Vorhaben, erledigte die Verhandlungen, nannte meiner Großmutter einen Betrag, der sie keine weiteren Fragen stellen ließ, und machte sich an die Arbeit. Er begriff sofort, worum es meiner Großmutter ging: Sie hatte eine Rechnung offen.

Eine griechische Taufe ist eine bedeutende Zeremonie, die mit bedeutendem Aufwand gefeiert wird. Normalerweise. Meine Taufe wird, wie meine Mutter es später zynisch formuliert, in aller Stille gefeiert. Die einzigen Gäste, die mein Vater geladen hat, sind seine beiden Schwestern mit ihren Männern, meinen Taufpaten. Nicht einmal meine Tante Kalliroe ist an Bord, dabei wäre es kaum ein Umweg gewesen, sie von Rhodos abzuholen. Die *Christina* ist, als sie am Tag der Himmelfahrt des Herrn endlich ins Marmarameer einfährt, ungewöhnlich menschenleer.

Er wolle es nicht an die große Glocke hängen, hat mein Vater bereits Wochen zuvor erklärt, es gebe schon viel zu viel Rummel. Meine Mutter schweigt. Sie wünscht sich, mein Großvater wäre an Bord, und zürnt mit sich, ihn nicht eingeladen zu haben.

Der Morgen ist blaugrau, die Luft frisch. Drei Wagen bringen uns zur Georgskathedrale. Der Patriarch begrüßt meine Eltern, und als sie direkt vor ihm stehen, genauso wie ein Dreivierteljahr zuvor, mit dem Unterschied, dass sie nun mich mitgebracht haben, durchfährt das Oberhaupt der Kirche die Erkenntnis wie eine göttliche Offenbarung, und der verklärte Blick meiner Mutter tut ein Übriges: Er selbst, Athenagoras, ist es gewesen, der diese beiden zu einem Paar gemacht hat. (Noch bevor er später zum Essen auf die *Christina* kommt, hat er meine Unterlagen eingesehen und gerechnet, und mit einem leisen Kopfschütteln erkennt er wieder einmal, dass das Menschliche und das Göttliche allzu nah beieinanderliegen.)

Meine Taufe erfolgt nach orthodoxem Ritual, ich werde entkleidet, geölt und vom Patriarchen in die Höhe gehoben, ehe er mich mit einer geübten, geradezu eleganten Bewegung blitzschnell – im Namen des Vaters – kopfüber einmal durchs Wasser zieht. Mir stockt der Atem, worauf sich bei dieser Prozedur alle verlassen haben, doch noch bevor Athenagoras mich – im Namen des Sohnes – ein weiteres Mal eintaucht, setze ich zum Schrei an: Was mir da geschieht, ist schlimmer noch als Hunger, ich spüre die Gewalt der Hände, die meinen glitschigen Körper fest umklammern, das ölige Wasser erstickt meine Stimme, gräbt sich in meine Lunge, wird mich zerreißen, doch nicht einmal meine Mutter erkennt meine Not, wieder werde ich in die Luft gehoben, statt zu schreien zapple ich und tauche – im Namen des Heiligen Geistes – zum dritten Mal unter.

Als ich auftauche, ist mein Gesicht blau angelaufen, nur mein Onkel Theodoros, der Arzt, sieht es und gerät selbst in die Bredouille, denn er wagt nicht, die Zeremonie des Patriarchen zu unterbrechen, tatenlos sieht er zu, wie mein verkrampfter Körper in das Tauftuch gewickelt wird, erst dann schreitet er ein und packt mich an den Füßen.

Für den Rest meines Lebens bleibt das Wasser mein Feind, schon die Badewanne bereitet mir so große Pein, dass ich schreie und zapple, bis die Klügeren meiner Kinderschwestern dazu übergehen, mich nur noch gründlich zu waschen.

Sobald ich laufen kann, mache ich um den Swimmingpool auf der *Christina* einen Bogen. Könnte ich über die Reling sehen und feststellen, dass ständig überall Wasser ist, sogar unter uns, würde ich keinen Fuß mehr auf das Schiff setzen.

Die Gäste, die an Bord kommen und mich niedlich finden, animieren mich, plantschen zu gehen, sie locken mich mit Bällen und buntem Badespielzeug, das sie während der Landausflüge zuhauf kaufen. Die Vergeblichkeit ihres Tuns reizt meinen Vater – der Sohn des Odysseus ein Angsthase! –, ärgert ihn schließlich so sehr, dass er mich unter den Achseln packt und zum Pool trägt. Es ist der 10. Mai 1962, wir ankern in der Bucht von Cannes, wo gerade das 15. Filmfestival stattfindet, und ich schreie und strample mit den Beinen um mein Leben, die Gäste lachen, ich fühle mich ohnmächtig und werde ohnmächtig, doch als mein Körper anscheinend leblos im Wasser treibt, hält mein Vater das für einen Scherz.

Einer der Gäste, Alain, begreift, springt ins Wasser und bringt mich in Sicherheit. Mein Vater dankt ihm später zerknirscht, schenkt ihm eine goldene Uhr, eine Omega Seamaster, mit der es sich bis in eine Tiefe von zwölfhundert Metern tauchen lässt, meine Mutter fällt Alain und auch seiner Freundin Romy weinend um den Hals, alle sagen, ich verdanke ihm mein Leben. Jahre später wird Alain, ganz in der Nähe, in Ramatuelle, einen Film drehen, bei dem er einen Widersacher mit bloßen Händen in einem Swimmingpool ertränkt. Es ist eine Tatsache, dass

Alain während der gesamten Dreharbeiten zu dieser Szene unaufhörlich an mich denken muss.

Meinem Vater gehe ich nach diesem Ereignis für eine Weile aus dem Weg, spreche nicht mit ihm, er hält es für Bockigkeit, tatsächlich ist meine Stimme wie gelähmt, sobald er sich nähert. Er hat mich zum Schweigen gebracht.

Ein paar Jahre später engagiert er einen examinierten Schwimmlehrer, der mir jeden Morgen in der Frühe, wenn alle noch schlafen und das Wasser noch nachtkalt ist, Unterricht erteilt. Am Ende der ersten Woche schaffe ich es, am Beckenrand zu sitzen und die Beine in den Pool hängen zu lassen, allerdings nur, wenn ich dabei das Geländer der Treppe umklammert halten kann. Am Ende der zweiten Woche gibt er auf.

Mein Vater spricht nicht mehr darüber, das Thema sei gestorben, sagt er, doch immer, wenn es dennoch aufkommt, gefriert sein Blick, und ich weiß, dass in Wirklichkeit etwas anderes gestorben ist.

Sie telefonierten miteinander, wann immer es sich einrichten ließ. Was bedeutete, dass meine Mutter quasi rund um die Uhr auf seinen Anruf wartete. Selbst anzurufen kam nur infrage, wenn etwas sehr dringlich war, aber da meine Mutter nur zu Hause saß und nicht viel tat, als zu warten, war nichts dringlich genug. Immer häufiger musste sie an die ehemalige Gewohnheit meines Vaters denken, jeden Abend um sechs Uhr mit seiner Frau Tina zu telefonieren, und der Wunsch, auch Teil einer solchen Gewohnheit zu sein, brannte kleine Löcher in ihre Seele.

Bis in den Januar 1960 hinein gelang es ihr, die Tatsache zu ignorieren, dass mein Vater von »dem Babykram« nichts wissen wollte, doch je weiter ich ihren Bauch dehnte und je weiter entfernt mein Vater durch die Welt reiste, desto näher rückte die Erkenntnis, dass sie diese Sache allein durchstehen musste. Was ihr bedeutend leichter gefallen wäre, wenn sie statt einer schwangeren Geliebten eine schwangere Ehefrau gewesen wäre. Sie fühlte sich abgelehnt. Ein Gefühl, mit dem sie sich, wie mittlerweile klar sein dürfte, bestens auskannte, und das noch dadurch verstärkt wurde, dass mein Vater vorhatte, den ganzen März über mit Sir Winston auf der *Christina* unterwegs zu sein. Selbstverständlich ohne meine Mutter. Eine Geliebte, und noch dazu eine schwangere Geliebte, wäre für die Churchills eine Zumutung gewesen.

Natürlich war Kinderkriegen 1960 reine Frauensache, weswegen meine Mutter meinen Vater mit diesem Thema verschonte und ihm folglich noch weniger zu berichten hatte. Hätte sie erzählen sollen, wie unangenehm ihre Gelenke geschwollen waren und wie sehr diese zuweilen schmerzten? Hätte sie ihm von der entsetzlichen Entdeckung an ihrer Hüfte erzählen sollen, an der sich plötzlich helle Streifen zeigten, als reiße die Haut auseinander? Hätte sie ihm von der unbestimmten Furcht erzählen sollen, die sie überwältigte, wenn sie an all das dachte, was ihr bevorstand und von dem sie keine Ahnung hatte, weil keine Mutter und keine Groß- oder Schwiegermutter ihr Beistand leistete, ja nicht einmal eine Freundin, weil keine von ihrem Geheimnis wissen durfte?

Nur Bruna war da und brachte ihr Pudel Toy und das Frühstück samt Post ans Bett. »Wann kommt der Signore wieder?«, fragte sie und musterte meine Mutter, ohne eine Miene zu verziehen.

»Anfang April«, antwortete meine Mutter, tätschelte Toy und wich Brunas Blick aus. »Vorher lässt es sich nicht einrichten«, erklärte sie. »Er ist in der Karibik unterwegs, mit Sir Winston.«

»Aha«, sagte Bruna, sammelte ein paar herumliegende Kleidungsstücke auf und ließ meine Mutter allein.

Meine Mutter trank einen Schluck Kaffee, dann etwas Orangensaft und begann die Post durchzusehen. Ein kleines Päckchen aus den Staaten war darunter, sie sah auf den Absender, es kam von ihrer Freundin Mary Carter. Erfreut riss sie das Papier auf. Es war ein gebundenes Buch darin, sie las ihren Namen auf dem Umschlag, las das Wort Tochter und brauchte einen Augenblick, um zu verstehen, was sie in den Händen hielt. Evangelia Callas. War das möglich? Ihre Mutter hatte ein Buch verfasst? Über sie? *Meine Tochter Maria Callas.* Für einen Augenblick stockte ihr Atem, und das Gefühl, das sie überkam, ähnelte dem, das einen packt, wenn ein schwerer Unfall unabwendbar bevorsteht. Instinktiv schloss sie die Augen, und die Erinnerung an das entsetzliche Interview im *Time Magazine* stürzte auf sie ein. Ein Interview, das meine Großmutter vor Jahren gegeben hatte und in dem sie sich bitterböse über die mangelnde finanzielle Unterstützung durch ihre Tochter beschwerte und meine Mutter mit dem aus dem Zusammenhang gerissenen Satz zitierte, Evangelia Callas solle doch aus dem Fenster springen, wenn sie kein Geld und keine Arbeit habe. Nach diesem Interview war nichts mehr gewesen wie zuvor, über Nacht war meine Mutter von einer geliebten und respektierten Frau zur Persona non grata geworden, die die heilige Institution der Mutter entehrt hatte. Nie würde sie das Gefühl der Ohnmacht vergessen, das sie damals überfallen hatte, denn sie wusste, dass sie niemals die Chance auf eine Richtigstellung bekommen würde. Und nun das. Wenn ein Zeitungsinterview derartige Auswirkungen haben konnte, was würde dann dieses Buch erst anrichten? Meine Mutter spürte ihren Herzschlag; er war so stark, dass ich anfing, mich heftig zu bewegen. Mit zitternden Händen öffnete sie den beigefügten Umschlag.

Sie habe gezögert, schrieb Mary, ihr dieses Machwerk, das seit ein paar Tagen in den amerikanischen Buchhandlungen ausliege, zu schicken, doch schließlich entschieden, dass meine Mutter darüber Bescheid wissen solle, ehe die Presse sie damit überfalle.

Meine Mutter starrte auf das Buch auf ihrem Schoß, las schließlich die Innenseite des Umschlags, auf der stand, dass die Autorin aus einer erstklassigen Familie stamme und Designerin von Puppenkostümen sei. Das kam ihr so grotesk vor, dass sie beinahe gelacht hätte, gleichzeitig spürte sie auch die Verzweiflung, die hinter einer solchen Beschreibung steckte. Puppenkostüme! Weder meine Mutter noch meine Tante Jackie hatten je mit Puppen spielen dürfen, und nun versuchte meine Großmutter offensichtlich, ihren Lebensunterhalt mit der Herstellung von Puppen in den Bühnenkostümen der Callas aufzubessern. Sie schob ihr Frühstückstablett von sich, der Appetit war ihr vergangen, sie schwankte zwischen dem Impuls, Bruna zu rufen und sie zu bitten, das Ding auf schnellstem Weg in den Müll zu werfen, und der absurden Hoffnung, ihre Mutter könnte geläutert sein und der Inhalt des Buchs eine versöhnliche Geste.

Mit der ihr eigenen, sachlichen Disziplin schlug sie die erste Seite auf. Sie kam nicht weit. Nur bis zur Beschreibung ihrer Geburt, die meine Großmutter, nebenbei bemerkt, auf den falschen Tag datiert hatte.

Ich sah sie gar nicht erst an, denn ich hatte einen Sohn haben wollen. »Bringt sie fort«, sagte ich den Schwestern und dachte wehmütig an meinen geliebten Vassily.

Es traf sie mit unfassbarer Wucht. Ihr war, als stürzte sie in einen Abgrund, der ein einziger, unermesslicher Schmerz zu sein schien. Es war der fundamentalste Schmerz, den sie kannte, ein Schmerz, der seit jeher in ihr wohnte und der für immer ein unauslöschlicher Teil ihrer Seele sein würde. Und sie begriff, dass er genau in dem Moment, den Evangelia Callas beschrieb, seinen Ursprung genommen haben musste.

Vassily. Sie hatte den Namen dieses Gespensts für lange

Zeit erfolgreich aus ihren Gedanken verbannt, ihn gleichsam ausradiert, so wie man natürlicherweise alles meidet, was schlecht, schmerzhaft oder schlimmstenfalls tödlich ist. Sie war sicher gewesen, jede Erinnerung an die Gefühle, die sie überkommen hatten, sobald ihre Mutter von diesem Gespenst Vassily gesprochen hatte, diesem unvorstellbaren Bruder, der nie ihr Bruder gewesen sein konnte, mit der Wurzel und also für alle Zeiten ausgerissen zu haben. Doch nun kehrte er zurück wie ein Springteufel und überließ sie dem unfassbarsten und unerträglichsten aller Gefühle: dem Gefühl, nicht Vassily zu sein.

Bruna fand sie schluchzend in den Kissen, nahm ihr das böse Buch fort und versuchte sie zu trösten, was erst gelang, nachdem sie ihr eine Beruhigungstablette gebracht hatte. In stockenden Worten erklärte meine Mutter Bruna, was vorgefallen war, und nachdem sie sich einigermaßen gefasst hatte, befand sie, dies wäre eine dringliche Angelegenheit, und rief meinen Vater an.

Er sei in einer Besprechung, hieß es, und als er ein paar Stunden später zurückrief, riet er, der nicht das Geringste von Vassily wusste, sie solle so ein dummes Buch einfach nicht ernst nehmen. Er habe gerade andere Sorgen. Seine Sorgen bestanden in Hotelbaumaßnahmen in Monte Carlo, die Fürst Rainier ihm abverlangte und die mein Vater als wirtschaftlichen Schwachsinn bezeichnete, aber gleichwohl finanzierte. Frauen wie Evangelia Callas lagen weit unterhalb seines Radars, er hatte nicht die mindeste

Vorstellung davon, wie sehr meine Mutter unter Beschuss stand.

Die kommenden Tage verbrachte sie mit der unmöglichen Aufgabe, den Teufel Vassily wieder in seine Box zu sperren und dabei gleichzeitig im Buch ihrer Mutter zu lesen. Anders ausgedrückt: Sie versuchte im Alleingang, endgültig mit ihrer Familie fertigzuwerden. Hätte die ganze Geschichte ein paar Jahrzehnte später stattgefunden, so hätte sie es leichter gehabt. Sie hätte in die Praxis eines Therapeuten spazieren, das Buch auf den Tisch werfen und »wir müssen darüber reden« sagen können, aber meine Mutter war tief verhaftet in jener Generation, die am Konzept des Ignorierens und Vergessens festhielt. Also versuchte sie zu vergessen, dass mein Vater nicht für sie da war, genau jetzt, da sie ihn brauchte. Das allerdings gelang ihr nicht.

Natürlich dauerte es nicht lange, bis die ersten Journalisten sich meldeten und meine Mutter um eine Stellungnahme baten. Sie könne dazu nichts sagen, antwortete sie jedes Mal höchst freundlich, sie habe das Buch nicht gelesen. Wenn meine Mutter log, was äußerst selten geschah, dann hatte sie stets existenzielle Gründe.

Einsamkeit ist für die meisten Menschen schwer auszuhalten, für viele gänzlich unerträglich, und sie tun die absurdesten Dinge, um ihr zu entrinnen.

Meine Mutter erkannte erst im Alter von fünfundvierzig Jahren, dass sie mit der Einsamkeit bestens zurechtkam, mehr noch: dass die Einsamkeit ihr etwas längst Vertrautes war, denn die Kunst bedarf unbedingt der Einsamkeit. So weit war sie 1960 noch nicht. Zu diesem Zeitpunkt musste stets ein Mensch an ihrer Seite sein – und ich betone: ein Mensch, immer nur einer, der sie vor der Einsamkeit zu bewahren hatte. In sehr frühen Jahren war diese Aufgabe meiner Tante Cynthia zugefallen, eine Zeit lang sogar meiner Großmutter. Später war es Elvira de Hidalgo gewesen, an die meine Mutter sich geklammert hatte, bis sie sich 1948 komplett Meneghini übergab. Nun war mein Vater an der Reihe, und er war der Erste, der die Aufgabe, meine Mutter vor der Einsamkeit zu retten, nun, sagen wir, ziemlich schlampig erfüllte. Ohne dass er je darüber gesprochen oder auch nur nachgedacht hätte, weigerte er sich, diese Rolle zu übernehmen. Er war dafür einfach nicht gemacht.

Und meine Mutter tat das Naheliegendste: Sie stürzte sich auf mich. Auf den Menschen, der sie bedingungslos lieben würde, der sie brauchen und daher stets bei ihr sein würde, der sich ihr bereitwillig anpassen und ihr folgen würde, was immer sie tat. Den Menschen, der sie erlösen würde. Während mein Vater weit fort von ihr durch die Meere dampfte, wuchsen ihre Gefühle für mich ins Unermessliche, sie spürte Sehnsucht und das brennende Verlangen, mich jetzt und sofort im Arm zu halten. Der Gedanke, dass sie mich bereits viel näher trug als auf dem Arm, nämlich buchstäblich unter ihrem Herzen, kam ihr nicht und hätte auch nicht viel geholfen, sie wollte mich sehen, mich fühlen, mich berühren, kurzum: Sie wollte mich haben.

In jener Nacht träumte meine Mutter einen Traum, einen schwerwiegenden Traum, den sie sonderbarerweise nie zuvor geträumt hatte. Es war nur ein kurzer Traum, doch sie erwachte daraus atemlos und wie von Sinnen. Sie steht am Kai in Monte Carlo, die Gangway der *Christina* wird gerade gehoben, die Leinen gelöst, aber mein Vater, oben an der Reling, macht keine Anstalten, den Ablauf zu unterbrechen und meine Mutter an Bord zu rufen, ja er beachtet sie nicht einmal. Sie will winken, auf sich aufmerksam machen, aber auf dem rechten Arm trägt sie ein Kind, in der linken Hand einen Koffer, es ist ihr nicht möglich, den Koffer abzusetzen, also bleibt sie wie paralysiert dort stehen, während die Schiffssirene jault und die Jacht langsam davongleitet. Mein Vater wirft schließlich doch noch einen Blick auf sie, schüttelt den Kopf und wendet sich ab. In dem Augenblick erkennt meine Mutter, dass sie dick ist. So dick wie seinerzeit zu Beginn ihrer Karriere, ein Fleischkloß von zweihundert Pfund, und vor lauter Entsetzen fährt sie aus dem Schlaf.

Auch ich träume. Doch meine Träume sind süß und verlockend, sind warm und weich und voller Liebe. Wozu noch erwachen, wenn ich doch ahne, dass beim Erwachen die Liebe vergeht wie ein Traum?

Meine Mutter empfing den Doktor auf dem Kanapee, mit hochgelegten Beinen. Sie schlug die Decke zurück. »Sehen Sie nur«, sagte sie und wies auf ihre dick geschwollenen Waden. »Es wird immer schlimmer, lange halte ich das nicht mehr durch.«

»Sie sollten sich ein wenig mehr bewegen, Signora, der Kreislauf …«

»Wenn ich nur könnte. Aber die Schmerzen hier an der Seite«, sie strich über ihre Hüfte, »sind unerträglich. Es zieht bis hinunter ins Knie.«

»Hm, Ischias«, erklärte der Arzt und nickte vor sich hin. »Kommt häufig vor in diesem Stadium. Aber seien Sie unbesorgt, Signora: Sobald das Kind geboren ist, wird sich alles wieder normalisieren.«

Sie sah ihn prüfend an. »Ganz sicher?«

»Ganz sicher.«

»Und das hier, Dottore?« Sie erhob sich, öffnete ihren Morgenmantel und ließ ihn einen Blick auf die Streifen an ihrer Hüfte werfen. »Wird sich das auch wieder normalisieren?«

Statt einer Antwort wackelte er unbestimmt mit dem Kopf und wich ihrem Blick aus. Meine Mutter sank seufzend auf ihr Sofa zurück. »Bitte setzen Sie sich, Dottore. Kaffee?«

»Sehr gern, Signora.«

Sie läutete nach Bruna und bat um Kaffee und einen Cognac für den Dottore und plauderte über das Wetter, bis Bruna alles gebracht hatte.

»Sagen Sie, Dottore: Manche Kinder kommen früher als geplant zur Welt, nicht wahr?«

»Ja, gewiss, das kommt vor.«

»Wie früh?«

»Oh, ein paar Wochen, das kann schon mal passieren.«

»Aha«, sagte meine Mutter und forderte den Arzt auf, auch von dem Gebäck zu nehmen, das Bruna bereitgestellt hatte. »Ist so etwas eine große Sache?«

»Keine allzu große«, sagte er leichthin und griff nach einem Keks.

Meine Mutter. Meine schöne, beherrschte, verzweifelte, getriebene Mutter. Eifer erfasste sie, während die Tage allmählich heller wurden. Ein Gefühl der Euphorie, das den überkommt, der glaubt, die Ohnmacht besiegt zu haben. Vor lauter Begeisterung setzte sie sich ans Klavier und begann zu singen, zaghaft und sanft, als ließe ich in ihrem Leib keinen Platz mehr für den ganz großen Atem. Sämtliche Wiegenlieder, die ihr einfielen, sang sie, und schließlich war ihr nach etwas, das sie nie zuvor gesungen hatte: Donizettis *Ave Maria*, so schön, dass Bruna, die im Nachbarzimmer lauschte, sich die Tränen von den Wangen wischte.

Die Stimme meiner Mutter. Ich fühle sie, höre sie, bin Teil von ihr. Kaskaden von Tönen entstehen, wo ich bin, aus mir, ich bin Musik. Es ist Wonne, Glück, das Leben an sich. Ach, könnten wir doch ewig so weitersingen!

Mein Vater durchschiffte derweil die Antillen. Ein vertrautes Bild: mit Sir Winston an Deck sitzend, von Wasser umgeben, nur Tina Onassis war nicht mehr dabei. Der alte Brite erwähnte sie kaum, dann und wann ließ er dezent eine Bemerkung fallen, was blieb ihm, als über die Eskapaden meines Vaters hinwegzusehen, schließlich war er dessen Gast an Bord. Lady Clementine schwieg, sie hatte ihr Übriges getan, was sich nicht ändern ließ, musste hingenommen werden; glücklicherweise hatte Ari Onassis Anstand genug, die Diva nicht an Bord zu bringen. Nein, eine solche Zumutung tat er ihnen nicht an.

Ach, wenn sie um den Zustand der Diva wüssten. Aber niemand weiß darum, nicht einmal mein Vater. Von allem Zweifel, aller Furcht entledigt steht sie aufrecht in dem Zimmer, das für mich bereitet ist, streicht über den zartgrünen Himmel aus Seidenmousseline, der meine Wiege überspannt, öffnet die ebenso zartgrüne Kommode, in der sich gebügelte Windeln stapeln, je ein Dutzend mit zartgrünem Satinband umbunden. Um den großen zartgrünen Plüschbären zu finden, der auf der Récamiere thront, hat Bruna ganz Mailand absuchen müssen. Es ist das letzte Mal, dass meine Mutter ihn sieht.

In den Nächten wird mein Vater melancholisch. Das Gefühl schreckt ihn nicht, es ist ihm vertraut, er weiß um die Schönheit nächtlicher Melancholie. Allein mit einem Brandy steht er an Deck, betrachtet die Sterne, spürt

Sehnsucht. Nach meiner Mutter, nach seiner Ehe, nach irgendetwas, das er nicht benennen kann, und nach all jenen Augenblicken, die unwiederbringlich in das Meer der Vergangenheit geflossen sind. Ja, tatsächlich: das Meer der Vergangenheit, solche überbordenden Worte denkt mein Vater in der Nacht.

Er denkt auch an mich, doch das Meer der Zukunft besteht aus Nebel, der sich noch nicht gelichtet, nicht materialisiert hat, sich vielleicht nie lichten wird; er wird über alles nachdenken, sobald es an der Zeit ist. Und er staunt. Staunt über das Meer der Sterne am Himmel und die Geschwindigkeit, mit der sein Leben eine völlig neue Wendung genommen hat. Stellt sich vor, wie es aussähe, wenn er meiner Mutter nie begegnet wäre. Er kann nicht wissen, dass diese Möglichkeit niemals vorgesehen war.

Auch ich spüre Sehnsucht. Nach ihm, meinem Vater. Auch meine Sehnsucht gerinnt nach und nach zur Melancholie, zu etwas Erträumtem, Illusorischem, Vergeblichem. Ich begreife, dass wir niemals dort beieinanderstehen.

Die Nacht nimmt ein jähes Ende. Licht und Schrecken durchfahren mich, alles wird kalt, gefriert, kommt zum Stillstand, reißt ab. Vergangenes und Zukünftiges kollabieren, fallen in sich zusammen, entfernen sich.

Der Lärm. Hart und laut sind die Stimmen, die mich umgeben, unvertraut. Die Hände, die mich berühren, sind scheu und unsanft, Angst begleitet jede ihrer Bewegungen. Hast und Eile, wieso lässt man mich nicht in Frieden?

Es ist falsch. Mein Körper weiß es, meine Seele ebenfalls. Es darf nicht sein. Es ist nicht mein Weg. Auf einmal begreife ich: Es ist ihrer. Der Weg meiner Mutter, dem zu folgen sie mich zwingt. Der Weg der Härte, der Disziplin, der Willensstärke.

Ich gehöre nicht hierher, nicht in dieses Element, es braucht all meine Kraft. Mehr noch, mehr als ich habe. Verzweiflung überkommt mich, ein erschütterndes, fremdes Gefühl, es brennt sich in mich hinein. So soll es anfangen? Warum nur tut sie mir das an? Ich will zurück in die Geborgenheit, doch es gibt kein Zurück mehr, nie wieder, und für einen Augenblick, in dem die Zeit keine Rolle spielt, breitet sich mein gesamtes Leben vor mir aus, ein Leben, in dem die Sehnsucht nach der verlorenen Geborgenheit zu etwas Eigenständigem wird, einem Kampf um die Geborgenheit an sich, einer lebenslangen, verzweifelten, vergeblichen Mission.

Eine Mission, die sich nicht lohnt. Sehnsucht, Träume, Glück, alles verblasst. Mein Leben verblasst. Das Leben meiner Träume. Ich habe mich geirrt.

Es ist der 30. März 1960. Ehe der Tag zu Ende geht, habe ich meine Entscheidung getroffen. Dieses eine Mal werde ich mich meiner Mutter widersetzen.

Ich bin Omero. Man sagt, ich hätte vier Stunden gelebt. In diesen vier Stunden habe ich alles gesehen, alles gewusst und dennoch gehandelt wie ein Mensch. Nicht einmal die Götter sind über die Tragödie erhaben.

Der Schlaf, aus dem meine Mutter erwachte, war samtschwarz, warm und so weich, dass alles in ihr sich danach sehnte, wieder hineinzufallen. Am liebsten für alle Ewigkeit. Die weiche Schwärze schien eins mit ihr zu sein, als fließe sie durch ihre Adern, doch die Welt blieb unbarmherzig, Geräusche zerschnitten den Schlaf, jemand nannte einen Namen, und schließlich erinnerte sie sich daran, dass es ihr Name war. Dann fiel ihr alles wieder ein.

Sie hatte Mühe, die Augen zu öffnen, das Licht blendete wie Bühnenscheinwerfer. Übelkeit überkam sie. »Mein Kind«, sagte sie matt und wollte nach ihrem Bauch tasten, aber jemand hielt ihre Hand zurück.

»Schhh, Signora, ganz ruhig.« Eine Hand legte sich auf ihre Stirn, fühlte dann ihren Puls. Etwas stimmte nicht, lag in der Luft wie ein falscher Ton. Sie wollte sich aufrichten, etwas sagen, aber ihr fehlte die Kraft, Traumbilder überfielen sie, rissen sie mit, zurück in die Schwärze.

Als sie erneut erwachte, konnte sie die Augen öffnen. Sie erkannte das Zimmer mit den blassgelben Wänden, das sie am Vorabend bezogen hatte, der Dottore persönlich hatte sie an der Nachtschwester vorbei in die Klinik geschleust, um kein Aufsehen zu erregen. Sie hatte lange wach gelegen und das Holzkreuz an der Wand betrachtet, alle anderen Konturen waren verblasst, nur die des Kreuzes immer stärker hervorgetreten. Seltsamerweise konnte sie sich nicht erinnern, gebetet zu haben.

Sehr zeitig am Morgen, viel zu zeitig für meine Mutter, hatte der Dottore sie geholt und in den Operationssaal begleitet. Sie hatte sich umkleiden und hinlegen müssen, danach verlor sich ihre Erinnerung.

Meine Mutter wandte den Kopf. Neben ihrem Bett saß Bruna, sie schien ihren Schlaf bewacht zu haben wie eine Mutter, und in dem Augenblick fiel ihr ein, dass sie nun selbst eine Mutter war, doch das Gefühl, das mit diesem Gedanken verbunden war, passte nicht zu der Nüchternheit, die sie umgab, als wäre sie an einen Ort geraten, an dem Gefühle nicht vorgesehen waren. Die Schwester, die durch den Raum huschte, wirkte wie ein Geist, auch Brunas Gesicht erschien ihr leblos, nur Brunas Daumen strich mechanisch über ihren Handrücken.

»Was ist los?«, brachte meine Mutter hervor. Bruna schwieg.

»Wo ist mein Kind?« Statt einer Antwort warf Bruna der Schwester einen Blick zu.

»Ihr Sohn«, sagte die Schwester und trat näher an ihr Bett. »Sie haben einen Sohn.« Sie sagte es ohne jede Regung. »Er wird noch untersucht.«

»Was ist mit ihm?« Meine Mutter richtete sich auf, sie konnte fühlen, wie ihr Puls sich beschleunigte, und spürte einen dumpfen Schmerz im Unterleib.

»Bitte, Signora, Sie müssen ruhig liegen bleiben. Der Doktor kommt gleich.« Die Schwester warf ihr noch einen kurzen, scheuen Blick zu, verließ dann das Zimmer.

Meine Mutter sackte auf ihr Kissen zurück, entzog Bruna ihre Hand und packte stattdessen Brunas Handgelenk. »Was ist los, Bruna?«

»Ach, Signora ...« Brunas Brustkorb hob und senkte sich deutlich. »Ich weiß es nicht«, sagte sie schließlich.

»Lüg mich nicht an, Bruna.«

»Es ist ein Junge, Signora«, erwiderte sie, und ihr Gesicht verzog sich zu einem Lächeln. Bruna war eine miserable Schauspielerin.

»Das weiß ich bereits. Aber was ist mit ihm? Wo ist er? Wieso kann ich ihn nicht sehen?«

»Er ist ... Ach, Signora.« Bruna bewegte hilflos den Kopf. »Ich fürchte, er ist noch zu schwach für diese Welt.«

Es war, als stünde die Welt für einen Augenblick still, um sich dann mit einem Ruck in die entgegengesetzte Richtung zu drehen. Meine Mutter hätte geschworen, dass es die Sorge um mich war, die alles aus den Fugen warf, tatsächlich war es jener Satz: *zu schwach für diese Welt.* Ein Satz, nein, ein Zustand, der im Leben meiner Mutter nicht vorgesehen war und der also auch in meinem nicht hätte vorkommen dürfen, der sich nun aber auf eine Weise in ihr Leben drängte, die meine Mutter sprachlos machte.

Erst nach einer Weile, in der sich die Stille im Zimmer aufgebläht hatte zu einem eigenständigen Geräusch, in das hin und wieder ein Laut von außerhalb tropfte, vermochte sie leise zu sprechen. »Aber ...«, sie musste sich räuspern, »aber der Arzt hat doch gesagt ...« Sie verstummte wieder, schloss die Augen, atmete tief. Wie war es möglich, dass Aristos Sohn, der Sohn dieses mächtigen, starken, unverwundbaren Gottes, zu schwach sein konnte für die Welt?

Wie sollte sie meinem Vater das beibringen? Nein, das durfte nicht sein. Entschlossen öffnete sie die Augen. »Der Arzt soll kommen, hol ihn, ich will ihn sprechen, sofort!«

Bruna zögerte, nickte schließlich, stand langsam auf und verließ das Zimmer.

Der Blick meiner Mutter verharrte auf der geschlossenen Tür, fiel dann auf das Holzkreuz an der Wand gegenüber. Unwillkürlich begann ihr Kopf sich zu bewegen, mehr ein Zittern denn ein Kopfschütteln. »Das … das kannst du nicht tun, Herr!«

Stille. Der Herr schwieg. Sie hätte nicht sagen können, wie lange, die Zeit dehnte sich ins Unendliche, so wie sie sich immer dehnt, wenn Gott auf eine menschliche Einsicht wartet. Aber die Beharrlichkeit, mit der meine Mutter in solchen Fällen an ihren Vorstellungen festhielt, ließen für Einsicht keinen Platz. Also nahm der Herr ihr noch die Hoffnung.

Der Blick, mit dem der Arzt ihr Zimmer betrat, genügte. Er nahm an ihrem Bett Platz, umfasste das Handgelenk meiner Mutter, als wolle er ihren Puls fühlen, ergriff schließlich noch ihre zweite Hand. Dann schüttelte er, ganz zaghaft, den Kopf. »Es tut mir leid, Signora. Es gab Komplikationen, der Junge hatte Schwierigkeiten mit der Atmung, wir wissen nicht, warum, wir haben alles versucht, aber es lag nicht in unserer Macht.«

Natürlich wusste er, warum. Genauso gut wie meine Mutter es wusste und Bruna. Doch keiner von ihnen verlor je ein Wort darüber.

Ob sie mich sehen wolle? Sie nickte. Bald darauf legte man meinen toten Leib in ihren Arm, mein Gesicht war fahl, meine kleine Hand fühlte sich kalt an, und in diesem Moment überkam es sie. Der Gedanke, dass dieses Kind – ICH – noch am Abend zuvor in ihrem Bauch gestrampelt hatte und auch jetzt noch dort strampeln würde, wenn …

Der Gedanke war zu viel für sie, er überwältigte sie, wie noch nie zuvor ein Gedanke sie überwältigt hatte, etwas in ihr wuchs ins Unermessliche, drohte sie zu zerreißen, ihr Gesicht wurde steif, ihre Augen weiteten sich. »Nehmt ihn fort«, brachte sie hervor, warf einen letzten Blick auf mich, wartete reglos, bis die Schwester mich wieder genommen hatte. »Lasst mich allein«, sagte sie, »alle.« Das war unser Abschied.

Nachdem sich die Tür geschlossen hatte und sie mit dem Herrn und sich selbst allein war, brach es aus ihr heraus. Sie zerrte an der Bettdecke, verbarg ihr Gesicht darin, biss hinein, um nicht zu schreien, und ließ sich vom Schmerz überwältigen.

Am Abend brachte der Dottore ein Papier. Er fragte nach meinem Namen. »Omero«, antwortete meine Mutter. Er notierte ihn und reichte meiner Mutter den Bogen. »Sie müssen das bitte unterschreiben, Signora.«

Meine Mutter las. *Callas-Meneghini, Omero.* Sie starrte auf den Namen, der sie über ein Jahrzehnt begleitet hatte und nun so fern war wie nichts anderes, und schüttelte den Kopf.

»Nein«, sagte sie, »so heißt er nicht.« Aber er würde auch nicht Callas heißen können. »Niemand darf davon erfahren. Verstehen Sie?«

Der Arzt hob hilflos die Schultern. »Wir brauchen einen Namen und eine Unterschrift, für die Formalitäten, auch wegen der …«, er zögerte. »Bestattung.«

Sie sah auf das Papier. Dann begann sie, Buchstaben durchzustreichen. Von ihrem Namen ließ sie nur ein L stehen, aus dem H machte sie ein R. Omero Lengrini war schließlich der Name des Jungen, der am 30. März 1960 in der Clinica Dezza in Mailand geboren wurde und verstarb. Dabei hatte meine Mutter nichts sehnlicher gewünscht, als dass mein Name Onassis sein sollte.

Sie begruben mich auf einem kleinen Friedhof in der Nähe von Verona, meine Eltern waren bei meiner Beerdigung nicht anwesend, um kein Aufsehen zu erregen. Sie besuchten das Grab häufig, auch nach ihrer Trennung noch.

EPILOG

Niemand wird je davon erfahren. Nicht einmal mein Vater. Die Verstörung, die lange Zeit noch auf ihr liegt, schreibt er meinem Tod zu, welch ein Unglück!, die Wege des Herrn sind unergründlich. Er tröstet sie, umsorgt sie, ist aufmerksam wie nie zuvor, die Erleichterung verleiht seiner Liebe Flügel.

Die *Christina* zieht weiter ihre Gischtschneisen ins Meer, eine Weile noch folge ich ihnen, alles vergeht, wie die Schaumlinien auf dem Ozean. Ein Chateau braucht niemand mehr, auch das eine Erinnerung, die verblasst.

Meine Eltern, in deren Generation das Vergessen und Verdrängen zur Grundausstattung gehört, bemühten sich nach Kräften, nicht mehr an mich zu denken. Meinem Vater gelang das besser, meine Mutter behalf sich mit der Hoffnung, ein neuer Omero könne gezeugt, geboren und an meine Stelle gesetzt werden. Alles wiederholt sich im Leben, ein jeder richtet sich im Vertrauten ein. Meine Mutter wurde nie wieder schwanger, auch wenn sie regelmäßig hingebungsvoll dafür betete – und gleichzeitig Gott um Vergebung bat. Einem Geistlichen beichtete sie es nie.

Jahre später, als die Zeit, Mutter zu werden, für sie vorüber war, gelangte sie zu der Erkenntnis, dass Gott ihr als Strafe weitere Kinder verwehrt hatte, und da eine gerechte Strafe ein Gewissen entlasten kann, nahm sie diese Strafe dankbar hin.

Mein Vater machte sein Versprechen wahr und sorgte dafür, dass meine Mutter im antiken Theater von Epidauros auftrat, ein Jahr nachdem sie diesen Ort mit der verblüffenden Akustik gemeinsam besucht hatten. Es war die erste Opernaufführung, die jemals dort stattfand, meine Mutter wählte Bellinis *Norma* und erlebte einen überwältigenden Triumph. Überwältigend waren auch die Gefühle, die sie bei der Aufführung begleiteten, angefangen von der Angst, die sie hatte, nicht nur ihr Publikum, sondern damit auch meinen Vater zu enttäuschen, über die Begeisterung, mit der die Zuschauer sie begrüßten, bis hin zur Ekstase, in die sie sich an diesem Abend hineinsang, jetzt, da sie am eigenen Leib erfahren hatte, was es bedeutete, einem Kind zu entsagen.

Es mag überraschen oder auch nicht, dass mein Vater der Premiere nicht beiwohnte. Er hatte die Generalprobe gesehen und hielt zur Premierenfeier auf der *Christina* Hof, meine Mutter ertrug es. Sie ertrug alles, und für eine Weile wurden meine Eltern tatsächlich glücklich. Mein Vater kaufte eine Insel, Skorpios, eine von Wasser umgebene Heimat wie die *Christina*, eine griechische Heimat, auf der er eigenhändig Bäume pflanzte und meine Mutter sich zum Kochen eine Schürze umband. Mein Vater ertrug es. Zumindest jener Teil von ihm, mit dem eine Frau wie meine Mutter problemlos glücklich sein konnte. Der andere, weniger genügsame Teil meines Vaters trachtete, jedenfalls bis zum 23. Januar 1973, weiterhin danach, den Olymp zu regieren. Die Herrscherin des Olymps mochte er sich in einer Küchenschürze nicht vorstellen, und da meine Mutter immer seltener als umjubelte Göttin auf den Bühnen dieser Welt zu sehen war, zog es ihn allein hinaus in die Welt, zu den Gottgleichen, denen es im Übrigen nicht viel anders erging als ihm. Oder mir.

Patrick Bouvier Kennedy, der zweite Sohn des amerikanischen Präsidenten, kam ebenfalls zu früh zur Welt – allerdings ohne dass seine Mutter daran schuld gewesen wäre –, doch auch er wollte nicht bleiben und verließ die Welt nach zwei Tagen. Er hatte übrigens auch einen Bruder, der später mit dem Flugzeug abstürzen würde, aber wie dem auch sei: Es ist ihm zu verdanken, dass man sich fortan beeilte, geeignete Inkubatoren für Neugeborene zu bauen, sodass bald keines davon mehr entkommen konnte, aber das ist eine andere Geschichte, die von mir nicht erzählt werden wird.

Der First Lady der USA jedenfalls erging es schlecht, wenn auch nicht gar so schlecht wie meiner Mutter nach meinem Tod, immerhin hatte Jacqueline Kennedy bereits zwei gesunde Kinder und empfing darüber hinaus das Mitgefühl der ganzen Welt. Aber Leid ist, wie man weiß, relativ. Für meinen Vater, der sich mit verstorbenen Säuglingen nun auszukennen glaubte, war Patricks Tod so etwas wie ein fallender Aktienkurs oder eine in Schwierigkeiten geratene Reederei: ein Grund, zuzuschlagen. Er bot der Gattin des mächtigsten Mannes der Welt seine Superjacht für eine Erholungsreise an. Sie nahm dankend an, erholte sich prächtig, mein Vater benahm sich zuvorkommend und überhäufte sie mit Geschenken. Auch die Regeln dieser Liebe – gleichwohl man hier kaum von Liebe sprechen kann – wurden gleich zu Anfang geschrieben. Der Rest ist Geschichte. Ich erspare mir den Rest.

Der Liebe meiner Eltern tat all das keinen Abbruch, sie funktionierte schließlich nach der Regel der weiblichen Duldsamkeit, also erduldete meine Mutter jede Zumutung. Bis an sein Ende. Mein Vater starb 1975, zwei Jahre nach meinem Bruder.

Mit Alexanders Tod, so glauben manche, habe das Unglück in meiner Familie seinen Anfang genommen. Das ist natürlich falsch. Zwar hat jedes Unglück seinen Ursprung, seine Quelle, doch die ist oft unscheinbar und liegt im Verborgenen. Erst wenn das Rinnsal, das aus ihr entspringt, in seinem Lauf stetig genährt wird, kann es zu einem Strom werden, so unaufhaltsam, dass er alles mit sich reißt.

Andere machen die Witwe verantwortlich, weswegen man sie oft die Schwarze Witwe nannte, und tatsächlich hat sie den Fluss genährt wie keine andere, denn sie trug ihr eigenes unermessliches Unglück in sich – sie zu heiraten war, als verbänden sich zwei gefährliche Flussläufe miteinander. Mein Vater hat seinen Fehler eingesehen, noch bevor er ihn beging. Aber da war es schon zu spät.

Meine Mutter musste von dieser Hochzeit übrigens aus der Zeitung erfahren. Bruna, die das verhindern wollte, hatte beim Servieren des Frühstücks erklärt, es sei keine Zeitung geliefert worden. Doch so etwas geht natürlich nicht lange gut.

Meine Mutter kam, was mittlerweile nicht mehr verwundern mag, mit dem Unglück von allen am besten zurecht. Sie hatte die meiste Übung. Und sie tat so allerhand, um dem Elend die Stirn zu bieten: gab Meisterkurse, versuchte sich als Opernregisseurin, Filmschauspielerin und sogar als Zirkusconférencière, aber nichts brachte ihr, was sie ersehnte.

Mein Bruder starb am 23. Januar 1973. Da der Tod nichts anderes ist als ein Teil des Lebens, starb er so, wie er am liebsten gelebt hatte: in Höchstgeschwindigkeit. Er hatte von meinem Vater *Olympic Airways* übernommen und wollte einen neu eingestellten Piloten in ein Flugzeug einweisen, doch ein Techniker hatte versehentlich zwei Kabel vertauscht, und die Maschine stürzte beim Start über dem Athener Flughafen Ellinikon ab. Alexander wurde so lange künstlich am Leben gehalten, bis mein Vater einsah, dass er seinen einzigen Sohn und damit die gesamte Zukunft seines Imperiums, seines Olymps, aufgeben musste, eine Zukunft, die ihm unverbrüchlich erschienen war.

Von jenem Moment an begann auch mein Vater zu sterben. Es war, als wären bei ihm ebenfalls Anschlüsse vertauscht worden, als fließe der Strom mit einem Mal in eine andere Richtung, das Ziel kam ihm abhanden und damit jeglicher Lebensmut.

Mein starker Vater wurde schwach, gab seine Fluggesellschaft auf und erledigte nur noch das Nötigste. Er entwickelte eine Krankheit, Myasthenia gravis, bei der, so könnte man sagen, einem der eigene Körper zum Feind wird. Er konnte die Augenlider nicht mehr offen halten, was an sich schon alles sagt, auch dass er versuchte, sie mit Klebebändern zu fixieren. Schließlich war alles, was mein Vater noch regeln wollte, sein Vermächtnis. Er bestimmte meine Schwester Christina zu seiner Alleinerbin (womit sich eine alte Sehnsucht meiner Schwester bitter erfüllte, das Wünschen ist und bleibt eine gefährliche Angelegenheit) und setzte eine Scheidungsvereinbarung auf. Zur Scheidung kam es nicht mehr. Er starb am 15. März 1975 in Neuilly-sur-Seine, im Amerikanischen Krankenhaus, nur wenige Wegminuten von der Wohnung meiner Mutter entfernt. Von dort aus führte er ein letztes Telefonat mit ihr, sehen durften sie sich nicht mehr, das hätte die Witwe nicht zugelassen – die in New York weilte, als er starb.

Mit seinem Tod ging das Gefühl der Sinnlosigkeit auf meine Mutter über. »Wenn doch nur unser Omero am Leben wäre«, sagte sie jetzt manchmal leise zu Bruna, so wie sie es nach Alexanders Tod oft zu meinem Vater gesagt hatte. Dann hatte mein Vater sie angesehen, die Lippen fest aufeinandergepresst, und zaghaft genickt, mit Tränen in den Augen.

Meine Mutter wusste stets, wie viel Zeit seit dem Tod meines Vaters verstrichen war. Erst zählte sie die Tage, dann die Wochen, schließlich die Monate. Exakt zweieinhalb Jahre später war die Erkenntnis, dass er tot war und nie wieder zu ihr kommen würde, in die letzte Tiefe ihrer Seele gesickert. Sie starb am 16. September 1977 in ihrer Pariser Wohnung, morgens nach dem Aufstehen. Und nein: Meine Mutter hat sich nicht das Leben genommen. Medizinisch betrachtet waren es die Entwässerungspillen, die ihr helfen sollten, schlank zu bleiben, und die ihren ohnehin labilen Kreislauf so weit schwächten, dass ihrem Herzen keine Kraft verblieb. Aber wie wir alle wissen, führt das Herz ein Eigenleben, und solange es leicht ist, schert es sich einen Teufel um Diuretika.

Wäre meine Mutter freiwillig in den Tod gegangen, so hätte sie ihr einst zu Meneghinis Gunsten gemachtes

Testament geändert. Da sie es versäumt hatte, teilten sich Meneghini und meine Tante Jackie ihr Erbe, das aus der Pariser Wohnung nebst Inventar, reichlich Schmuck, Plattenverträgen und einem Bankguthaben von zwölf Millionen Dollar bestand, wobei Meneghini meine Tante um das Inventar betrog. Selbst nach fast zwei Jahrzehnten glaubte er, meiner Mutter nahe sein zu können, wenn er nur ihren Nippes an sich brachte. Er bewahrte all ihre Andenken wie heilige Reliquien, und auch er kaufte sich einen Autor und verfasste ein Buch über meine Mutter, ein papiernes Lamento mit dem Zweck, aller Welt zu erklären, dass seine Liebe zu meiner Mutter und die Liebe meiner Mutter zu ihm die größtmöglichen auf Erden gewesen seien. Er hatte es bis zum Schluss nicht verstanden. Das Erscheinen des Buchs erlebte er nicht mehr.

Als sein Herz versagte, ging die Hälfte des Erbes meiner Mutter an sein Hausmädchen. Die andere Hälfte überließ meine Tante Jackie, die mit Geld schlichtweg nicht umgehen konnte, zum Teil einer zweifelhaften Freundin meiner Mutter, Vasso Devetzi, die versprach, damit eine Stiftung zu gründen. Sie tat es nie. Immerhin bezahlte meine Tante Bruna und Ferruccio, die jahrelang nur für Kost und Logis gearbeitet hatten, eine angemessene Summe, den Rest verteilte sie unbedacht in der Verwandtschaft. So verstreute sich alles in den Wind, wie die Asche meiner Mutter.

Der Körper einer orthodoxen Griechin hätte eigentlich nicht verbrannt werden dürfen, doch auf diese Weise ist es meiner Mutter gelungen, meinem Vater wenigstens im

Tod nahe zu kommen. Zu Lebzeiten war ihr der Besuch seines Grabs verwehrt geblieben. Er liegt auf Skorpios begraben, und das Meer treibt ihre Asche seither dorthin.

All das geschah zu seiner Zeit. All das ist Geschichte. Nichts ist geblieben von den Reichtümern, Hoffnungen, Wünschen. Alles ist vergangen, verloren, verstreut.

Nur die Stimme meiner Mutter überlebte alles.

LITERATUR-VERZEICHNIS

John Ardoin, Maria Callas und ihr Vermächtnis, Noack-Hübner, 1979

Jackie Callas, Sisters, St. Martin's Press, 1989

Evangelia Callas, My daughter Maria Callas, Leslie Frewin, 1967

Winston S. Churchill, Der Zweite Weltkrieg, Fischer, 2007

Catherine Clément, Die Frau in der Oper. Besiegt, verraten und verkauft, J.B. Metzler, 1992

Claude Dufresne, Maria Callas. Primadonna assoluta, Weltbild, 1991

Peter Evans, Ari. The life & times of Aristotle Onassis, Summit Books, 1986

Nicholas Fraser, Philip Jacobson, Mark Ottaway, Lewis Chester, Aristotle Onassis, J.B. Lippincott, 1977

Willi Frischauer, Onassis, Avon Books, 1968

Nicholas Gage, Griechisches Feuer. Maria Callas und Aristoteles Onassis, Goldmann, 2013

Stelios Galatopoulos, Callas. Prima Donna Assoluta, W.H. Allen, 1976

George Jellinek, Callas. Portrait of a Prima Donna, Dover Publications, 1996

January Jones, The Christina. The Onassis Odyssey, P.J. Publishing, 2007

Jürgen Kesting, Maria Callas, List, 2006

Giovanni Battista Meneghini, My wife Maria Callas, Farrar, Straus and Giroux, 1982

Anthony Montague Browne, Long Sunset. Memoirs of Winston Churchill's Last Private Secretary, Indigo, 1996

Pierre-Jean Remy, Callas, une vie, Editions Albin Michel, 1997

Celia Sandys, Chasing Churchill. The Travels of Winston Churchill, HarperCollins, 2003

Mary Soames (Hrsg.), Speaking for Themselves. The Personal Letters of Winston and Clementine Churchill, Doubleday, 1998

Mary Soames, A Daughter's Tale. The Memoir of Winston Churchill's Youngest Child, Doubleday, 2011

Arianna Stassinopoulos, Die Callas, Hoffmann und Campe, 1981

Ricci Tajani, Maria Callas. The Cruise '59 – Biographie einer Reise, Schott, 2006

Gunna Wendt, Meine Stimme verstörte die Leute. Diva assoluta Maria Callas, btb, 2008

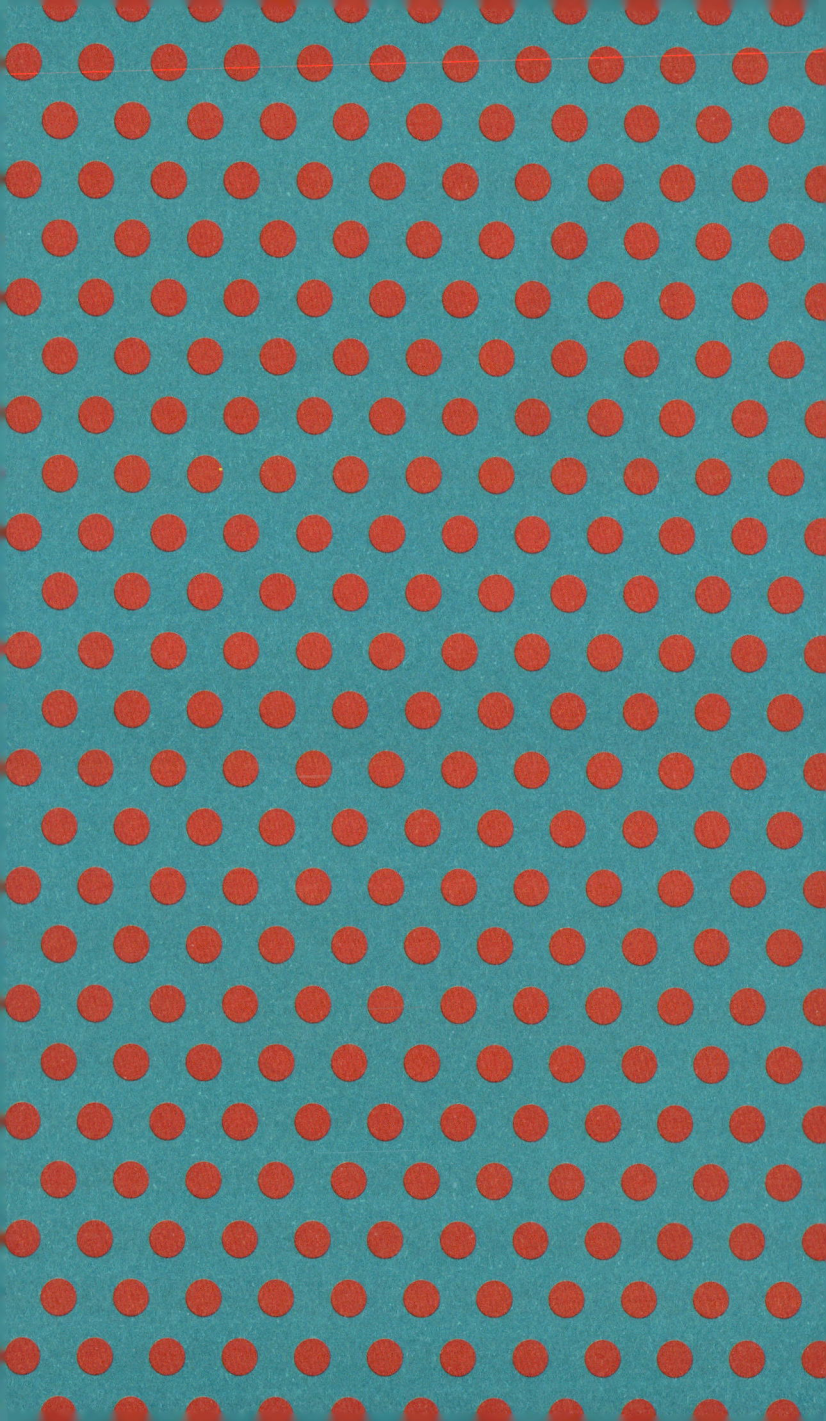